U0070966

法華經講義

——第七輯

——平實導師 述

ISBN 978-986-5655-82-2

執著離念靈知心爲實相心而不肯捨棄者，即是畏懼解脫境界者，即是畏懼無我境界者，即是凡夫之人。謂離念靈知心正是意識心故，若離**俱有依**（意根、法塵、五色根），即不能現起故；若離**因緣**（如來藏所執持之覺知心種子），即不能現起故；復於眠熟位、滅盡定位、無想定位（含無想天中）、正死位、悶絕位等五位中，必定斷滅故。夜夜眠熟斷滅已，必須依於**因緣**、**俱有依**緣等法，方能再於次晨重新現起故；夜夜斷滅後，已無離念靈知心存在，成爲無法，無法則不能再自己現起故；由是故言**離念靈知心是緣起法**、**是生滅法**。不能現觀離念靈知心是緣起法者，即是未斷我見之凡夫；不願斷除**離念靈知心常住不壞之見解**者，即是恐懼解脫無我境界者，當知即是凡夫。

——平實導師——

一切誤計**意識心為常**者，皆是佛門中之常見外道，皆是凡夫之屬。意識心境界，依層次高低，可略分爲十：一、處於欲界中，常與五欲相觸之離念靈知；二、未到初禪地之未到地定中，暗無覺知而不與欲界五塵相觸之離念靈知，常處於不明白一切境界之暗昧狀態中之離念靈知；三、住於初禪等至定境中，不與香塵、味塵相觸之離念靈知；四、住於二禪等至定境中，不與五塵相觸之離念靈知；五、住於三禪等至定境中，不與五塵相觸之離念靈知；六、住於四禪等至定境中，不與五塵相觸之離念靈知；七、住於空無邊處等至定境中，不與五塵相觸之離念靈知；八、住於識無邊處等至定境中，不與五塵相觸之離念靈知；九、住於無所有處等至定境中，不與五塵相觸之離念靈知；十、住於非想非非想處等至定境中，不與五塵相觸之離念靈知。如是十種境界相中之覺知心，皆是意識心，計此爲常者，皆屬常見外道所知所見，名爲佛門中之常見外道，不因出家、在家而有不同。

——平實導師——

如《解深密經》、《楞伽經》等聖教所言，成佛之道以親證阿賴耶識心體（如來藏）爲因，《華嚴經》亦説**證得阿賴耶識者獲得本覺智**，則可證實：證得阿賴耶識者方是大乘宗門之開悟者，方是大乘佛菩提之眞見道者。經中、論中又説：證得阿賴耶識而轉依**識上所顯真實性**、**如如性**，能安忍而不退失者即是**證真如**、即是大乘賢聖，在二乘法解脱道中至少爲初果聖人。由此聖教，當知親證阿賴耶識而確認不疑時即是開悟眞見道也；除此以外，別無大乘宗門之眞見道。若別以他法作爲大乘見道者，或堅執**離念靈知**亦是實相心者（堅持意識覺知心離念時亦可作爲明心見道者），則成爲實相般若之見道內涵有多種，則成爲實相有多種，則違實相絕待之聖教也！故知宗門之悟唯有一種：親證第八識如來藏而轉依如來藏所顯眞如性，除此別無悟處。此理正眞，放諸往世、後世亦皆準，無人能否定之，則堅持離念靈知意識心是眞心者，其言誠屬妄語也。

——**平實導師**——

目次

第十八輯：

第十九輯：

第二十輯：

第二十一輯：

自序

大乘佛法勝妙極勝妙，深奧極深奧，廣大極廣大，富麗極富麗，謂此唯一佛乘妙法，意識思惟研究之所不解，非意識境界故，佛說為不可思議之大乘解脫境界，名爲大乘菩提一切種智，函蓋大圓鏡智、成所作智、妙觀察智、平等性智；然而此等極勝妙乃至極富麗之佛果境界，要從因地之大乘眞見道始證，次第進修方得。然大乘見道依序有三個層次：眞見道、相見道、通達位。眞見道者位在第七住；相見道位始從第七住位之住心開始，終於第十迴向位滿心；通達位則是圓滿相見道位智慧與福德後，進修大乘慧解脫果，再依十無盡願的增上意樂而圓滿，名爲初地入地心菩薩。眾生對佛、法、僧等三寶修習信心，十信位滿心後進入初住位中，始修菩薩六度萬行，皆屬外門六度之行；逮至開悟明心證眞如時，方入眞見道位中；次第進修相見道位諸法以後，直到通達而得入地時，歷時一大阿僧祇劫，故說大乘見道之難，難可思議。

大乘眞見道之實證，即是證得第八識如來藏，能現觀其眞實而如如之自性，名為證眞如；此際始生根本無分別智，同時證得本來自性清淨涅槃。乃至證悟般若不退而繼續進修之第七住位始住菩薩，轉入相見道位中，歷經第一大阿僧祇劫中三十分之二十有四的長劫修行，同時觀行三界萬法悉由此如來藏之妙眞如性所生所顯，證實《華嚴經》所說「**三界唯心、萬法唯識**」正理；如是進修眞如後得無分別智，終能具足現觀非安立諦三品心而至十迴向位滿心，方始具足眞如後得無分別智，相見道位功德至此圓滿，然猶未入地。

此時思求入地而欲進階於大乘見道之通達位中，仍必須進修大乘四聖諦，現觀四諦十六品心及九品心後，要有本已修得之初禪或二禪定力作支持，方得相應於慧解脫果；或於此安立諦具足觀行之後發起初禪為驗，證實已經成就慧解脫果；此時已能取證有餘、無餘涅槃，方得與初地心相應，而猶未名初地。而後再依十大願起惑潤生，發起繼續受生於人間自度度他之無盡願，不畏後世長劫生死眾苦，於此十大無盡願生起增上意樂而得入地，方得名為大乘見道之通達位，眞入初地之入地心中，完成大乘見道位所應有之一切修證。此時已通達大乘見道位應證之眞如全部內涵，圓滿大乘見道通達位應有之無生法忍智慧，及慧解脫果與增上意樂，方證通達位之無生法忍果，方得名為始入初地心之菩薩。

然而觀乎如是大乘見道之初證眞如，發起眞如根本無分別智，得入第七住位，成爲眞見道菩薩摩訶薩；隨後轉入相見道位中繼續現觀眞如，實證非安立諦三品心而歷經十住、十行、十迴向位之長劫修行，具足眞如後得無分別智，生起初地無生法忍之初分，配合解脫果、廣大福德、增上意樂，名爲通達見道位眞如而得入地。如是諸多位階所證眞如，莫非第八識如來藏之眞實與如如二種自性，同屬證眞如者。依如是正理，故說未證眞如者，皆非大乘見道之人；證眞如者謂現觀如來藏運行中所顯示之眞實與如如自性故，實相般若智慧依如來藏之眞如法性建立故，萬法悉依如來藏之妙眞如性而生而顯故，本來自性清淨涅槃亦依如來藏之眞如法性建立故。

如是證眞如事，於眞藏傳佛教覺囊巴被達賴五世藉政治勢力消滅以後，由於時局紛亂不宜弘法故，善知識不得出世弘法，三百年間已經不行於人世。及至時局昇平人民安樂之現代，方又重新出現人間，得以繼續利樂有緣學人。然而，縱使末法時世受學此法而有實證之人，欲求入地實亦匪易，蓋因眞見道之證眞如已經極難親證，後再論及相見道位非安立諦三品心之久劫修行，而能一一教授弟子四眾者，更無其類；何況入地前所作加行之教授，而得具足實證大乘四聖諦等安立諦十六品心、九品心者？眞可謂：「善知識者出興世難，至其所難，得值遇難，得見知難，得親近難，得共住難，得其意難，得隨順難。」如是八難，具載於《華嚴經》中；徵之於末法時世之現代佛教，可謂誠言，眞實不虛。

縱使親值如是善知識已，長時一心受學之後，是否即得圓滿非安立諦三品心及安立諦十六品心、九品心而得入地？觀乎平實二十餘年度人所見，誠屬難事；殆因大乘見道實相智慧極難實證，何況通達？復因大乘慧解脫果並非隱居深山自修而可得者，如是證明初始見道證眞如已屬極難，更何況入地進修之後，所應親證之初地滿心猶如鏡像現觀，解脫於三界六塵之繫縛；二地滿心猶如光影之現觀，能依己意自定時程及範圍而轉變自己之內相分，令習氣種子隨於自己施設之進程而分分斷除；三地滿心前之無生法忍智慧，能轉變他人之內相分；以及滿心位之猶如谷響現觀，能觀見自己之意生身分處他方世界廣度眾生，而使無生法忍及福德更快速增長。至於四地心後之諸種現觀境界，更難令三賢位菩薩了知，何況未證謂證、未悟言悟之假名善知識，連第七住菩薩眞見道所證眞如都只能想像者？

雖然如此，縱使已得入地，而欲了知佛地究竟解脫、究竟智慧境界，亦仍無法望其項背，實因初地菩薩於諸如來不可思議解脫及智慧仍無能力臆測故。縱使已至第三大阿僧祇劫之修行——已得八地初心者，亦無法全部了知諸佛的境界，則無法了知佛法之全貌，如是而欲了知十方三世諸佛世界之關聯者，即無無其分。以是緣故，世尊欲令佛子四眾如實了知三世佛教之亙古久遠、未來無盡，以及十方虛空諸佛世界等佛教之廣袤無垠；亦欲令弟子眾了知世間萬法、出世間法及實相般若、一切種智無生法忍等智慧，悉皆歸於第八識如來藏妙眞如性者，則必於最後演述《妙法蓮華經》而圓滿一代時教；是故 世尊最後演述《法華經》時，一仍舊貫而如《金剛經》稱此第八識心爲「**此經**」，冀諸佛子醒悟此理而捨世間心、聲聞心，願意求證眞如之理，久後終能確實進入絕妙難思之大乘法中。斯則 世尊顧念吾人之大慈大悲所行，非諸凡愚之所能知。

然而法末之世，竟有身披大乘法衣之凡夫亦兼愚人，隨諸日本歐美專作學問之學者謬言，提倡六識論之邪見，以雷同常見、斷見外道之邪見主張，公開否定大乘諸經，謂非佛說，公然反佛聖教而宣稱「**大乘非佛說**」。甚且公然否定最原始結集之四大部阿含諸經中之聖教，妄判為六識論之解脫道經典，公然貶抑四阿含諸經中之八識論正教，令同於常見外道之六識論邪見；全違 世尊依八識論而解說聲聞解脫道之本意，亦令聲聞解脫道同於斷見、常見外道所說之解脫，則無餘涅槃之境界即成為斷滅空而無人能知、無人能證。如是住如來家，著如來衣，食如來食，藉其弘揚如來法之表相，極力推廣相似像法而取代聲聞解脫道正法，最後終究不免推翻如來正法；如斯之輩至今依然寄身佛門破壞佛法，而佛教界諸方大師仍多心存鄉愿，不願面對如是破壞佛教正法之嚴重事實，仍多託詞高唱和諧，而欲繼續與諸多破壞佛教正法者**和平共存**，以互相標榜而**維護名聞利養**。吾人若繼續坐令如是現象存在，則中國佛教復興，以及中國佛教文化之推廣，勢必阻力重重，難以達成；眼見如是怪象，平實不得不詳解《法華經》之眞實義，冀能藉此而挽狂瀾於萬一。

如今承蒙會中多位同修共同努力整理，已得成書，總有二十五輯，詳述《法華經》中 世尊宣示之眞實義，因名《法華經講義》，梓行於世，冀求廣大佛門四眾捐棄邪見，回歸大乘絕妙而廣大無垠之正法妙理，努力求證，共為復興中國佛教文化、抵禦外國宗教文化之侵略而努力，則佛門四眾今世、後世幸甚，中國夢在文化層面即得實現。乃至繼續推廣弘傳數十年後，終能使中國成爲全球最高階層文化人士的歸依聖地、精神祖國；流風所及，百年之後遍於歐美社會各層面中廣爲弘傳，則中國不唯民富國強，更是全球唯一的文化大國。如是復興中國佛教文化之舉，盼能獲得廣大佛弟子四眾之普遍認同，乃至廣有眾人付諸實證終得廣爲弘傳，廣利人天，其樂何如。今以分輯梓行流通在即，因述如斯感慨及眞實義如上，即以爲序。

佛子　**平實**　謹序

公元二〇一五年初春　謹誌於竹桂山居

第七輯：

《妙法蓮華經》

〈藥草喻品〉第五（上承第六輯〈藥草喻品〉未完部分）

經文：【其雲所出一味之水，草木叢林隨分受潤；
一切諸樹上中下等，稱其大小各得生長；
根莖枝葉華果光色，一雨所及皆得鮮澤；
如其體相性分大小，所潤是一而各滋茂。
佛亦如是出現於世，譬如大雲普覆一切；
既出于世為諸眾生，分別演說諸法之實。
大聖世尊於諸天人、一切眾中而宣是言：
「我為如來兩足之尊，出于世間猶如大雲，

充潤一切枯槁眾生，皆令離苦得安隱樂：
世間之樂及涅槃樂。諸天人眾一切善聽，
皆應到此覲無上尊。」我爲世尊無能及者，
安隱眾生故現於世，爲大眾說甘露淨法，
其法一味解脫涅槃；以一妙音演暢斯義，
常爲大乘而作因緣。】

語譯：【如來的智慧之雲流注出來同一種法味的法水，所有的草木叢林隨著它們各自器量的大小而領受這些法水的滋潤；

因此一切植物不分上中下等，都因爲它們各自不同的大小而各自獲得生長；

每一棵植物的根莖枝葉花果光色，同樣都是這一味之雨而獲得光鮮和潤澤；

隨著那些植物的體相以及它們的性分和大小的差異，都同樣是由一種雨加以滋潤，可是卻有各種不同的滋潤和茂盛。

佛陀也是像這樣子出現於世間，就好比大雲普遍地覆蓋一切的眾生；如來既然出現於世間，來爲所有的眾生分別演說諸法的眞實相。

大聖世尊既然出現在人間了，就於各類天人和一切大眾之中，這樣公開地宣示：

「我是如來，是福慧兩種都已具足的尊貴者，我出現於世間猶如大雲一般，充潤了一切已經枯槁的眾生，普令一切眾生遠離痛苦或者獲得安隱快樂：這些快樂包含了世間的快樂以及不生不死的涅槃快樂。諸天、諸人、一切大眾都應該詳細聽著，大家都應該來到這裡覲見三界無上的至尊。」

我是世間的至尊，沒有其他有情能夠及得上，爲了安隱眾生的緣故才出現於世間，爲大眾演說甘露清淨法，這個法只有一味，就是解脫而不生不死的涅槃；

我以同一種的微妙法音來演述全部究竟的道理，永遠爲大乘的法義來鋪陳出各種的因緣。」

講義：這就是說，就好像世間的大雲一樣，當大雲從天上開始下雨時，那一場大雨的味道不會有許多種。同一時間下的雨就是同一種味道，雖然味道是同一種，但是草木叢林隨著它們各自應有的本分而承受了雨水的滋潤。

這大雲下雨的時候不會區分說：「這一棵小樹比較可憐，多下一點給它；那一棵大樹長那麼大了，不須要給它。」大雲下雨的時候不會這樣分別，所以一切諸樹，不論上中下等，「稱其大小各得生長」。同樣的道理，雨下了之後，「根莖枝葉華果」不再蒙塵，所以就顯現出它們的光彩色澤了；然而不管是哪一部分的「根莖枝葉華果」，都同樣是「一雨所及」，並沒有兩種雨。不會分別說這是根而不是枝幹，應該給它不同的雨水；也不分別說那是葉，該給它不同的雨水；而是一雨普洽，卻同樣都可以獲得光鮮而潤澤的功德。然而大雲下雨的時候並不指定說，這個雨水是要供作什麼用途，所以這雨水下來的時候一雨普洽，結果是所有的植物，隨著它們各自的樹體或者花體、草體，各自以不同的法相以及不同的性分，也就是依著各自不同的植物性質，也隨著它們自己的大小，而同樣「一雨所潤」，各自都可以滋養、可以茂盛。那麼 佛陀當然就像大雲一樣，其心平等，所以出現於世間的時候就像「大雲普覆一切」；既然出於世間當然就要能夠利益世間，所以要爲所有的眾生們，只要他們有因緣，就爲他們作各種各類的分別，來演說諸法的實相。這裡講的不是分別演說諸法之虛相，而是「諸法之實」。虛，就是講緣起性空，一切歸於斷滅，一切法空。實，就不是一切法空了。那麼，今天就只能講到這裡。

今天講經前，有件事情宣布一下：我們在電視上弘法的《三乘菩提》DVD，目前裝DVD的內頁還是以不織布跟塑膠製作的，所以那九片的工本費就以成本價一百元來流通。但是因爲這一批還來不及更改，等下一次重新再訂製時，裡面就會是硬板的塑膠。據採購組說明，這個叫作不計成本，想要再提升品質。但原則上我們還是一樣，依照舊有的成本來流通；可能新的盒子要追加十幾塊錢的成本，那由同修會來負擔，所以還是維持原來的成本價一百元來流通，不過那種成品會稍微晚一點才能做出來。

《妙法蓮華經》上週講到六十六頁第三行，上週最後說的是：一雲所出都是同一味之水，各種不同植物的體性相貌容有不同，但是隨著各種植物的體性來分大小，而各自獲得它所應該獲得的滋潤，同樣都可以滋養茂盛。佛陀也是一樣，就像大雲一樣出現於世間，以大法雲普遍地遮覆一切有情；既然出現於世間之後，就爲眾生分別各種不同的根器，而作各種不同的演說，教導眾生來親證「諸法之實」。既然說是「諸法之實」而不是諸法之虛，這表示緣起性空無常生滅並不是究竟了義法，因爲緣起性空說的是有爲法藉緣而起，其性無常故空；既然是藉緣而起，體性無常故空，就表示不是實法，而是虛法，虛法就不可能是了義究竟之法。所以，佛陀出現於人間的本懷，不可能是爲大眾演說緣起性空。

諸佛的本懷，一定是在顯示諸法爲何能夠緣起？又爲何能夠生住異滅而相續不斷？這表示說，背後一定有一個眞實法；這個眞實法，在哲學上探究時，都說那叫作本住法，我們佛法中說那叫作常住法。那麼緣起緣滅之法，也就是藉緣出生之法，一定不是能自生，也一定不是由與它無關的法所生，當然也不是它自己能夠配合其他的法來共生，背後一定是有一個根本因，這個根本因藉諸法才能出生緣生緣滅的法。譬如眾生的五陰世間，都是本無今有，後必壞滅。五陰世間並不是由上一輩子直接移轉過來，所以上輩子死亡之後的五陰並沒有帶到這一世來，因此在母腹中是從無到有；即使是無形無色的覺知心也仍然如此，否則人間就沒有胎昧這回事了，就應該每一個人一出生就會分辨：這一位是男人，應該是我的老爸；這一位還躺在床上很虛弱的是女人，應該是我的媽媽。都應該一出生就能分別。

不曉得你們有誰是一出生就能分別的？不曉得那些主張意識是常住心的大法師們，有誰是一出生就能如此分別的？因爲：識陰若是從上一世移轉過來的，總不會笨到出生之時在產房中，對於這一世的父親、母親還分不出來，還要學習很久之後才能了知吧？顯然這個色身不是從上輩子帶過來，而這個識陰覺知心等六個識，也不是從上輩子帶過來的，所以這一世的五陰顯然是從無到有。既然是從無到有，可能是無中生有嗎？可不可能？不可能！好像有人懷疑吧？所以沒有很肯定。五陰不可能無中生有嘛！因爲法界中的眞理是不可能無中生有的。

五陰是無因生的想法被排除掉了，就試著來說這個五陰是自己生自己的，這樣講行不行？也不行！因爲如果可以自己生自己，那你何必要父母親？你由自己生自己就好了，也不必父母親了。那也可以變成說，一覺醒來，你家裡突然間多了一個兒子又多一個女兒，你說：「奇怪！我又沒有生你們，怎麼憑空跑出你們這兩個來？」他們說：「我們住在你家，我們自己出生自己啊！」這樣行不行？也不行！所以也不能自生。那不然說：我們家裡有許多四大，所以由這些四大假合起來就成爲一個全新的人，就成爲共生啊！是眾緣共生嘛！或者說兄弟姊妹們討論說：「明天要生一個弟弟，所以一個人做腳，一個人做頭，一個人幫他捏出五臟六腑。」這樣來生，行不行？也不行啊！因爲不能藉諸法來共生。既然不能無中生有，也不能自生，也不能共生，也不能無因生，已經有很多的眾緣也生不了。一切有情都是有生的法，我們的五陰明明已經出生了，那應該是由誰來生的？由別人的五陰來生我們，行不行？不行！因爲別人的五陰是他的色受想行識，可是別人的五陰不能生我們的五陰，所以「他生」也不行。糟糕了！什麼都不能生，可是我們明明出生了，那到底是怎麼生出來的？是如來藏生出來的。如來藏能出生五陰，而五陰不能出生五陰。

那又請問：一神教的上帝是不是五陰？上帝是五陰啊！上帝說他創造了人類，可是上帝是五陰，五陰不能生五陰，顯然上帝說了謊。也許有人說：**「那上帝的靈出生了上帝，上帝的靈也可以出生我們啊！」**我們就說那叫作「他生」，上帝的五陰是上帝所生的，這可以講得通；可是眾生的五陰若也是上帝的靈所生，那上帝的靈跟眾生有什麼關聯？應該有關聯，可是事實上並沒有關聯啊！所以這個說法也講不通。眾生的五陰如果是從上帝分靈出來，因爲是上帝的靈所生嘛！所以上帝的靈應該分出很多份給眾生，一一分給他所生的眾生。那麼眾生造善業以後應該由上帝收穫，眾生如果造惡業當然也該由上帝領受，可是現見人間造善業的眾生少，造惡業的眾生多，顯然上帝要準備下墮三惡道了。可是並沒有啊！上帝還是照樣幹他的上帝啊！一點都不憂愁啊！這表示眾生的善惡業熏習跟上帝是無關的。這也證明眾生的五陰不是上帝所生的。爲什麼呢？因爲眾生的五陰各有自己的根本因，而上帝的五陰也有他自己的根本因，可是上帝都不知道他自己的根本因是什麼。

那麼這樣就可以瞭解，一定不是自己能生自己，也不是由別人能生自己；必須是跟自己有關聯的如來藏，也就是一切有情各自的如來藏才能生自己的五陰，所以上帝也是被他自己的如來藏所生。這意思在表示什麼呢？表示五陰是有生之法，有生之法將來必定有滅，生滅之法就不可能是眞實法，然而這些五陰生滅之法卻不斷地在三界六道中相續不斷。既然是生滅法可以在三界六道中相續不斷，顯然背後一定有個本住法，我們佛法說祂叫作常住法，祂才能夠使生滅法持續而永遠無盡地生死不斷。這就表示說，諸法固然是生滅的，可是諸法背後有一個眞實法是本來而有，是法爾如是，常住不斷的，這一個眞實法就叫作「諸法之實」。

因爲諸法背後必有一個眞實法，這個眞實法是永恆的，常住不斷的。那麼諸佛出現在人間的本懷，一定是要講「諸法之實」，而不是爲了要講諸法之虛。如果要講諸法之虛，也就是一切法緣起性空，那麼這個斷見外道法早在人間被講過了，不須要人天至尊的諸佛再來人間重複講一遍；所以緣起性空不是 釋迦如來出現於人間的本懷，更不是 釋迦如來說法四十九年的本懷，只有第一義諦所說的「諸法之實」，才是 如來出現在人間的本懷；因爲連阿羅漢都能超越斷見外道，豈有可能阿羅漢之師的人天至尊 釋迦如來，竟然會同於斷見外道呢？那個說法是不可能成立的。所以，如來的本懷是要爲大眾宣說諸法之實，不是說緣起性空，這就是上一週最後來不及說的。

今天接著從第四行開始說：「大聖世尊於諸天人、一切眾中而宣是言：『我爲如來兩足之尊，出于世間猶如大雲，充潤一切枯槁眾生，皆令離苦得安隱樂：世間之樂及涅槃樂。諸天人眾一切善聽，皆應到此覲無上尊。』」如來開示說：「大雄大聖的世尊於諸天、諸人、一切大眾之中，這樣子宣示說：『我是如來，我是福德與智慧兩者都圓滿具足之世界最尊者；我出現于世間就猶如大雲一般，充潤了一切枯槁的眾生，能夠使所有的眾生遠離苦惱獲得安隱樂：函蓋世間之樂及涅槃之樂。諸天、諸人、一切大眾、一切的有情都應該要善於聽我所說，都應該要到這裡來覲見三界無上的至尊。』」這意思就是說，如來出現於世間一定要首先向諸天世人宣示自己是如來，並且把出現於世間所能給予眾生的快樂加以宣示。

如來出現在世間，自己宣稱是 世尊、宣稱是福慧兩足尊，就讓我想起來說，我弘法早期，往往有一些道場的法師或者居士說法的時候說：「開悟者不應該說他開悟了，為什麼開悟了就要宣示說他開悟了？何必向人家炫耀呢！」甚至於我還沒有出來弘法之前，有些人聽說我有一點法，所以就來問我一些佛法，那我總不能吝嗇不說，所以多多少少總要指點一下。好了，接著堂頭和尚就說：「開悟了，不應該讓人家知道。自稱已經開悟的人，他就是沒有開悟的人。」有時候又說：「講開悟的人就是沒有開悟。」過一會兒又說：「師父我從來沒有說過我有開悟。」到後來，師兄弟們問我什麼法，我都不能講話，因為我一旦開口指點，馬上就會被當時禪坐會的輔導師叫去訓話，所以我在離開之前大約一年半之中，除了作事還是作事，不論哪個師兄弟來問我，我就說「是、不是，好、不好，行、不行」，我不會繼續講第二句。如果人家來問法說：「這樣對不對？」「對。」就沒下文了。如果他講得不對，我說：「不對。」我也沒有下文了。後來，師兄弟們開始流傳說：「這個蕭師兄現在變得好客氣，問他什麼法，他都不講。」不是不講，是不能講，因爲講了以後就要被洗臉，所以就不能講。後來乾脆就告長假離開了，然後因緣繼續演變，才會有今天的正覺同修會。

如果開悟了不能講開悟，那麼 世尊也不能講了，他是不是指責說：世尊在人間宣稱祂開悟了，就是傲慢，是增上慢，還是什麼慢？如果這樣的話，他應該把他的老祖宗講的《六祖壇經》先燒了再來說，不然就先把它的內文改了重印，凡是說到開悟的字句都要全部刪掉，然後再來主張說開悟者不能宣稱他已開悟？因爲六祖處處都說自己開悟了。所以有一些說法，他是別有私心的刻意言說，那是不對的。成爲阿羅漢雖然已經斷盡了我執，他仍然對外宣稱「我是阿羅漢」，那到底他有沒有我？他已經斷盡我執，不該說他還有我。

可是爲了避免眾生造業而亂毀謗，他必須要當眾宣稱「我是阿羅漢」；

那個「我」是隨順世俗說，他已經斷盡我執了，當然沒有我。如果他不自稱「我」，要怎麼宣稱說他是阿羅漢來防止別人毀謗聖者？「我」字若不能講，那該怎麼說法？當有人毀謗他，他要告訴對方自己的證量，讓已經毀謗的人知道要懺悔，正在毀謗的人中止毀謗，那時他該怎麼講？「我」字既不能講，省了「我」字，是不是只能說「**是阿羅漢，是阿羅漢**」？或者只說「**阿羅漢，阿羅漢**」？那麼毀謗他的人聽得懂嗎？不懂欸！所以必須隨俗的方便說「我」，否則他就不能在人間隨緣利樂眾生了。

同樣的，世尊也說：「**我是如來，我是汝師。**」祂當眾對大迦葉說：「**我是如來，我是汝師。**」那麼 世尊有沒有我？世尊是雙證人無我、法無我的，怎麼還會有我呢！可是如果 世尊不說「我」，祂在大眾中要怎麼樣宣示？因為不能說「我」，所以祂只能說：「**是如來，是汝師。**」那麼一定是每一個人懷疑說：「**到底世尊在講誰是如來、誰是大迦葉的師父？**」要用猜的了。所以一定要方便說「我」、隨順世俗說「我」，才有辦法在人間弘法，但不能據此來指責說：「**世尊還有我。**」那麼大約十年前，佛教界宣稱開悟的人，有一種說法是說：「**我們如何如何，我們如何如何。**」都不說「我」。那麼當時大家為什麼說「我們」而不說「我」？只是為了避免人家指責說他落在「我」裡面。可是「我們」還是有弊病，說「我們」的人本意也不是指我們，而是他自己；所以說「我們」的人還是有弊病，因為「我們」就是許多個我的集合體，還是有我啊！所以，不必因為說法時想避開這個「我」的方便說，而刻意避免說「我」，因為有智慧的人自然能分辨清楚這個「我」是指什麼。當對方說出「**我是阿羅漢**」的時候，那個「我」跟他有沒有我見、我執是不相干的，因為那只是隨順世俗說，是利樂眾生時必須要有的方便說。

所以，如來世尊出現在人間時，一定要向諸天這樣宣示：「我是如來，是福慧兩種具足的世間尊。」當然一切如來出世一定有所利益於眾生，不可能不是為利益眾生而特地來人間辛苦這麼一趟，所以「**出于世間猶如大雲，充潤一切枯槁眾生**」。那麼大雲就譬喻 如來有大法智雲，大法智之雲普遍遮覆於三界中的所有眾生，可以充潤一切想要出離三界的眾生。如來出現於人間之前的一切眾生，在出三界法的實證上面都是錯誤的，也等於是無門可入的；因此，在出三界的解脫法上面來說，這一些眾生在智慧上是非常缺乏的，幾乎沒有絲毫慧水的滋潤，所以稱為「**枯槁眾生**」；而眾生也往往不能夠瞭解什麼是世間之樂，所以要宣示：「皆令離苦得安隱樂：世間之樂及涅槃樂。」

「安隱樂」是菩薩種姓所修之法，出離樂之「涅槃樂」是二乘人所修之法，「世間之樂」是人天乘者所修之法。一般而言「涅槃樂」屬於出離樂，修證涅槃以二乘聖人爲主要，努力修證、如理作意思惟，現前觀察而斷除了我見與我執，所得就是有餘涅槃與無餘涅槃；捨報後所住就是灰身泯智，滅除十八界成爲無餘涅槃無境界的境界中，這叫作「涅槃樂」，這是出離三界生死的妙法。但是這個「涅槃樂」的實證只是結果，他的觀行內容卻是要出離三界世間，所以他的觀行就稱爲「出離觀」，這是在《阿含經》中所說的。

可是，阿含中還有講過另一種觀，叫作「安隱觀」，顯然那部經典本來是大乘經。二乘聖者之所修證，得「涅槃樂」，爲什麼沒有安隱呢？因爲他們捨報之後，是要滅盡五陰十八界，沒有一法可以繼續存在，只剩下他的第八識離見聞覺知而消失於三界中，所以他們得出離；但是，不再有五陰十八界存在，就談不上安隱了。然而，菩薩五陰十八界具足住在人間，卻現前觀察自己的五陰十八界安安隱隱地住於自己的如來藏之中；縱使這一世的五陰會壞滅，可是下一世仍然會有自己的五陰繼續現前，可以讓菩薩用來修道；

雖然是現前解脫的，卻是一切凡愚所不能知，所以是安隱觀。但菩薩證悟後不論已證或未證阿羅漢果，觀察阿羅漢們所入的無餘涅槃，卻依舊是自己的如來藏獨存的境界，菩薩卻不需要滅掉五陰的自我就能現前證得了，因此就這樣一世一世安安隱隱地邁向未來的佛地。

所以菩薩們這樣子現前觀察：自己的如來藏無人可壞，永遠不失，誰也搶不走。而且現前觀察到：自己一切生死是在自己的如來藏中生死，所以生死之中本來就已經是涅槃（筆者註：經中已說「生死即涅槃」），因爲是在自己本來就不生不死的如來藏中生死，所以這個生死也就是涅槃，阿羅漢們滅除五蘊我而「入」的無餘涅槃，依舊只是自己的如來藏獨存的境界。因爲這樣子觀察，親證了「**生死即涅槃**」的道理，現觀「**輪迴與涅槃不二**」，所以菩薩心中得大安隱，這叫作安隱樂，這就是《阿含經》裡面講的「安隱觀」。可是阿含裡面有講出「**安隱觀**」、「**出離觀**」的名相，對「**出離觀**」的內容有很多很多經典說明，卻沒有一部講到什麼內容是「**安隱觀**」，因爲結集四阿含的不迴心阿羅漢們，他們也不懂「**安隱觀**」。聽到 佛陀演說時，他們聽不懂，沒有勝解而失去這個法的念心所，所以無法記得住，就只能結集「**出離觀**」

的內涵，無法把「安隱觀」的內涵結集下來。所以這種「安隱樂」不是阿羅漢之所能知，當然更不是假藏傳佛教四大派那一些凡夫法王們所能知道。

那一些假藏傳佛教四大派大小喇嘛們講什麼輪迴涅槃不二，他們簡稱為「輪涅不二」，可是他們的「輪涅不二」同於常見外道，全無差別。他們認為說，只要靜坐到一念不生時，那個一念不生的了了分明境界就是涅槃的境界，而這個所謂的涅槃境界是在輪迴之中就已經存在，所以輪迴與涅槃不二。然而，那都只是意識的境界，那意識的一念不生連欲界定都談不上，何況能夠成為涅槃呢？他們是把生滅法當作不生不滅，誤會了涅槃，所以他們從來都沒有「輪涅不二」。只有菩薩證得如來藏而現觀五陰是在如來藏中輪迴，而如來藏本無生死、本來涅槃，這樣才能夠說是現觀輪迴與涅槃不二，這樣才能獲得「安隱觀」，這就是 世尊在這裡所說的「安隱樂」。

那麼「世間之樂」就是講人天乘：如何能繼續保住人身？也就是受持五戒；如何能世世保住人身而又衣食充滿具足，無所匱乏？要世世廣行布施。這是人間之樂。如何能保住人身以外而且還能生天呢？就是持五戒還要加修十善，不只是布施了；那麼十善業的修學加上布施，就可以出生在欲界天中，不必去預約掛號（一貫道說要藉點傳師爲信徒在天堂掛號，死後才能生在天上），自己就可以生在欲界天中，因爲這是你布施及行十善以後所應當得的，不是依靠誰的恩典。這是欲界天之樂，這也是「世間之樂」。那麼，如果要再求更高級的「世間之樂」，那就把欲界法捨棄，修習禪定，只要能夠念佛時淨念相繼或者長時間一念不生，加上遠離五蓋而棄捨欲界法，死後就可以上生禪定天。也就是說，在人間已經發起初禪或者二禪、三禪乃至四禪，死後可以上生色界天中，享受色界離開五塵喧鬧境界的禪定樂，這也是「世間之樂」。假使有人覺得色界天的色身也是個累贅，希望捨棄它，只要保持著「覺知心」存在就好，只想覺知心意識繼續存在，其餘都捨了最輕安，全無負擔。也行！那就教他修學四空定，死後生到無色界去，連色界天身的負擔都不存在了，這也是「世間之樂」。菩薩所得的「安隱樂」是具足「世間之樂」與「涅槃樂」的，所以諸地菩薩都能入無餘涅槃而不入，故意生起最後一分思惑而世世生在人間，繼續自度度他，正是由於得「安隱樂」的緣故，「安隱樂」函蓋「世間之樂」及「涅槃樂」故。

「我爲世尊無能及者，安隱眾生故現於世，爲大眾說甘露淨法，其法一

味解脫涅槃；」對三界世間無所不知，所以諸佛如果出現於世間，一定是福德與智慧圓滿的兩足尊，無人可及。有人解釋說：「如來兩足尊是說：用雙腳走路的有情之中是最尊貴者。」請問雙腳走路的有情就值得尊貴嗎？世尊來人間宣示時，要以兩腳走在泥土地上，如此宣示的還是不如天人，那又何苦來哉？所以，兩足尊只應該解釋作「福慧兩足尊」，就是：福德與智慧都具足而圓滿了，所以稱爲 世尊。那麼，如果 世尊是福慧兩足之尊，而竟然說：世尊沒有神通、沒有意生身，不能了知三界六道。請問十方三界中有這樣的世尊嗎？沒有！可是有的人就認爲有這樣的世尊，因爲他自己「成佛」以後卻沒有這樣的境界，所以他認爲 釋迦世尊是跟他一樣沒有神通，福德智慧也沒有圓滿，所以他主張「凡夫的菩薩行」就可以使人成佛。如果凡夫的菩薩行就可以使人成佛，那麼請問：福慧兩足那個慧，是要用什麼作定義？是最懂得物理學的博士？還是化學博士？還是政治學博士？或者是其他的某一種博士算是最有智慧的人呢？到底是哪一種？

如果說，世間慧具足圓滿就可以稱爲智慧圓滿，那不然，把世界上所有各門各類中最頂尖的人集合起來，是不是可以成爲一個集合體的世尊？所以，我說這印順老法師眞的叫作老糊塗，而這個老糊塗是從少年就糊塗，糊塗到老、到死，繼續糊塗。就像以前有個月溪法師在香港，他是從大陸逃難到香港，他公然在書上說：「世尊因爲沒有神通，所以不知道提婆達多要推石頭來砸祂。」這些荒唐話是由當代兩位很有名的法師講的，我們只能嘆氣啊！所以，不可以說 佛陀不瞭解三界六道的境界，不可以說 佛陀沒有四禪八定、五神通。可是，他們爲什麼要那樣說呢？只是因爲自己沒有四禪八定、沒有五神通，而他們認爲自己成佛了，所以別的佛應該是跟他們一樣沒有五神通、沒有四禪八定。

他們的理論基礎就是這樣，所以末法時代的佛門荒唐事還眞的很多。如果什麼人有心，將來可以寫一冊《佛門外史》，把這一些佛門中的大法師們各種趣事寫起來，將來就有兩本外史了：一本《儒林外史》，將來新增《佛門外史》。這就是說，有智慧的人，從某一些人所講的一段話或一兩句話之中，就可以判斷那一些人到底有沒有開悟。開悟的人不可能會主張「凡夫的『人菩薩行』可以成佛，因爲那顯然不是「有智慧的人菩薩行」。沒有智慧而修「人菩薩行」竟然也可以成佛，那就只有一種人可以成佛，就是釋印順與後山的那個比丘尼可以。可是我們不承認佛法中有這樣的佛，因爲一定要有實證才能夠說他有智慧；因爲即使是菩薩所供養但不看在眼裡的阿羅漢們，也都有聲聞緣覺的智慧，而這一些聲聞緣覺的智慧，他們不敢用正眼來瞧菩薩們，何況是敢用來瞧諸佛呢？所以，很多的現象都在說明，佛是兩足尊，一定是福慧雙雙圓滿，不能缺一。

因此才說 佛陀是福慧兩足尊，出現於世間一定是猶如大法智雲，普遍遮覆一切人天。沒有誰能比 佛陀更有智慧，因此示現在人間時，對於一切想要求出離生死苦惱的人，以及想要尋求成佛之道的人，都可以令這一些人遠離枯槁、獲得豐潤，當然 佛陀應該要宣稱說：「**皆令離苦得安隱樂：世間之樂及涅槃樂。**」除了諸佛出現在人間作了教導以外，沒有哪一個有情有能力自己實證涅槃。釋迦如來二千五百多年前出現在人間時，那麼多外道宣稱是阿羅漢，也有人自稱是如來，可是探究的結果：沒有一個人眞是阿羅漢，乃至我見都還具足存在，就別說是成佛。直到遇見 釋迦如來說法以後，才有人開始眞的證得阿羅漢果，所以 如來出現於人間，當然可以教授給想要出離生死苦惱的人實證「**涅槃樂**」。至於「**世間之樂**」，只是粗淺的人天乘極淺之法，那就更不在話下了。那麼，如來出現於世間想要利益一切眾生，當然要作這樣的宣示，所以向大眾高聲宣唱：「諸天人眾一切善聽，皆應到此覲無上尊。」這不是因爲狂，而是因爲想要利益一切人天。

那麼，世尊說完這一段話，話鋒一轉，回到自己身上來說：「我爲世尊無能及者，安隱眾生故現於世，爲大眾說甘露淨法，其法一味解脫涅槃；以一妙音演暢斯義，常爲大乘而作因緣。」意思是說：「我釋迦牟尼是世尊，娑婆世界中沒有誰能達到我這個境界，我是爲了安隱眾生的緣故而出現於世間，」可是外道們不瞭解，總是想：「瞿曇出世弘法，跟我們爭奪名聞利養。」所以，那些外道眞是無知到極可憐啊！如來的福德無量無邊，要什麼福報而不能得呢？無量劫前就具有大福德了，是連轉輪聖王都不願意作而放棄了，福德還會小於那些外道們嗎？還需要與他們爭利養嗎？轉輪聖王可以擁有一天下、二天下乃至四天下，特別是即將成佛的妙覺位菩薩，如果不出家一定當轉輪聖王，那絕對是金輪王，金輪王可以王於四大天下。那四大天下都放棄了，還會再來跟外道們爭那一缽之食，有這個道理嗎？所以外道們眞的是不懂什麼叫作佛。

就好比世俗人，你如果請了一尊佛像，在寺院裡面開了光，要請回家了，旅途遙遠，天晚了遇到了旅店，你說：「我要投宿在旅店。」結果旅店老闆說：「你不許住在我這裡，你到別家去。」你問他說：「爲什麼？」他說：「你把佛請了進來，萬一你明天離開時，佛不跟著你離開，那我怎麼辦？」正是一樣的道理嘛！懂的人想請 如來常在自己家裡，可都請不來，就怕 佛陀不肯住於自己家裡。他卻怕說 佛陀請不走，所以外道們眞的是不懂。那外道們不懂也就罷了，偏偏「佛門」大師們也不懂，所以假藏傳佛教四大派說：「怎麼樣叫作顯教的成佛呢？當你打坐到一念不生時就是成佛了。」這就是假藏傳佛教講的顯教的成佛境界，就是一念不生，他們稱之爲明光大手印，眞藏傳佛教覺囊巴卻不承認這樣的境界是諸佛境界。

這名稱還很響亮呵！明光大手印！然而那只是外道境界，而且遠不如外道；因爲佛世有很多外道或證初禪、或證二禪，或者乃至證得非想非非想定，結果號稱至高無上的密宗四大派，他們所認知的顯教佛竟然只是還不到欲界定的境界，那未免也太荒唐了！顯然他們全然不懂佛教的正法，竟然還敢對全世界高稱爲佛教法王。至於他們的樂空雙運，且不談它，因爲那只是把下流當風流。他們認爲自己能「安隱眾生」，世間無能超勝於他們，本質其實是把三惡道的種姓提升到 佛陀的位階之上；因爲他們的無上瑜伽是極盡淫欲之樂，連未到地定都證不到，更不要說是初禪。可是，他們竟然也敢宣稱他們有禪定，說已經從初禪到四禪都證得了；而他們的禪定是以中脈五輪來分的，他們所謂的顯教十地、十三地境界，也是從觀想中脈五輪來區分的。當他們觀想出中脈以後，把中脈裡的明點提升上來，先從頂輪到海底輪總共分成五輪，提升上來一輪就稱爲證初禪，提升二輪就稱爲證二禪，提升到頂輪就稱爲證第四禪，完全不是四禪八定所說的禪定，所以他們都是以假代眞，沒有一樣是眞的。

作個比喻說，你們看密宗那些瓶子，就好比上面印的文字是台灣公賣局紅標米酒，可是內容不是紅標米酒。台灣公賣局還有賣什麼酒？例如紹興酒。你看他密宗瓶子寫的是紹興酒，但他們內容也不是紹興酒。不管是什麼酒，他們全都有，可是內容就不是酒，一點點酒味跟酒的實質都沒有，但他們宣稱自己也是公賣局，還說他們的酒比公賣局的酒更好；其實只能叫作假公賣局，因爲是冒牌貨。所以佛法中所有的名相，他們密宗四大派全都有，可是他們每一個名相傳授出來時，所證的內容都跟佛法名相所講的完全不一樣；竟然還敢宣稱他們是眞正的佛教，還大言不慚說他們比佛教的教義與證境更高，侵入佛教以後還來貶抑佛教；假藏傳佛教的四大派全都如此，這在他們四處流通的書籍中都是公開這樣寫的，眞是不知羞恥。但是，你如果要依照密宗那些標示去買，帶到正覺同修會或者實證的正統佛教中來，全都不通用。

這就是說，沒有不知三界一切法的世尊。請問：三界一切法有沒有函蓋五神通、四禪八定？當然函蓋啊！所以，不可能有某一位世尊不懂人天乘。那竟然有大法師可以說：「**世尊沒有神通，所以我成佛時不須要有神通。**」那叫作妄想佛。因此，世尊出現於人間一定要宣示祂是世尊，那麼也要向眾生說明出現在世間的目的是什麼？就是爲了「**安隱眾生**」。那麼想要「**安隱眾生**」，當然就必須宣講「**甘露淨法**」。甘露，是欲界天人的食物，因爲它超勝於人間的食物，不是從污穢的泥土中長出來的，所以用甘露來代表清淨。人間的食物都是從很髒的泥巴中出生的，所以人間的食物不是眞的清淨。

人間的食物，以古人而言，都還要用糞尿去澆灌。所以，以前美軍在台灣協防，正在打越南戰爭的時候，那些美國軍官來台灣度假，都不敢吃台灣的食物。他們以前，尤其軍官們，都住在北投那個威靈頓山莊，那就是爲他們蓋起來的。他們因爲從美國運蔬菜來太貴了，後來就有一些契作的青菜，就是跟某一些單位簽約：「你們只能用化學肥料，不許用糞尿肥。」當然，近年他們美國又回來使用糞尿混合成肥料了，因爲發覺人間本來就應該如此。譬如說，你吃了一顆水梨：「哇！好好吃。」、「蘋果好好吃。」但那是泥巴跟糞尿生成的，是用泥巴與糞尿加上陽光與水爲養分來生長出來的。欲界天人看人間的食物就是這樣不清淨，欲界天人以甘露爲食，不是經由髒東西來長養出來的，所以叫作清淨食。

《阿含經》中也說人類叫作「食土眾生」，都是食土的眾生。也許有人剛一聽，說：「豈有此理！我又沒有吃過土。」那請問：你吃的食物，哪一樣不從泥土中來？都是土生土長嘛！全都是土所生、土所長養，才能有那一些食物嘛！所以，人類當然就叫作食土眾生，《阿含經》裡面是這麼說的。那麼，比較於人間的食物來講，甘露是清淨的，因爲它不是藉泥巴、糞尿所生長出來的，是欲界天人的清淨食物。所以，如果有人用人間的食物想要供養天人，說：「我這食物沒有肉類，很清淨，都是素食的。」可是用來供養欲界天人的時候，他們也不接受，他們只會心領，因爲他們覺得這個食物不清淨，他們寧願回到天上去以甘露爲食。

甘露是欲界天人的食物，請問：有人宣稱說他能夠求得甘露，所以大作甘露法會，宣稱是親證佛法的聖人。過了幾天，終於求到甘露了；且不說他那個甘露是眞是假，因爲他是搞魔術變出來的。且不說它的眞假，就假定說他眞的求到甘露了，請問他有沒有佛法證量？沒有！因爲求到欲界天的食物，跟佛法的證量全然無關。求到甘露了，吃了就有智慧嗎？也沒有啊！以前那個附佛外道辦甘露法會，悟明長老還被騙了去，就被利用了；也還有洋人出了家，在那邊用調羹吃甘露，還被拍照出來宣傳。假使吃了欲界天的甘露就會有智慧、就是證道的話，那欲界天人應該個個都是聖位的菩薩，也該都是阿羅漢了，因爲他們每天都在吃甘露，那麼他們應該就有佛法智慧了。結果呢？沒有！所以，甘露與佛法的證量無關。

那麼，佛法中說的「**甘露淨法**」，是以欲界天食物的清淨，來比擬人間食物的不淨；也就是以人間的食物譬如三界中的污染，用欲界天的甘露來譬喻三乘菩提清淨法，來表顯人間一切法以及外道一切法的不清淨。所以，甘露法是清淨法，因此佛法中有二大甘露法門：第一個甘露法門就是二乘菩提，第二個甘露法門叫作佛菩提道。佛法中從來沒有說過三大甘露法，因此所謂的金剛乘，密宗四大派所謂「藏傳佛教」的佛法，那都不是佛法；因為佛法中只有二大甘露法門，從來沒有說過三大甘露法門，更沒有講過金剛乘的甘露法門。

至於密宗四大派講的甘露，那就只能說他們叫作下賤，修行人本來應該越修越有智慧，竟然下賤到要去吃人家行淫過後的分泌物，說這樣就是已被上師作了甘露灌頂。那不是下賤，又叫什麼？所以，密宗真的只能說是不入流。不入流的意思，歇後語是什麼？大聲一點！你們另外兩個講堂沒聽到呵？我告訴你，他們是該怎麼說？他們該叫作下流。不入流就是下流，因為三教九流之中，即使第九流都還算是一流，對不對？但密宗連一流都沒有，既不在佛門內，也不在道教、儒家之內。所以，佛法中只有二大甘露法門，沒有密宗那個法。二大甘露法門之中，第一種就是二乘菩提解脫道，另一種就是佛菩提的成佛之道，除此而外沒有第三、第四。那麼，我們這一世把密宗所謂的第三種佛法解決掉，將來假使還有人再創造出第四種甘露法門，當知都不是佛法。

「以一妙音演暢斯義，常爲大乘而作因緣。」那麼，如來爲了安隱眾生而出現於世間，爲大眾講說二大甘露法門的清淨法，雖然想要到達涅槃的方法有分爲三乘，但因爲「其法一味解脫涅槃」，當然是想要讓大眾都能證得大乘妙法。這二大甘露法門所說的，同樣都是只有一種法味，就是解脫與涅槃。可是有人也許想：「既然只有一味解脫與涅槃，那爲什麼會有三乘菩提？」因爲 佛陀所說的「其法一味」，講的就是成佛之道的佛菩提，而所謂的解脫則是諸佛所證的不可思議解脫，不僅是二乘聖者所證的二種解脫；所謂的涅槃是究竟佛地的具足四種涅槃，不是單指二乘的涅槃，也不是單指菩薩所證的本來自性清淨涅槃；這個解脫也不是單指二乘人所證的出離分段生死的解脫，而是佛地的眞如解脫。

所以諸佛如來出現於世間，一定要作這樣的宣示，促使一切有緣的人天前來聞熏以及實證。以此緣故，釋迦如來說祂自己來人間，其實只有一種微妙的法音來宣演，而且暢所盡言的說完成佛之道唯一佛乘的道理。「常」就是永遠，永遠都是爲了大眾修證大乘法的目的，而造作了種種的因緣。所以，諸佛的本懷不可能只是爲了講蘊處界的緣起性空而出現於人間，因爲如果要講蘊處界的緣起性空，眞的以這個作爲　如來的本懷，那麼　如來度了五比丘以後就可以入涅槃了，因爲他們五個人就可以去宣揚緣起性空之法，不須要如來再住世那麼久。

也許有人講：「你這個人好殘忍，人家才成佛不久，你就要人家入涅槃。」那不然，弘法十年也夠了吧！因爲　如來對人間沒有任何的眷戀，我執、法執全部斷盡，還有什麼值得眷戀的呢？那麼，度五比丘之後，再度幾十位、乃至一、二百位成阿羅漢，也可以入滅了啊！這些人難道沒有能力宣講解脫之道嗎？當然有能力啊！如果　釋迦如來的本懷就是解脫道的緣起性空道理，那麼　如來不必說法四十九年，講上十年也就足夠了，可以入涅槃了。事實上卻沒有啊！卻是說法四十九年，把實相般若及一切種智唯識增上慧學講完了，才示現入涅槃。所以，如來的本懷就是唯一佛乘，把最究竟的、足以使人成爲究竟佛地的妙法，都爲眾生宣說完畢，才能夠說是化緣圓滿，才能離開這個地球人間，所以　如來最後說：「以一妙音演暢斯義，常爲大乘而作因緣。」絕對是以第一義諦的成佛之道作為如來出世弘化的因緣，不會僅以緣起性空證解脫道的二乘小法作為如來的本懷。

經文：【我觀一切普皆平等，無有彼此愛憎之心；

我無貪著亦無限礙，恒為一切平等說法。

如為一人眾多亦然，常演說法曾無他事；

去來坐立終不疲厭，充足世間如雨普潤；

貴賤上下持戒毀戒，威儀具足及不具足，

正見邪見利根鈍根，等雨法雨而無懈倦。

一切眾生聞我法者，隨力所受住於諸地：

或處人天轉輪聖王、釋梵諸王是小藥草。

知無漏法能得涅槃，起六神通及得三明，

獨處山林常行禪定，得緣覺證是中藥草。

求世尊處我當作佛，行精進定是上藥草。

又諸佛子專心佛道，常行慈悲自知作佛，

決定無疑是名小樹。安住神通轉不退輪，
度無量億百千眾生，如是菩薩名爲大樹。
佛平等說如一味雨，隨眾生性所受不同，
如彼草木所稟各異。】

語譯：接下來，世尊又說：

【我看待一切有情是普遍同樣地看待，大家都平等，沒有去區分彼此以及所貪愛或所厭惡的心態；我沒有貪著，但我也不受限於一切有障礙的境界中，永遠都爲一切有情平等地演說佛法。

就如同我爲一人說法時是那樣地詳盡，我對很多眾生來演說佛法時，也是同樣詳盡地說法，恆常都是爲眾生演說佛法，從來不爲世間的俗法而來演說；

如是爲眾生演說佛法，不論行去或前來，或坐或立而演說，終究不曾生起疲勞厭倦之心，這樣以佛法來充足世間一切有情，如同大雨普遍潤澤所有眾生；

對於尊貴的有情或者下賤的有情都不分上下，也不簡擇持戒或毀戒的有情而一體開示，也不簡擇有情之中具有威儀或者不具足威儀，乃至對於有情之中或有正見或有邪見或者利根或者鈍根，我都平等地以同樣的法雨而利益潤澤他們，心中沒有懈怠或者厭倦。

一切眾生之中凡是聽聞到我釋迦如來所說佛法的人，就隨著他們自己智慧力的多寡而能夠有不同的領受，因此而分住於各種不同的境界之中：所有聽聞我釋迦如來說法的人，或者有人是住於人間或者欲界天中，就是轉輪聖王、釋提桓因或者色界天的諸王，這一類的有情是屬於我的法雨所潤澤的小藥草。

如果聽我說法的人，他們是了知無漏法而能夠證得有餘、無餘涅槃，乃至已經發起六神通而獲得三明，獨處於山林之中常常行於禪定的境界，得到了緣覺的果證，這一類有情就是被我法雨所潤澤的中等的藥草。

假使還有人追求世尊所住的境界，希望自己將來可以作佛，如是行於精進的決定心中而不改變，這種人就是上等的藥草。

此外還有如來的眞子，專心於佛菩提道，心中常運行於慈悲的境界中，自己也確定知道將來一定會作佛，心中決定而無所懷疑，這一種人就稱爲小樹。

還有人可以安住於六神通中，並且能爲眾生轉不退法輪，可以度化無量億百千的眾生，這樣的菩薩就是我的法雨所滋潤的大樹。

佛陀如來平等宣説成佛之道唯一佛乘，猶如同一種法味的法雨，然而隨著眾生的心性不同，各自所能領受的法雨也就不同，猶如那三種藥草以及小樹、大樹的體相差別所以性分大小，所能稟受的法雨也就各自相異。」

講義：「我觀一切普皆平等，無有彼此愛憎之心；我無貪著亦無限礙，恒爲一切平等説法。」這意思是説，其實如來的本懷就是要幫助大眾，同樣都在未來成爲諸佛如來，都能成爲世尊，本意並沒有設定哪一些人只能成阿羅漢、不能成佛，也沒有設定某一些人只能成爲天人、天主，而不能成就阿羅漢、不能成就菩薩或世尊的福慧。所以，如來出現於人間，觀一切眾生普皆平等，沒有愛憎彼此的分別。一切如來出現於世間，同樣都無所貪著，也不會被一切境界所拘限或留礙；只有愚癡人才會説：如來出現於世間是在跟他們爭衣食的供養。也只有愚癡的眾生才會説：如來不懂這個法、不懂那個法。只有愚癡的眾生才會說：如來只懂得解脫道，不懂佛菩提道。才會說：大乘經典說的佛菩提道，那些阿羅漢所不懂的佛菩提道，都是後世的佛弟子們集體創造出來懷念 佛陀的。

我們現前證明，大乘經典的所說遠勝於四阿含全部經典；四阿含是阿羅漢們所知道的，然而那些阿羅漢們並不知道這一些大乘經典的內涵。他們主張說，只有四阿含的解脫道經典才是 如來所說，更勝妙於四阿含的大乘經典都不是 如來所說。他們等於是在指責說：「釋迦如來不如我們後世弟子。」他們其實是在這樣指責。但我們實證的大乘經典內涵是定性聲聞所不知道的，那些不迴心的阿羅漢們對我們的實證內容是不懂的，而 釋迦如來竟然是不懂大乘經典，那他們的意思顯然是說 釋迦如來不如我蕭平實了？那他們就是謗佛嘛！可是，我蕭平實卻說我遠遠不如 釋迦如來，這樣一來，他們的說法怎能成立啊？那種不能成立的荒唐說法，卻有一大批人相信！我們只能夠說：「那一些相信印順法師說法的人，都叫作愚中之愚。」就只能這麼說了。對不起！我今天罵人了，可是我不罵還行嗎？不行啊！還得要罵，因爲他們顯然是破壞正法的人，眞的是愚中之愚。印順法師已經夠愚癡了，他們竟然去信受那個愚癡人的說法，顯然他們比印順法師更愚癡。

所以，大乘經典絕對是 佛說的，不可把它扭曲爲後世的佛弟子所創造的。如果眞是後世的佛弟子所創造的，表示說後世佛弟子的智慧遠比 釋迦如來更高，才能創造出 釋迦如來所不懂、不能講出來的經典。可是，我們實證了大乘經典以後，卻發覺我們的智慧遠不如 釋迦如來。因此說，如來出現於世間絕對沒有限礙，只有那一些主張「大乘非佛說」的愚人，他們眞的有限礙；因爲他們的智慧確實是有很大侷限的，對於大乘經典的所說，他們心中眞是處處留礙；每一句大乘經典的所說，以他們的智慧而言，都只能滯留，然後處處被限礙。如來的所說，永遠都是平等法，那平等法是什麼？是緣起性空嗎？顯然不是！因爲緣起性空的觀行而證得滅諦時，是滅盡一切蘊處界；滅盡以後一無所有了，就沒有平等可說。爲什麼呢？所謂的平等，是你與我相比對、他與你相比對而完全相同，才能叫作平等法，必須有法存在而互相比對，才能有平等可說。取證滅諦後的斷滅空，不能夠說有平等，因爲斷滅空時就不能拿任何一法來相提並論；斷滅就是無，怎能夠有平等可說？

所以平等法是法界的實相，螞蟻、蟑螂、人類、天神、天主、羅漢、菩薩、諸佛都同樣有這樣一個法；不論哪個有情，把各自這一個法拿來相提並論時永遠都是平等的，那就是第八識如來藏，這才是平等法。斷滅空不能夠比較是否平等，斷滅是空無，空無怎能夠拿來比較？作那種比較是沒有意義的。譬如說，有人愚癡而在那邊比較說，你有一個空無的一百萬元台幣，他有空無的一千萬美元，另外一個人有一個空無的一萬億美元，那誰的錢比較多？有人愚癡專門在作這樣的分別。如果可以這樣而作眞正的分別，我明天弄一張紙條——一張很長很長的紙條，我在上面寫了一，然後在一的後面寫上零零零……唉！一太少了，就改爲九吧，接著在九的後面連寫零零零零零……，那個零，就「零」個沒完，那我豈不是最多錢了？可是那終究沒有購買力，對不對？當我把那個紙條拿出來的時候說：「哇！這麼多錢。」其實後面不應該寫「零」，應該寫「九」，九九九九……，可是拿出去能買什麼？都沒有購買力，所以作那樣空無的比較是無意義的。因此說，空無不能夠說是平等法，斷滅空不能說是平等法，一定是實有的法，是眞實法才能夠來作互相比較：「你那個眞實法跟我這個眞實法互相比較的結果，不分上下，所以是平等法。」得要是實有法才能作比較，比較的結果是平等而無差別，才能叫作平等法。

諸佛如來以這樣的平等法來觀待眾生，而爲眾生說法的時候，當然一定是平等的說法，不會說：現在講方廣諸法，大家不許聽。方廣的意思懂嗎？方廣就是四至都到，具足圓滿時就是四邊都具足，是四邊都完全到達而沒有遺漏，才能叫作方廣。所以，「方廣」諸經所說的法就包括十方世界，包括世界悉檀、爲人悉檀，這才能叫作方廣，那麼方廣當然就一定包含了一切種智諸法，一定是具足第一義諦全部內涵。佛陀說一切種智諸法以及方廣諸法的時候，絕對不會限制說：「你們阿羅漢不許來聽。」絕對不會限制，因爲佛陀所證是平等法，觀一切眾生都是平等的，當然要爲眾生平等說法。所以，除了般若的密意不能公開演說以外，其他諸法就是爲大家同樣平等宣說，因此沒有說，講哪一部經典的時候就趕人：「你們這些定性聲聞不許聽，離開！」佛陀沒有這樣講過或作過，佛陀都是隱覆密意而說，所以不需要趕人。我們增上班中，因爲說法時是不隱覆密意而說的，所以我們要設定條件。如果增上班要開放給所有人都能聽的時候，我就有不一樣的說法，就得隱覆密意而說。

同樣的道理，佛陀說種智妙義的時候，不會去驅趕那一些不迴心的阿羅漢們，他們一樣可以在場聽聞，因爲 佛陀隱覆密意而說。雖然隱覆密意而說，可是對於已經實證的菩薩們而言，對於由 佛陀指導而證得密意的那一些迴心阿羅漢們來說，卻認爲 佛陀都已是明講的了。眞的是明講，等你證悟明心以後，再來讀大乘經典時，你會發覺說：「佛陀在這裡也明講，在那裡也明講。」可是，那眞正明講了嗎？那又不然！如果眞正是明講的話，那一些大乘經典，印順法師他們那些佛學研究專家們，他們也曾讀過《大藏經》好幾遍了，還有人《大正藏》讀過六遍，爲什麼還悟不了？不是全都明講了嗎？既然明講，他們應該讀過就開悟了，可是爲什麼依舊悟不了或悟錯了？這表示說，那個明講是對家裡人而言，才是明講；可是對於凡夫來講，依舊是隱覆密意而說的。

就像有人讀我的《公案拈提》，說：「老師！您都明講了，爲什麼不許我們講？」正是一樣的道理嘛！因爲你悟了，所以它變成明講；可是對於還沒有悟的人來講，我那些都是隱覆密意而說。但是問題來了，你不可以把我裡面的某一個部分挑出來說：「這個就是老師講的，你只要看這一段就好。」那可不行！因爲我裡面有許多地方都是五里迷霧，書中有開有遮，我是把明講的部分穿插在那一些閑機境裡面；我有很多顆眞珠混在很多的魚目裡面，我的《公案拈提》是這樣寫的，你不可以特別挑出來說：「這一顆才對啦！」那就破壞了我的施設，那你就犯了 世尊所講的「法毘奈耶」——觸犯了法戒，這可是無間地獄的大罪。同樣的道理，佛陀也是這樣講了很多，可是你悟了一看，就說：「這裡是明講的。」可是 佛陀並不是整部經都明講，只是有一個部分明講，但你不可以刻意把那一段提出來講。即使是那一段所謂的明講，也是因爲你悟了，所以你說它是明講。可是那些明講的經文，那一些大法師們、佛學研究者們，他們沒有讀過嗎？都有啊！全都讀過了。有時候他們寫論文時還曾經提出來講解，可是他們還是悟不了。

這表示什麼？表示 如來眞的是「平等說法」，對一個人說法的時候是這樣說，對眾多人說法時仍然是如此。所以，釋迦如來爲眾生演說佛菩提時，永遠都是「唯一佛乘」；只是眾生無法瞭解唯一佛乘的妙理，因此必須要施設方便；因爲這是個下等的藥草，你不能硬要把它變成上等藥草，所以你給它的那一些雨水雖然平等地給與，但它能吸收的就是那麼少，你不能硬要灌給它。它是下等的藥草，它只能吸收那麼一點點，你不能說：「不然，我用濕的布把它包著，看它能不能吸收多一點？」結果明天一看，它爛掉了。它有一個能吸收的量，你同樣的雨下來，它能吸收多少就讓它吸收多少，不要勉強。它若是中等藥草、上等藥草，或者它是小樹、它是大樹，所能得到的就不一樣，但不是因為 如來有所偏心，所以大家所能得到的不一樣，原因是根性不同。

就好像我說法時也是一樣地說，大家同在一起聽聞，但是各人能吸收的程度也是各有不同。在增上班的課程中，我也是一樣地說，並沒有說像武俠小說編造的傳音入密，說我這幾句話只專門給其中幾個人聽，就用傳音入密方式只給這幾個人聽，其他的人就聽不見，只看見我嘴巴在動。我沒有這樣，還是一樣說；可是同樣上完增上班，有的人可以出來說法，有的人還是不行；甚至於有的人剛來到增上班，他說：「老師在說什麼法？聽不懂。」特別是在前面剛開始講《瑜伽師地論》〈總論〉的部分，好多人聽得好痛苦，總是抱怨聽不懂；耐心聽過三、四個月以後，才終於漸漸聽懂一些；其實我說法時還是一樣地說，其中卻有不少人眞的聽懂。這就是說，隨著個人的根基不同，能夠吸收到的也就不同，如來就是這樣說法。

因此不可以指控　如來說大乘經時把二乘人給趕走，沒有這回事。如來演說大乘經時，定性阿羅漢—不迴心阿羅漢—一樣可以坐下來聽法，也應該同時坐在法會中聽法才對，所以　如來沒有偏黨。不管是爲一個人說、爲菩薩說、爲聲聞緣覺說，仍然是同樣唯一佛乘的法；所以　如來「**常演說法**」，也就是說，如來不說枝節法，一定是演說成佛之道。然而，定性聲聞雖然貴爲人天應供，但他們聽聞佛菩提道的時候聽不懂，只能聽出其中與解脫道相關的法義，他們就記住解脫道的內容；他們記住了，結集出來的結果就是四阿含所說的解脫道法義，沒有成佛之道。可是，如來並沒有限礙他們說：「**我現在講的是成佛之道的內涵，不讓你們定性聲聞聽見，我就是用神通讓你們聽不見。**」並沒有這樣啊！還是一樣說給在場的所有人一起聽，所以　如來說法時「**去來坐立終不疲厭，充足世間如雨普潤**」。如來說法的時候一定是爲眾生具足圓滿地宣說，不會刻意運用神通力讓某一些人聽不見某一些法，所以說法的時候仍然是以唯一佛乘而說，不會刻意遮障某一些人令他們聽不見唯一佛乘的妙法，更不曾限制不迴心的聲聞同坐聽法，所以「充足世間如雨普潤」。

上一週把第六十六頁說完了，那麼今天要從六十七頁第一行開始講：「貴賤上下持戒毀戒，威儀具足及不具足，正見邪見利根鈍根，等雨法雨而無懈倦。」這是說，佛陀對於前來聞熏佛法的人，不分貴賤上下，全部平等看待。國王來了、大官來了，跟一般的佛弟子一樣看待，沒有特別優惠。如果是乞丐來了、賤民來了，也是一樣看待，不分貴賤。對於持戒的人或者毀戒的人，也是一樣的說法，說法時並沒有拒絕毀戒的人。有的人威儀具足，看起來就是很有修行的樣子，但有的人其實修行也不差，只是不注重威儀。有的人是具有正見的，有的人卻具有邪見；有的人根性很猛利，有的人根性很遲鈍；但不管是什麼樣的人來聞熏佛法，世尊總是平等地降下同樣的法雨，沒有懈怠或者厭倦。這就是說，說法時是同一種平等，只有觀察眾生能夠接受什麼樣的法而給他不同的法門，這是在實修的時候才如此，可是說法的時候是一樣的說法。那麼，修行的行門是很多，可是說法時就是純粹解說佛法的義理，而這是公開演說，因此不設定任何的對象，就看誰能接受多少，他就能獲得多少，可是 佛總是把最好的法演說給大眾。

那麼接著就說明：「一切眾生聞我法者，隨力所受住於諸地；或處人天轉輪聖王、釋梵諸王是小藥草。」一切眾生聽聞到 釋迦如來說法的人，隨著各人所能領受的能力差別，而住於各種不同的境界中。地，就是境界的意思；諸地，就表示有很多種的境界。那麼，到底 世尊把聞法的人分成哪一些不同的根性來看待？第一種是小藥草，這藥草長得不大，所以稱爲小藥草。這一類小藥草指的是「人、天、轉輪聖王、釋梵諸王」。人是指一般的人類，人類以及天人、天主或者人王中的轉輪聖王，上及於忉利天的天主釋提桓因，乃至初禪天的大梵天王，這一些人都稱爲小藥草。他們來聽聞 佛陀說法時不一定能證果，或者證果的時候只及於初果與二果，沒辦法成爲證悟的菩薩，所以這一類都是小藥草。

可是藥草分三品，小藥草再上來就是中藥草。中等的藥草是什麼呢？「知無漏法能得涅槃，起六神通及得三明，獨處山林常行禪定，得緣覺證是中藥草。」是已經知道無漏法而可以證得涅槃。這就是說，他對無漏法已經了知，而且他捨壽的時候也有能力可以入無餘涅槃；這樣的人是慧解脫者，只是中藥草，還稱不上是「樹」。接著再進修，不滿足於慧解脫，進修之後發起了六神通以及三明，所謂天眼明、漏盡明以及宿命明，這樣的人是什麼樣的阿羅漢呢？叫作三明六通大阿羅漢；可是大阿羅漢在佛法中還不是最高的層次，他獨處於山林中常常行於禪定，並且進而獲得緣覺的果證。緣覺的果證跟阿羅漢不一樣，但是在佛世仍然被稱爲阿羅漢。佛世的阿羅漢也都是緣覺，因爲都精通因緣法；可是他們也有可能沒有發起六神通，也沒有獲得三明，但仍然是緣覺。那麼 世尊這裡說的是三明六通大阿羅漢，也就是俱解脫的阿羅漢加修三明六通，然後再進修因緣法，稱爲緣覺，這樣的人也還是中等的藥草。這樣聽起來，有沒有很震撼？聽我說震撼，然後才覺得震撼嗎？（大眾笑…）我這裡聽不到第二講堂、第四講堂的聲音，有沒有笑得很大聲？我不知道。有喔！但是在佛菩提中本來就如此，若不是菩薩，不論他在二乘菩提中的修證多麼高，最多只是中等的藥草。

以前，會外常常有法師不服氣說：「**這蕭平實口氣好大！竟然說阿羅漢來到他面前沒有說話的餘地。**」他們很不服氣。問題來了：如果想要證明阿羅漢來我面前也可以開得了口，他得要找阿羅漢來；可是現在全球都沒有阿羅漢，那些南洋所謂的阿羅漢，檢驗的結果沒有一個是已斷我見的，那叫作凡夫位的假名阿羅漢，所以他們也拿我沒輒啊！因爲我說的是實話，我不怕人家來踢館；我們很歡迎人家來踢館，不管是公開來踢或私下來踢都行。話說回來，即使眞的有阿羅漢出現了，他們把阿羅漢找了來，也只能與我談談解脫道；我若是提起實相般若的內涵，阿羅漢就得閉嘴，再也講不出什麼話來了。

在這裡 佛陀說，慧解脫、俱解脫乃至三明六通大解脫阿羅漢再加修因緣法，獲得緣覺的果證，都還只是中藥草。那什麼叫作上藥草？咱們來瞧一瞧：**「求世尊處我當作佛，行精進定是上藥草。」**這是講誰呀？當然是菩薩。菩薩分好幾等，哪一等的菩薩是上藥草呢？是有開悟、還是沒開悟？（有人回答：有。）有哦？還沒有開悟啦！這是凡夫菩薩，還沒有開悟；但他相信：**「我將來一定可以作佛，但是我要來世尊這裡求法才有可能，去外道那邊求，去諸天主天神那邊求，都沒有可能。」**所以來 世尊這邊求法，求能實證諸佛世尊所住的境界，希望將來自己可以作佛。

這是只有佛門獨有的，其他的宗教都辦不到。譬如基督教，如果說：**「我**

來見基督，求基督的境界，我將來要當基督。」行不行？不行！如果說天主教，信徒說：「我來求當天主。」或者說回教：「我來求當阿拉，以後我也要當阿拉。」那麼道教呢，道教誰最高？玉皇上帝，有的人說是元始天尊，就說：「我以後要當元始天尊。」如果是一貫道呢，就說：「我以後也要當母娘。」行不行？都不行！只有佛教可以啊！因爲諸佛就是希望大家都能成佛，所以佛陀是最平等的。如果在外教，你說要當教主，那一定是死定了！但菩薩敢發這個大心說：「三大阿僧祇劫那麼辛苦、痛苦，沒關係，我就願意這樣去行，無量世的生死痛苦我願意受，將來一定要成佛。」就這樣子去向世尊開口請求，然後請問：「我要如何修行？」世尊一聽大爲歡喜，就接收了這個徒弟，開始教導。

可是，當他這樣求就是上藥草嗎？還不是。如果這樣就是上藥草，那一些還在世間法打混的大乘佛弟子也該是上藥草了；但顯然不是，因爲下面還有文章：要「行精進定」。要很精進地求佛和修行，希望自己未來可以作佛，而且心中還得要決定不疑，他的定心所已經成就了。這樣的定心所成就可眞是不容易呵！接著開始追求成佛的內涵，但自己作不到，所以「求世尊處我當作佛」，然後開始努力精進去修行，才算是有了定心所。一般的佛弟子不一定有定心所，因爲一般人剛開始學佛時很精進，後來漸漸地退失了，所以淨土門中有一段話很有名：「念佛一年，佛在心田；念佛二年，佛在眼前，」已經不在心田了，跑到眼前來了；但是「念佛三年，佛在西天」，已經距離很遠了。念佛、學禪都是如此，這就是一般的學佛人。

剛開始那一年，每週末一定參加念佛會，風雨無阻，第二年開始懈怠了，第三年覺得 佛陀離他好遠，第四年就不念了。學禪也是一樣，好多人學禪，以往都是以定爲禪，好努力打坐，可是漸漸地荒廢、懈怠了。有些人尋找能幫人開悟的禪，也都是一樣啊！後來都漸漸地懈怠荒廢。我也看見一些朋友，以前比我還精進；不但是週末、週日跑道場，平常的時間也都往道場裡跑；可是前後不過三年，回到世間法去了，都不學佛了。那表示他們沒有定心所，心中未得決定。由於他們還沒有心得決定，所以剛開始的「行精進」沒有得「定」心所，心中不得決定，還不能作準。所以得要看他長期有沒有好好努力繼續用功，始終不退不懈，這樣才叫作「行精進定」。

「行精進定」，就是諸位在座之中還沒有破參前，也許去過二次、三次禪三，心想：「反正我就打定主意要繼續去，看有沒有希望證悟。」打禪三那麼辛苦，那個心理壓力眞的好大；而且晚上睡不好，剛剛這位打呼停了，那邊又開始打起來，都沒辦法睡覺；那麼苦，也是要去拚啊！不論什麼苦，都願意忍受。在正覺同修會中就這樣一直待下去，五年、七年、十年，持續待下去，打死不退，這樣才叫作「行精進定」。那麼恭喜你！你就是「上藥草」。（有人回答：謝謝！）不用謝，因爲這是你分內該得的，你太客氣了！

世尊就是這麼說，說這種人叫作「上藥草」，凡是已在六住位裡面的人都是「上藥草」。所以，那三明六通大解脫的阿羅漢，有個徒弟幫他揹行囊，路上走著、走著，這徒弟突然間發了大心說他要行菩薩道，這阿羅漢師父知道了，馬上把行囊接過來，請徒弟走前面，他揹著行囊走後面了。沒想到，這個徒弟沒有「行精進定」，有「行精進」而無「定」，才精進不過一、二個時辰，走著走著覺得累了就想：「喔！走路都這麼累了，要行菩薩道，得三大阿僧祇劫，那還得了！算了、算了。」這師父馬上知道了：「換你來揹，跟在後面去！」就讓徒弟揹著行囊跟在後面走了。爲什麼這個師父這樣子作？因爲這個師父只不過是中藥草，這徒弟如果眞的「行精進定」，願意永生永世就這樣行菩薩道，三大阿僧祇劫不退轉，這個徒弟就變成「上藥草」，遠勝過師父了，因此得要尊重，因爲這是菩薩。

所以，很多人身爲菩薩時，還不知道自己種姓尊貴。菩薩的種姓非常尊貴，聲聞人即使修成三明六通的大阿羅漢，再加上緣覺的果證，他都還很恭敬這一類「行精進定」的凡夫菩薩。結果現在我們大乘法中不曉得怎麼搞的，這一些在凡夫位中「行精進定」的菩薩們卻都崇拜聲聞人，看到那些翻譯的南洋著作，就說：「哇！這些都是阿羅漢，如何、如何、如何……」他們都沒想到說那些阿羅漢們即使都是眞的阿羅漢，也都應該要恭敬於菩薩的，何況那些全都是假阿羅漢。這顯示百年來的佛教已經被穿著僧衣的聲聞僧給教壞了，他們聲稱是大乘僧，本質卻是聲聞僧；由他們來教導菩薩們，最後導致眞正的大乘精神與佛菩提道的法義淹沒不存，所以應該尊敬的不尊敬，反而去尊敬不應該尊敬的。

世尊說這樣「行精進定」的凡夫菩薩是「上藥草」，所以你們來到正覺求作佛，願意三大阿僧祇劫不怕生死痛苦，努力要求證悟，雖然目前還沒有證悟，其實都不值得羞赧，因爲你們的種姓尊貴，遠勝過三明六通大阿羅漢和緣覺們；因爲你們是「上藥草」，阿羅漢和緣覺不過是「中藥草」。所以你們不要妄自菲薄，要有正知見；假使哪一天遇到眞正的阿羅漢，咱們可以供養他們，但不必恭敬；尊重他們是應該的，但不必恭敬。畢竟他們是人天應供，所以尊重是應該的；然而他們畢竟只是「中藥草」，而你是「上藥草」，遇見時你該作什麼呢？該拿他們當福田就把他們種。拿他們當福田來種，你種了福田，這是人天應供，是大福田，種了便有大福德；你有大福德可以得，何樂不爲？假使那是阿羅漢，你可別說：「哎呀！我今天沒什麼財物可以供養。」難道你口袋裡一、二百塊錢台幣都沒嗎？總有吧！趕快買個水果或者什麼，附近沒什麼東西可買，沒關係，你就把現金直接供養他，也可以啊！看他要怎麼用都行。數目雖然不大，福德可是無量。你就拿他種福田，尊重他，但不必恭敬他，因爲他是「中藥草」，你是「上藥草」，這個知見要建立起來。

「小藥草」、「中藥草」、「上藥草」都有了，接著當然要講樹木了，可是樹木也有分大小，現在來看看，什麼是「小樹」呢：「又諸佛子專心佛道，常行慈悲自知作佛，決定無疑是名小樹。」這是佛弟子而不是阿羅漢的弟子，所以說是「佛子」。佛弟子「專心佛道」，怎麼樣能夠「專心」呢？當然要有基本的定力，才能夠使心專注於「佛道」上；散散漫漫地，不能說是「專心」於「佛道」。然後又說明什麼是「專心」？也就是於追求「佛道」的實證，不是追求解脫道的實證，還要心得決定永不退轉，這才叫「專心」。專，有一個意思，叫作制心一處、心不攀緣；別人說什麼法多麼好，都不理會、都不攀緣。

有一次定中，有人要傳給我辟荔之法。辟荔，不是晴天霹靂那個霹靂，就是辟支佛那個辟，荔就是草字頭下面三個力量的力，荔枝的荔。那是什麼法？那叫作鬼神之道，可以有很多的變化等等。如果學了，在世間法上可以炫耀，迷惑眾生，但是最後會變怎麼樣？會變成一天到晚有鬼神跟在身邊，你每天一早就要有專人替你發號碼牌，時間到了，你坐上來就是爲眾生辦事：他家誰中邪了，另外一家祖先有問題……等，沒完沒了。我一聽，就說：「對這個沒興趣，謝謝！」我還是跟他謝謝，但是我說我沒興趣，因爲那個一學下去就會成爲有神通的鬼神，我沒辦法弘法了。如果眞的學那些東西，到最後，如果全島聞名的時候，保證戶限爲穿，也就是說門檻一定會被踩平。

如果去學了那個，我就不是「專心」了，不是制心一處於佛道中決定不疑，那是攀緣。又譬如說，如果有人來教你說，他有什麼神通等等；其實現在的人還講什麼通？大部分都是鬼神通，都不是自己所有的神通，你們可千萬別信，都是籠罩人的。那個辟荔之道，你如果學會了，你就是自己有了鬼通，是自己本身有鬼通，但不是天神所得的神通；學了以後一天到晚跟鬼神來往，你很麻煩啦！因爲你跟鬼神可以來往，你看見了鬼神時不能裝作不知道；因爲他已經跟你來往過，知道你看得見他了，那將來怎麼辦？與鬼神爲伍啊！所以，如果人家說哪裡可以修神通，心裡面動起來就去學，那就不是「專心佛道」。

專心於佛道時，你就依照佛道的次第去修學。大乘佛道中，修學神通是三地後心的事，不是三地入地心、住地心的事。你如果「專心佛道」時，眼前該修什麼、你就修什麼，這才叫作「專心佛道」。這個階段完成了，下個階段該修什麼、你就修什麼，其他的就不管。否則的話，你學佛時只是學了世間法，學來學去不離三界世間，而且往往都是不離欲界世間。所以我對那些都沒興趣，敬謝不敏。那麼「專心佛道」的結果是什麼？就是證悟般若，證悟之後次第進修，得要「常行慈悲」。什麼時候「常行慈悲」？三地後心，也就是即將成滿三地心之前要修四禪八定，接著要修四無量心：慈無量、悲無量、喜無量、捨無量，有了慈無量心，可以「常行慈悲」。四無量心具足時接著修證五神通，然後就是大乘法中說的梵行圓滿，菩薩的梵行圓滿就是三地滿心前的四無量心。四無量心修成了，那就是「常行慈悲」的菩薩；這是到三地後心即將滿足三地心之前，這時都還只能叫作「小樹」。

爲什麼三地即將滿心了還被叫作「小樹」呢？因爲這時已經都不把世間一切法看在眼裡了，「專心佛道，常行慈悲」，自己也確定未來一定會作佛——「自知作佛」，這時心中已經「決定無疑」。因爲，接下來他只要藉三地的無生法忍與五神通，來發起三地滿心的現觀，就可以進入四地去了；所以要成就三地滿心的現觀之前，他還得要加修五神通。也就是說，四無量心完成的時候就是「小樹」；他還沒有辦法完成三地滿心的現觀，要等他把五神通修習完成，可以化身到諸佛世界去了，遇到有緣眾生就以化身爲他們說法，才算是「大樹」。可是在這個時候，還沒有發起意生身能力之前，他仍然屬於「小樹」。

「安住神通轉不退輪，度無量億百千眾生，如是菩薩名爲大樹。」在世尊的定義中，什麼是「大樹」？那就是從三地滿心開始了。「安住神通轉不退輪，度無量億百千眾生，如是菩薩名爲大樹。」三地滿心了，他有五神通了，可以化身到諸佛世界去，度化「無量億百千眾生」；只要什麼眾生跟他的願相應，他就化身去爲那些眾生說法，因爲他已經有五神通而生起意生身了；那時還不想取證漏盡通，能證滅盡定而不取證，故意留惑潤生，所以這時「安住神通」爲眾生「轉不退輪」，他轉法輪時可以「度無量億百千眾生」而不退轉，這樣才叫作「大樹」。「大樹」菩薩在人間沒有人敢不恭敬，假使有誰謗法或者毀謗他，眼看著死後要下墮地獄了，怎麼辦？這「大樹」菩薩腿盤起來，他晚上就不睡覺了，去找那個眾生，然後在夢裡面每天教化那個眾生；如果教化不成，就每天晚上去他夢裡面打他巴掌；假使打巴掌還不能使他悔改，就拿棍子敲他。反正夢裡打不死人，就打到他願意聽話了，再告訴他犯了什麼過失；於是那個眾生就懂得懺悔，死後不必下墮地獄了，這就是「大樹」菩薩。

咱們若只是「小樹」，沒有人會瞧得起你，連號稱已在學佛的初機學人也瞧不起你。今天假使要到某一個道場去拜訪，先通報說「哪一天蕭某某要來拜訪」，大概人家都會拒絕。為什麼呢？因為不好對話，沒辦法對話。大家都想：「見了這蕭平實，說什麼好？」不知道該說什麼。平常口才辯給、牙尖嘴利，可是想到：「遇到蕭平實該講什麼？」還真不知道該怎麼講。所以沒有人願意接受你去拜訪。不是你啦！是我啦。我想我去哪裡，大概也都不受歡迎，那還有誰會恭敬我說的法？不會！他們對我只有懼怕：「我假使得罪了蕭平實，他什麼時候寫書來說我，我都沒辦法回應，顏面掃地。也許他當面問我證悟的智慧境界、解脫境界，我豈不是要當面出醜？」大概都是這個心態，所以「小樹」固然很稀有，但是「小樹」在人間也不怎麼受恭敬。

但如果是「大樹」可就不一樣了，因為「大樹」菩薩可以降伏一切惡人。那些牙尖嘴利喜愛毀謗的愚癡佛子，有時化名在網路上謾罵，「大樹」菩薩看到那些文章，一看就知道：「原來是某某人。」雖然他們是化名，也會知道是誰；然後就花點心思，每天晚上去他們睡夢中處理一下。時間久了，漸漸地，那些毀謗的人就乖乖地，不但乖而且恭敬，所以「大樹」與「小樹」間的差異還是很大的。那麼「小樹」假使會被恭敬，只有一種對象，叫作學人。俗人不會恭敬「小樹」，俗人恭敬的是那些有鬼通的凡夫。其實都只是鬼通，可是俗人不知道，就很恭敬，好崇拜。他們不知道的是，那些有鬼神通而被他們恭敬的人，卻都很恭敬「小樹」；因爲他們都知道這棵「小樹」值得恭敬，就只是俗人不知道。

所以只有學人懂得恭敬「小樹」，也就是指你們；你們是學人，所以你們不是俗人。學人有學人的威儀，俗人有俗人的喜好，互不相同。俗人都踏不進正覺講堂的，假使被人家五花大綁而來，他在我們的講經法會中一定坐得很痛苦，聽上半個鐘頭就走掉了。眞的坐不下來，因爲他那個坐墊有刺，而那些刺都是從我嘴上生出來的，他們無法接受。可是，你們覺得坐在這裡好舒服，聽著聽著，才一會兒忽然說：「怎麼時間又到了？」因爲你們是學人，與他們不一樣。也因爲我說法不隨順世俗，能夠聽得下去的人都不簡單。一般人聽我這麼說法，心中一定生起煩惱：「這蕭平實口氣好大呵！蕭平實都在講神話。」其實沒有，我講的都是如實語；只是他們不知道眞相，所以他們聽了就生起煩惱。會起煩惱，那就是俗人了。你們不起煩惱，還聽得法喜充滿，那就是學人。

那麼這樣來看，「大樹」是俗人、學人通吃，總攝一切人；不管什麼人，他都能夠攝受，跟「小樹」不一樣。「小樹」只能攝受學人，最多只是同時攝受「中藥草、上藥草」，沒有辦法攝受俗人。可是，「大樹」沒有這個限制，俗人也能攝受，所以這種「大樹」當然就是三地滿心時已經生起意生身以上的菩薩。他已經能夠經由化身去到諸佛世界或無佛的世界利樂有情，能夠「度無量億百千眾生」，這才是「大樹」。由此可見，即使滿足三地心了，如果還沒有智慧發起意生身，要延遲到五地時才發起，這樣的三地滿心菩薩依舊不是「大樹」。那麼，這樣總共分為五種人，大家可以衡量一下：自己合該是「小藥草、中藥草」？還是「上藥草」？或者說自己什麼時候可以成為「小樹」？成為「大樹」？可以自己衡量一下，然後來確定「路該怎麼走」？要不要繼續努力勤奮地走下去？這就是五種根性。

「佛平等說如一味雨，隨眾生性所受不同，如彼草木所稟各異。」佛陀說法的時候，並沒有說：「你們是小藥草，不要聽大乘菩提。」也沒有說：「你們是中藥草，佛菩提不給你們聽。」都沒有啊！你們可以看見阿含部諸經裡面，也有《大般泥洹經》、《央掘魔羅經》等大乘經典，被結集成小乘經典；

也可以看見《長阿含經》，其實全都是佛菩提道的經典。雖然它們被聲聞人結集成爲聲聞解脫道的經典，可是這些經典在 佛陀說法時，所說出來的本質其實是大乘經典，後來被聲聞人結集成小乘解脫道的經典，其中的大乘法義已經消失不見了。然而 佛陀當年演說的時候沒有拒絕那些聲聞人聽，也沒有拒絕諸天天主來聽，佛還是一味平懷，該說佛菩提時就說，什麼人要聽都可以同時聽聞。佛陀就是這樣演說佛菩提道，所以說「**佛平等說如一味雨，隨眾生性所受不同**」。

所以，聲聞人聽了以後，只聽懂其中有關解脫的內容，結集下來變成阿含部的經典，只說解脫道；菩薩聽了，全部領解所有法義，結集下來變成菩薩道的大乘經典，內容是佛菩提道。這就是「**如彼草木所稟各異**」，因爲稟性既是那樣子，所能承受的就是那麼多。那麼，如果是諸天天人還沒有證悟，他聽聞了以後回到天上去，講的佛法就變成人天善法，因爲他的稟性就是人天善法，他就是「**小藥草**」。聲聞人聽了變成《央掘魔羅經》、《大般泥洹經》，或是變成《長阿含經》那一類，他們就是「**中藥草**」。其實有很多經典，特別是《增壹阿含》部、《雜阿含》部裡面，其實有很多經典本來都是大乘經典；其中有的經典說穿了，本來就是唯識增上慧學的經典，可是他們聲聞人結集起來以後，變成阿含部的那一些聲聞解脫道的經典，因爲他們的稟性就是這樣，他們只是「中藥草」。

那麼「上藥草」呢？上藥草沒資格結集經典，只有小樹與大樹才能參與結集大乘經典，因爲「上藥草」雖是菩薩種姓，但還是凡夫位，還聽不懂大乘經典。所以　佛陀說法是平等說，從第二轉法輪開始，所講的經典全部都是成佛之道；但是聲聞人聽了，結集下來變成解脫道的阿含部經典；菩薩聽聞了，結集下來就變成大乘方廣經典、般若經典。正因爲有的是「大樹」、有的是「小樹」、有的是「中藥草」、有的是「小藥草」，以致於同所聽聞而領解的內容都不一樣；那「上藥草」聽聞了以後，知道自己只要努力修行，未來一定可以成佛，但是有沒有辦法確定自己眞的能成佛以及如何成佛？不能確定，只能相信　佛陀說的最後一定可以成佛；這是因爲自己還在凡夫位，這就是「上藥草」。

世尊說法無非就是要度眾生成佛，沒有一點點吝法之心，不像那一些外教教主怕人家搶他的位子，所以　世尊說法時沒有保留，都是最上法雨。但

是　佛把法說了，眾生根性各個不同，所能獲得的內涵也各自不同。那就看各人的稟性如何，隨著他心中所能接收的能力、所能了知的分量，各自獲得所能獲得的。就如同三種藥草以及「小樹、大樹」，天上降下同樣的雨，但是它們的吸收能力一定各自都不一樣，這才是眞正的　釋迦如來的本懷。佛陀的本懷，絕對不會把成佛之道遮蓋著不給眾生，只給聲聞道、緣覺道。所以，那一些人一直在主張「回歸佛陀的本懷」，講的卻是聲聞緣覺小法的解脫道，他們眞是把　佛陀的心量看扁了。佛陀的心量就只有這樣嗎？佛陀來人間是想要大家成佛，不是只要大家成阿羅漢而已。成就阿羅漢的果證，只是飯前的小菜，還只是一小碟而已。成佛大菜，那些倡導人間佛教的六識論者都不想要，他們只要一小碟的小菜。你如果當老闆，你會不會爲他們搖頭？一定會啊！這勝妙的珍饈美饌，最好而且最豐富的大菜，他們竟然不要，吃了那一小碟的小菜，認爲就是這一餐的所有佳餚，然後就提前離席了，這就是愚癡人。

所以，佛陀的本懷究竟是什麼呢？今天大家終於瞭解，才知道他們那一些人很糊塗，而糊塗的原因是因爲心量太小。心量太小，所以能承受的就是那麼幾滴的法水；世尊降下大法雨來，他們就只得到那麼幾滴的利益。因此說，他們之所以無法證悟般若，乃至淺如聲聞菩提也無法證悟，也是勢所必然。諸位心量大，「專心佛道」，最後當然一定會證悟般若，證悟後就可以確定：「**佛陀證的是這個心，我證的也是這個心，我就依照佛菩提的次第，按部就班修上去，全部完成了，最後一定可以成佛。**」因為你已經眞的走上成佛之路了。如果還沒找到那一條路，一直在摸索，都還在迷惘之中，當然不能「**自知作佛**」。可是，即使沒有證悟，你看到佛菩提道的路是這樣鋪排的，是造好了在那一邊，你遠遠看見了，雖然還沒有走上那一條路，但是遠遠看見那一條路在那裡了，你就可以往那個方向一直走，你總會走進那一條路上的休息站，那就是開悟。開悟就是已經走上那一條路的休息站中，先在裡面好好享受法樂，然後就可以看見這一條路平坦筆直、無比寬闊；只是有一個麻煩：這條路好遠、好長。就只有這個麻煩，其他就沒有問題了。好遠好長當然會走得很辛苦，可是路上處處都有休息站讓你補充體力及享受法樂；於是你越走，腳力越來越勇健，後來就不覺辛苦了。

從什麼時候開始不覺得辛苦？成為大樹時就不辛苦了，所以趕快成滿三地心是很重要的。但是想要滿足三地心，福德要很大。想要滿足三地心的人，都不能計較自己的世間利益，只有努力爲眾生、爲正法不斷地付出，從來不想從裡面得到什麼世間利益，要這樣子作才能修得大福德而能滿足三地心。那麼大家可以自己衡量一下：現在有沒有這樣的心量？如果還沒有，要趕快去培養，才能趕快滿足三地心。滿足三地心就成爲「大樹」了，但是很不容易，因爲這個福德要很大。所以，我也是無怨無悔，因爲我需要廣大福德來增上呀！我現在就是要努力修集福德，最欠的就是福德，其他什麼都不欠。我就欠大福德，福德夠了就水到渠成。每一個階段都須要很大的福德，可是有很多人不覺得福德的重要，往往不太重視。福德修得越慢，慧學增長就越慢，因爲佛菩提每一個階段的慧學，背後都要有大福德作支撐，可是沒有人知道這個道理。

但是，諸位修福德時要怎麼樣修最快？護持正法！護持正法是種種修集福德的方法中最快的，而最大的福德，就是把邪見趕出佛教所生的福德。所以不要當老好人，不要當濫好人，救眾生才是眞的好人。眼看眾生的法身慧命被大師們戕害，他們個個不是大妄語，就是落入外道法裡面，還努力在誤導眾生。眾生的法身慧命已被戕害到很嚴重了，而那些被害的眾生下墮三惡道以後，可不是只有一世、二世。如果有人拿刀殺人，那個罪惡都遠不如那一些戕害眾生法身慧命的大師。因爲被害的眾生都是由於被大師錯誤印證爲開悟，才會產生大妄語業的重罪；當這些被誤導而大妄語的人死後下去三惡道，那是要經歷很多劫才能再回到人間，痛苦久遠而且難以思量啊！可是被人家殺了，只不過一世而已，死了投胎還是繼續生在人間。那麼你想，你去救護眾生離開惡見，那個福德大不大？這樣想通了呵！

所以，怎麼樣救護眾生不要落入密宗的邪法裡面，不要落入那一些我見、常見、斷見裡面而自以爲懂得佛法、自以爲證聖，你就救了那一些眾生。你救眾生的時候，也使得佛教的正法有了更堅強的基礎，可以讓眾生在未來一千年、二千年、三千年乃至九千年，都可以順利地修學正法，不走入岔路；所以這個福德才是眞的偉大，這個就要諸位去作。所以，成爲「小樹」不該是大家的目標，長遠的目標應該是要成爲「大樹」。那麼這個道理，我們年底會有一片新的音樂ＣＤ再出版，其中有一首歌的歌詞，諸位將來拿到了再去讀；我們裡面會附一本小冊子，在「本事」的內容中就會作個註解。那一首歌的歌名叫作《菩薩底憂鬱》。名稱好奇怪呵？本來沒想要發表那一首歌，可是 佛陀准了，說可以發表，所以我接著就把它譜成了曲子；將來你們讀了那個內容，就會回想起今天講的「大樹」。

如果諸位都離開「小樹」的階段而進入「大樹」的階段，我就可以浮三大白了。當然不是喝酒，是以茶代酒，歡喜喝上三大杯以爲慶祝，因爲我從此再也不必擔心什麼法務了。這就是說，佛菩提道確實難修，可是難修之中也有易修之處，就看你要怎麼修；福德努力去修集，你的慧業就會進步很快，你就一步一步走上去。並且要不斷地告訴學佛的人，佛陀的本懷是佛菩提道，絕對不是羅漢道；而且要告訴眾生：意識是生滅法，不要落在意識裡面。要讓眾生可以快速取證聲聞初果，乃至有機會時可以取證菩薩道中的第七住位。這樣作，福德相當大。

不曉得諸位有沒有一個經文中的印象？度一萬人成爲佛弟子，不如度一個人成聲聞初果；度一萬人成爲聲聞初果，不如度一個人成二果；乃至度一萬人成三果，不如度一個人成阿羅漢。可是度一萬個人成阿羅漢，或者度南瞻部洲的所有人成爲辟支佛，都還不如度一個人發菩提心、行菩薩道。但是如果度一萬個人發菩提心行菩薩道，不如度一個人開悟般若。你想，如果能夠讓眾生遠離惡見、邪見去證聲聞初果，那個福德已經大得不得了，何況幫助眾生開悟般若呢？因此在佛法的弘傳上面，怎樣去克盡自己的心力就很重要了。自己不能夠說法時要怎麼度人？也可以啊！把書送出去啊！只要能夠使一個人真發菩提心，願意永遠行菩薩道，他願意來當「上藥草」，你不就勝過度一萬個人成阿羅漢嗎？這就是大家應該修集福德之處，要不斷地告訴眾生：**「如來的本懷是佛菩提道，不是解脱道；意識是生滅法，要斷除意識我見，趕快斷除三縛結。」**就這樣子去弘揚佛法，去利樂眾生，這福德很大。當你的福德廣大了，慢慢地一定會成爲「小樹」，不會繼續當「上藥草」。成爲「小樹」以後，你每天吸收法雨，自然就會慢慢長大，這就是目前我們所有的同修們應該作的事。那麼這一段時間，你能夠吸收多少法雨，就看你自己的稟性；所以，設想怎麼樣把自己的心量擴大，這就是諸位該用心的地方。

接下來，下一段看　佛怎麼說：

經文：【佛以此喻方便開示，種種言辭演説一法；

於佛智慧如海一渧，我雨法雨充滿世間；
一味之法隨力修行，如彼叢林藥草諸樹，
隨其大小漸增茂好。】

語譯：世尊說：

【佛以這個藥草及樹木的比喻作了方便開示，用種種言辭演說出來的，無非是佛菩提道一種法；

但我所已說的佛法，從佛地的智慧來看，其實猶如大海中的一渧而已，然而我釋迦牟尼佛降下的法雨其實充滿了世間；

這平等一味的佛菩提勝妙之法，眾生們聽聞之後，隨著自己的力量之所堪能而各自修行，就如同叢林裡面的三種藥草和大小不等的各種樹木，隨著他們不同的大小而漸漸增廣茂盛，最後都可以具足成長而有了美好的相貌。】

講義：這也就是說，世尊來人間四十九年說法，看來好像演說了很多，其實只是唯一佛乘。但是大家都抱怨說，世尊所說的法義太多了，因爲一向都有好多人抱怨：「三藏十二部經浩如煙海，不知道要如何下手。」我想，諸位都聽過這樣的話。在正覺同修會弘法之前，常常會聽到這樣的話：「不知道如何下手。」也有一位佛教界老前輩，《大正藏》前前後後讀了六遍，他告訴我：「蕭老師啊！我《大正藏》讀了六遍，我就差一個開悟。」那時候，我尊敬他是佛教界的老前輩，我說：「我留一個名額給你，你來打禪三吧！」特別開緣。可是他沒辦法參加，因為他有肺氣腫，什麼時候都可能捨命，我說：「只要你不怕死，我就讓你來。」最後終究沒辦法。

所以同修會弘法之前，大家都弄不清楚佛菩提道，大師們也都這麼說：「浩如煙海，不知如何下手。」我們就提出來：很簡單啊！學習無相念佛啊！把功夫作起來。接著修集福德，練定力，看話頭，護持正法，然後參禪。參禪該有什麼知見？也告訴大家。佛法的下手處就是這樣子，然後找到如來藏時，你就入門了。接著該如何走？我們正覺也一步一步鋪陳出來。如今有下手處了，而且我們的下手處是真的可以達成的，不是空頭支票。所以佛法真的是浩如煙海，可是大家所說浩如煙海的三藏十二部經，佛說那些法在佛的智慧海中就如同大海中的一滴而已。從　佛陀的智慧大海中拿出來為我們以四十九年時間宣講，說出來的只是佛智大海中的一滴。那你想，證悟之後能不能就驕傲起來？不行哪！因為　佛陀四十九年講出來的，縱使你全部都知道了，也不過只有一滴而已，何況大部分都還不知道，那有什麼可以傲人的？所以你修學越深入，就越沒有傲氣；雖然你破斥那些誤導眾生者，筆鋒犀利、用語嚴峻，但是你心中沒有一點點傲氣，只是爲了救護眾生而已。

所以說，那佛智大海中的一滴，大家都已經說是浩如煙海，如果讓他去欲界第四天中的兜率內院，大概完全聽不懂 彌勒菩薩在講什麼了，那更別說要上到色究竟天去聽聞報身佛 盧舍那如來說法了，所以不能輕看佛菩提道的內涵。只有懂得皮毛的人，才會說：「我全部都懂了，佛法就只有這樣而已。」假使有人那麼說，就表示他完全不懂佛法。可是雖然佛菩提是這麼勝妙，然而 佛陀並沒有吝法，依舊普遍向眾生平等地布下法雨；可是眾生聽聞之後有沒有能力法隨法行，那就是要看各人的根器了。所以說，我們常常講要努力修集福德，有些人老是聽不進去。修集福德有很多的方法，可是講歸講，依舊沒有用，有的人不很努力去作，老是抱怨：「我家沒錢啦！」問題是，同修會有沒有跟誰開口要過錢？我們的老師們，我印象中都沒有人開口要錢，因爲我出來弘法打從一開始就是不開口要錢的。

那麼，修集福德不一定完全靠捐錢，有很多種方法可以修集大福德。只要你把福德努力去修，那麼大家總會看得見。可是有的人不信邪，近來會中有人說：「哎呀！同修會裡面，你如果想要開悟，不捐個三百萬元是沒辦法開悟的。」我請問你們：開悟的人之中有捐過三百萬元的，能有幾個？不多欸！眞是少數中的極少數。可是，我們同修會裡面，也有人不曾捐過一毛錢而開悟了，這也有啊！因爲他很努力去修集福德，怎麼修呢？當義工拚命去作，也有這種人啊！因此證悟了以後他也開始存錢護持正法，這也有啊！而我們正覺之中，捐款不超過二十萬元，已經證悟並且已在增上班修學很多年的同修，其實是多數啊！在正法道場中，講話都是有大因果的；因爲不符實情的說話，就會變成無根毀謗的大因果了；這是因爲法大的緣故，不同於大山頭的法小。哪一天，假使心血來潮，增上班上課時來作個民意調查：捐款超過三百萬元的，請登記一下。我看看有哪一些大戶？其實我們的大戶很少，一定不超過二十個人。所以說，飯亂吃沒關係，五穀飯、十穀飯、白米飯、糙米飯、小米飯，你隨便怎麼吃都沒問題，就是話不能亂講，因爲那有大因果；特別是在了義究竟正法的道場中，那個因果比之於一般道場，必然特別重；可是有的人淺心狹慮，說了話就會大有問題。

這就是說，「法隨法行」眞的很不容易。我們這些親教師們努力教導，但是有多少人能眞的「法隨法行」呢？有好多人往往是半信半疑。譬如說作義工，努力去發書摘、發傳單救護眾生，老師們都說那功德好大、福德好大，可是有一些人心裡面想：「功德在哪裡？福德在哪裡？我又看不見。」不相信法施的因果，所以三個月中只願意參加一次，他就這樣子。那你說，他的福德怎能累積起來？當這些人的福德不夠，我如果統統有獎，全部把他們都弄出來時，佛陀會怎麼看我？換個方向來說，換你來當法主好了，你如果不觀察所有人的福德夠不夠，不管這些眾生心性好不好、慧力夠不夠、福德行不行，統統把他們弄出來，所有人全都開悟。那你想，世尊會怎麼看待你？

我現在主持禪三時，只重視一件事情，就是解三時向 佛陀告假，我很注意看 佛怎麼表示。如果沒有表情，我就知道不妙，心裡起了作意：「慘了！」我現在就只關心這個，其他的，我並不關心。如果告假回家時上香，佛陀顯示很高興；假使有十個人開悟破參，佛陀很高興，我也就很高興。如果連一個人破參都沒有，可是 佛陀很高興，我也就很高興。只要 佛陀高興就好，其他的我都不管。這就是說，明心證悟在同修會中並不是難事，可是證悟者要有其他的條件來配合，否則護法神眾看了都會搖頭、覺得難過。不管我走到哪裡去，如果所有護法神看了我就搖頭，那一定很難受，那表示說：過大於功。

我們弘法應該稟承 佛陀的意旨去作，不要有自己的意見。我從來不曾想過自己想要怎麼樣，我總是去揣摩 佛陀現在希望我們怎麼樣，這就是我的「**法隨法行**」。佛陀吩咐怎麼樣，我就怎麼樣，我沒有第二句話。我不會想說：「**哎喲！佛陀現在爲何要交代我這樣作？**」從來沒有！我一向不問原因，該怎麼樣，我就怎麼樣。你們平常上課時，親教師說什麼，你們就要「**法隨法行**」，只要你有「**法隨法行**」，不必擔心悟不了，日子久了一定會開悟的。所以，能夠「**法隨法行**」的人，菩薩種性會很快具足流露出來，到那時候去了禪三道場，主三和尚不幫你，監香老師也不幫你，偏偏你就闖得過，因爲佛陀自有安排，那不是誰故意要把你壓掉就可以壓掉的。這就是說，怎麼樣「**法隨法行**」，才是修行人最重要的課題。可是「**法隨法行**」不是每一個人都一樣，也是隨著各人的心性、各人的根器、各人的福德，而有種種差別不同，所以 世尊才說「**一味之法隨力修行**」。佛陀在世的時候也沒有讓每一位菩薩都開悟，何況是現在末法時代？也就是說，自己怎麼樣「法隨法行」，將來就會怎麼樣悟入。把自己證悟的條件趕快具足，這才是最重要的。

但是不管怎麼樣，只要你在正法之雨所下的地區，一定都有利益；縱使這一世還沒有辦法證悟，也是能得到大利益，因爲至少可以把六住位的種種法給圓滿了。如果進了正覺同修會，在同修會裡面待上二十年都不退轉而斷不了三縛結、證不了初果，我不相信有這種人。假使在同修會待了二十年不缺課，二十年後還斷不了三縛結，我乾脆拿把刀將他「砍」了，因爲他實在太過分了，沒辦法留他。所以，如果能夠好好安住下來，努力作到「法隨法行」，即使根器差一點、福德差一點，至少斷三縛結取證聲聞初果，也是可以的。想一想，那些大師們至今沒有一個人眞斷三縛結；南洋現在所謂的阿羅漢們也是沒有一個人斷三縛結，那麼在同修會中待二十年，懈懈怠怠也能斷三縛結，有什麼不好？也是很好啊！人家求都求不到，大家還能嫌棄什麼呢？

這就像 佛講的：「**如彼叢林藥草諸樹，隨其大小漸增茂好。**」這眞的叫作「漸增」，二十年待下來不斷地熏習、不斷地熏習，我見不斷才怪。如果在進階班待二十年，我相信一定可以斷三縛結，哪有人在進階班待二十年而不斷三縛結的？我不信。這樣也算是「小藥草」的「漸增茂好」；然後知無漏法，知道將來阿羅漢果的實證應該要怎麼修，日久成功時，這不就成爲「中藥草」了嗎？雖然還沒有辦法得涅槃、起六神通、得三明，至少已經知道無漏法了，這一世先成爲「中藥草」也不錯啊！成爲「中藥草」而證初果，就勝過「人、天、轉輪聖王、釋梵諸王」了。所以「法隨法行」才是重要的，親教師們上課時說的法義，不要把它當作馬耳東風；因爲我們會裡面解說的法不講世間法，而且句句是眞實義；即使是講聲聞法，也是言而有義；講佛菩提時更是言而有義，絕對不會言不及義，所以諸位剩下要作的就是「法隨法行」。那麼願不願意「法隨法行」，就由諸位自己來決定吧！接下來，再看佛陀怎麼開示：

經文：【諸佛之法常以一味，令諸世間普得具足，
漸次修行皆得道果。聲聞緣覺處於山林，
住最後身聞法得果，是名藥草各得增長。

若諸菩薩智慧堅固，了達三界求最上乘，
是名小樹而得增長。

語譯：【諸佛所演述的佛法永遠都是只有一味佛菩提，就以佛菩提來幫助眾生，讓世間一切有情普遍都可以具足，然後按部就班漸次修行以後，都可以證得三乘菩提修道之果。

這一些人之中的聲聞緣覺，是住於山林之中修行，他們成道之後是住於最後身，是由於聽聞佛法而獲得果證，這樣便叫作藥草各得增長。

如果是諸菩薩生起智慧而堅固不退，已經明了並且通達三界之法而求證最上乘的佛菩提乘，這叫作小樹而能夠獲得增長。】

講義：諸佛的法永遠都是只有一味，就是佛菩提。十方三世一切佛土，諸佛來人間弘化時，從來沒有一尊佛只講聲聞菩提、緣覺菩提就入涅槃，一定都把佛菩提講完了才會示現涅槃。諸佛弘法初期雖然也講聲聞、緣覺菩提，但那只是佛菩提中的一小部分，仍然屬於佛法。只有針對那一些不承認佛菩提而單取聲聞、緣覺菩提作爲佛法的人，才說他們所修的二乘菩提不是佛法。然而，諸佛弘化於三界中永遠都會具足宣示三乘菩提，最後將三乘菩提合攝爲唯一佛乘，如此圓滿弘化的因緣以後才會示現入滅，所以「諸佛之法常以一味」說的就是佛菩提道。「常」就是永遠不改變，自始至終都是如此。世尊說「諸佛之法常以一味」，就是說諸佛說法永遠都是唯一佛乘，而唯一佛乘就是佛菩提道，就是大乘佛法；所以諸佛特地下生而來三界中教化眾生時，都不會捨棄佛菩提道不說，只是因爲遇到眾生根器較劣時，就從佛菩提中分析出二乘菩提，來適應眾生的根器而說。

那麼，這個佛菩提之法函蓋面很廣，不但包含二乘菩提，而且也函蓋了人天善法，所以才有世界悉檀。《阿含經》裡面有一部《起世因本經》，這部經的另一個譯本叫作《大樓炭經》，講的就是世界悉檀；在聲聞菩提裡面本來不必演說世界悉檀，只要把三界境界略加說明就夠了；那麼如來爲什麼要講世界悉檀，而且講得很仔細？原因就是那一部經本來就是大乘經，只是被二乘人聽聞結集——被「中藥草」聽聞結集以後，就變成給「中藥草」修學的法義，就不是給「小樹」、「大樹」修學之法了。所以世尊說：「諸佛之法常以一味」，就是以這個佛菩提道來攝化眾生，是可以令諸世間普得具足的；因爲函蓋面非常廣，從人天之法到聲聞、緣覺、佛菩提道，全都具足圓滿，所以「令諸世間普得具足」。

「漸次修行皆得道果。」眾生隨著各人根性的不同，各自聞法之後努力修行，也都可以獲得修行之道所應得到的果實。有人求人間之法，希望世世保住人身而且富足康樂，佛陀教他修學布施，乃至作三種布施，於是他可以修集福德；並且加上教他受持五戒不犯，於是他每一世都可以獲得人身，每一世都康樂富足。這是人間之法，使他不墮三惡道；這也是他依著善法的修習而獲得道果，因爲他修的是人間道。有的人想生天，他是求生欲界天的，佛陀便教他如何往生欲界天：持五戒、修十善。只要願意作財施、法施、無畏施，利樂大眾而且有五戒不犯，修行十善的結果，他年老死後便可以生在欲界六天之中。他努力修行，修的是什麼？修的是十善業，也教導別人同樣修學十善業而作法布施，於是他可以生欲界六天。

有人想要離欲界愛，佛陀教他離欲而修禪定，於是經由離欲和禪定的修證，死後可以生在色界天中。他努力修行就是離欲修梵行，以及實修禪定，跟前面的人專門修善法又不一樣；於是他獲得禪定，死後生到色界天或者無色界天中，這也是「聞法得果」。但是，這些都是「漸次修行皆得道果」，不是不修而得。所以假使有人告訴你：「我獲得第四禪。」你問他：「你第四禪是怎麼修？過程如何？」他說：「沒有啊！我就突然變成有第四禪了。」你就知道他是胡說八道！凡是修行都是漸次，即使禪宗的開悟說是頓悟，也有修行上的漸次，然後才在因緣成熟時頓悟。你如果不是漸次鍛鍊定力、聞熏知見，不可能一念相應破參明心。雖然悟時只是個頓悟，但在頓悟之前也有前面的修學過程。如果有人說：「我沒有修什麼，我突然間就開悟了。」那就是胡說八道！在這裡，世尊也為我們說是「漸次修行」然後才能「皆得道果」。

那麼，有人想要得聲聞菩提，佛陀就為他演說聲聞菩提。可是不會直接就演講聲聞菩提，除非善來比丘，對於大多數人，如果有人想要修學聲聞菩提，佛陀都會從最基本的開始講：施論、戒論、生天之論。這就是人天善法。人天善法若是聽得進去，佛陀看這個人心地已經清淨了，然後才為他說「欲為不淨、上漏為患、出要為上」；就是為他說明三界一切境界全都是苦，包括無色界如何出離的法要，也是應該要修學而斷離的；告訴他那些道理，他對於出離三界生死苦就有了強烈的意願，於是 如來便為他演說四聖諦，他聞法之後就成爲聲聞初果——《阿含經》中說的法眼清淨或法眼淨，也是有這個漸次修學的過程。所以，你們如果看見外面那些人怎麼樣都斷不了我見，心裡就不必難過，爲什麼呢？因爲 佛陀幫人家證初果之前，都是從人天法開始講的：施論、戒論、生天之論。換句話說，他得要相信布施的因果，要相信持戒的因果，也要相信眞的有四禪八定、色界十八天；他都願意相信，然後才能爲他演說四聖諦、讓他斷三縛結。否則幫他斷了三縛結也沒有用，因爲他聽完四聖諦以後似乎斷了三縛結，只是在知識上面說是斷了，其實他不可能實際斷除三縛結；因爲不信施、戒以及生天因果的人，不可能眞的斷除三縛結。

所以，你們如果看見外面好多人，把我蕭老師的書研讀那麼多了，竟然還不能斷三縛結；或者有人讀了我的幾本書就說證得阿羅漢果了，本質上仍然是未斷三縛結的凡夫，那你就不必難過，因爲他們欠缺了次法上的實修及親證，也就是欠缺了施論、戒論、生天之論的因果理解和信受，也欠缺了實際上的親自修習。所以不要以爲說，我們書寫了這麼多，《阿含正義》裡面把解脫道也寫得這麼清楚，爲何他們讀了還不能斷三縛結？你不要覺得奇怪，那都是正常的事；因爲如果他們眞的想要斷三縛結，我還有工作要作：我得要再寫書爲他們講解施論、戒論、生天之論。可是眼前我沒有時間寫，那該怎麼辦？就隨他們的因緣。他們如果在那一些表相正法的道場裡面，可以聽聞到**「施論、戒論、生天之論」**，至少可以聽到如何生欲界天的因果道理，如果他們對這一些基本的次法信受了，然後再讀了我的《阿含正義》、《識蘊眞義》，並且有眞的實際觀行，未來一定會斷三縛結，這也是**「漸次修行皆得道果」**。（編案：後來平實導師已經撥冗寫作《涅槃》一書，對這些次法加以解說，已在二〇一三年十二月一日第九十七期的《正覺電子報》開始連載。至於次法施論、戒論、生天之論，已有張善思寫妥開始連載於《正覺電子報》了。）

「聲聞緣覺處於山林，住最後身聞法得果，是名藥草各得增長。」如果是聲聞、緣覺種姓，他們信受了這三論：布施的理論、持戒的理論、生天的理論，接受了以後願意修學聲聞菩提、緣覺菩提，實際進修而實證的結果，便能夠住於**「最後身」**，也就是《阿含經》說的**「不受後有」**；**「不受後有」**就是這裡說的**「住最後身」**，這些人同樣也是**「聞法得果」**，不是出生修行以後自己證悟二乘菩提的，同樣是聽聞 如來說法以後才能悟得二乘菩提。

談到這個「**住最後身**」，就有一個知見必須要講，也是諸位聽聞之後應該轉述出去的佛法正理，叫作「**不受後有**」。爲什麼要大家轉述出去呢？因爲大部分修學解脫道的人，都是想要用離念靈知住在無餘涅槃中，他們都是這樣想的。可是離念靈知是什麼心？（大眾回答：意識。）是意識，諸位都瞭解。意識是不是三界有？（大眾回答：是。）是嘛！因爲意識遍及三界九地，從三惡道、人間、欲界天乃至四空天，全都是意識所住的境界，這些境界都是三界有。既是三界有，就不可能住在無餘涅槃中；因爲住入無餘涅槃中是要滅掉一切後有，一切三界有都不許一絲一毫存在，才能滅盡後有，才是無餘涅槃。

這一輩子捨報之後到下輩子去，如果下輩子是無餘涅槃中而仍然叫作下輩子，而仍然有意識存有，那就顯然不是無餘涅槃，仍然是接受後有了；既有後有，就不離三界生死。下輩子所謂的無餘涅槃中既然還有意識，那就是後有；還有離念靈知就是後有，仍然在三界中，不曾離開三界境界；那麼受了後有就不是證得阿羅漢果，因爲所有阿羅漢都是「**不受後有**」的——入涅槃以後不可能再有粗意識、細意識、極細意識存在。所以，假使有人想要死後以離念靈知進入無餘涅槃中，想要繼續存在而稱爲解脫，你們就要告訴他：「你這樣是重新接受後有，只是轉入下輩子，不離三界生死。因爲意識是三界有，你接受了未來世的意識後有，就不是住入無餘涅槃中。無餘涅槃中沒有後有，因爲無餘涅槃中沒有三界有，意識全部滅盡，永遠不會再有意識存在。」

這個涅槃的道理，你們要爲大家說明；隨著你們遇到的人，不管有多少人，只要是修學解脫道的人，你們都要爲他們說明。或者說，只要對方有在學佛，你們就應該爲他說明。那麼，當你能夠這樣子作，你身邊的五十個人、一百個人，或是三個人、五個人聽聞了，也可以遠離常見。這樣作而使他們的解脫道正見建立起來了，也是這一句經文講的：「是名藥草各得增長。」這是諸位也可以作到的事，所以弘法不一定要站在講台上面來講，你們這樣作的時候也就是在弘法。因爲這個道理跟佛菩提的密意無關，大家都可以爲人演說，一起努力來幫助眾生斷三縛結，就是在鞏固正統佛教，同時也會收到抵制附佛外道的功效。

《法華經》上週講到六十八頁第四行，今天要繼續講後面三句：「若諸

菩薩智慧堅固，了達三界求最上乘，是名小樹而得增長。」這主要是說，「藥草」有上、中、小三種，但都還不足以稱爲樹；雖然凡夫菩薩已經是上藥草，因爲心量大、不畏懼生死，願意三大無量數劫求佛菩提、利樂眾生，但是畢竟還沒有證悟，所以不足以成爲樹，因爲沒辦法爲眾生作支撐。也就是說，想要作爲眾生修學佛法時的支撐，他還沒有這個能力，還不足以成爲「小樹」。但是如果證悟後智慧生起而不退轉了，可就不一樣了，所以證悟之後至少可以作爲眾生修學佛法時的依止，可以支持佛法；這時雖然力量還不是很大，但是至少已經有這個能力了，因此稱爲「小樹」。這樣的菩薩就是從明心以後的「位不退」開始，一直到三地未滿心之前的「行不退」，都稱爲「**小樹**」。所以說「**若諸菩薩智慧堅固，了達三界求最上乘**」的人，就是「**小樹**」。智慧堅固，表示他有智慧，已不是凡夫菩薩了；「堅固」是說他已經不退轉——不退轉於他所證悟的般若實相，乃至次第增進而獲得道種智，進而到達三地心爲止，這些人都叫作「智慧堅固」。這樣的菩薩雖然從表相上看來與凡夫無異，卻已經是二乘聖人所不能質疑問難的賢聖菩薩了，所以說這樣的菩薩名爲「智慧堅固」。

　　而且，這樣的菩薩若是入地了，一定是已經「了達三界」，知道三界中的一切境界，也知道三界全都是生死境界。當他了達以後，不論三界中的哪一種境界，有人提出來請問他，他都知道那是生死境界、有爲境界；因此他不求三界境界，也不求出三界的二乘涅槃境界，因爲出三界的涅槃境界並不是「最上乘」，他只想「求最上乘」，就是可以使人究竟成佛的佛菩提道。像這樣的菩薩都有能力住持佛法，可以作爲眾生「求最上乘」者的依止，表示他已經有能力支持佛菩提道在人間繼續弘傳，可以作爲眾生的依止，這樣的菩薩當然更可以稱爲「小樹」。而這樣的「小樹」，仍然是在　佛陀的譬喻方便開示、種種言辭演說一法之中獲得「增長」。換句話說，從七住位明心一直到三地未滿心之前，都仍然須要藉著　佛陀的法音宣流、法雨普熏，才能夠使智慧繼續增長。那麼，接下來「大樹」又是怎麼樣呢，來看看　佛陀怎麼說：

經文：【復有住禪得神通力，聞諸法空心大歡喜，放無數光度諸眾生，是名大樹而得增長。

如是迦葉佛所說法，譬如大雲以一味雨，

潤於人華各得成實。

語譯：【除了小樹以外，還有菩薩住於禪定境界，再藉由禪定來修習神通，並且已經發起神通力；而且有道種智，聽聞世尊宣說諸法皆空的時候，心中大大地歡喜，然後有能力放射出無數的光明，來度化此方他方的無數眾生；這樣的菩薩就稱之爲大樹，但他仍然得要親沐佛陀的法音宣流、法雨普霑，而能夠增長他的道業。

就像我以上所說的這樣，迦葉啊！諸佛所說的法義，就好比天上的大雲，下起雨來都是同樣一個法味而無差別，然而在地面的一切人類有情或是各種花木，隨著天上所下同樣一味的大雨，各自獲得他們所能吸收的雨水而有滋潤，可以成就各自應該有的果實。】

講義：這就是說，菩薩修到三地滿心時，也就是說，他在三地心的最後階段，必須要修集四禪八定、四無量心、五種神通，配合他在三地心中所修證的無生法忍道種智，因此聽聞到 佛說一切諸法畢竟空時，因爲已經知道只有如來藏是眞實不空，所以他聽聞 佛陀演說「諸法空」的時候，滿足了三地心應有的無生法忍道種智，因此他就可以現觀自己化身於十方世界，爲眾生說法時的法音猶如谷響，雖有而非實，因此他證得猶如谷響的現觀而成滿了三地心。這時他已經有大神通了，因爲這是以無生法忍和道種智而增益的神通，所以是大神通；這時他可以放出無數光明，去度化十方世界很多的眾生；他也可以化身到十方諸佛世界爲有緣眾生說法，因此而可以度化無量無數的眾生。

像這樣的菩薩，也就是從三地滿心發起意生身開始，就稱之爲「大樹」；因爲他不但可以住持這個地方的佛法，還可以住持十方世界許多地方的佛法；他可以放出光明來攝受眾生，也可以用化身示現到十方世界去度化無量眾生；這樣使佛菩提道最上乘，可以在十方世界弘揚而不滅沒，這種能力並非戒慧直往的三地住地心菩薩之所能。所以，一旦滿足三地心而發起意生身的時候，他就成爲「大樹」菩薩而不再是「小樹」了。所以，三地滿心菩薩度眾生時，比三地心的菩薩更忙；但是卻更輕鬆，因爲許多的橫逆境界開始消失了，那時不論鬼神或者天界的天人、天神、天主，都不由自主而會恭敬於他，而無知的凡夫眾生也不敢再無根或有根毀謗他了。所以這樣的菩薩就像一棵「大樹」，有很堅強的能力來護持正法、保護眾生，因此這樣的菩薩就譬喻爲「大樹」菩薩。但是方便善巧若不是很好，三地滿心時還無法發起意生身，甚至有人得要到了五地才發起意生身，就得等他進入五地心時才能稱爲「大樹」。

也許有人想：「這有可能嗎？因爲從我們這一世出生以來，就不曾看見過這樣的菩薩。」也因爲有時候聽人家講起大菩薩的事，後來證實也都是假的，那都只是搞怪而已，所以心裡面想：「這是眞的嗎？」不過話說回頭，就好像同修會以外還有很多人不相信說：到了末法時代還可以眞的開悟。又好像我們會裡還是有人認爲說：「這佛性眞的可以看見嗎？祂無形無色欸！」但是當你進了同修會，那麼多人爲你證明說：「這個開悟明心眞是可能，如來藏確實可證。」於是你相信，這時來比較以前剛剛進入同修會的時候，心中半信半疑，可又不同了。那麼，哪一天你終於明心了，你想：「這還眞的可以悟得，原來這一明心，《心經》就通了，般若諸經也讀通了，眞實不虛啊！」然後發覺說：「原來聲聞的初果、二果，也是眞的可證，絕對不是虛假的。」這時候來比較明心之前，認知又不一樣了。假使繼續努力修行，哪一天又看見佛性了，就說：「好奇怪！從來沒想到無形無色的佛性，竟然可以在山河大地上親眼看到，好奇特！」又說：「正當看見的時候也沒什麼奇怪，就這麼自然，本來就如此啊！」這時候再來比較以前明心之後尚未見性之時，那又不一樣了。然後再來看看說：「自己的智慧現在已經很行了，可是比起我們親教師來，那又差一大截。」

這樣一層又一層、一個階段又一個階段去比較看看，你會發覺：有許多尚未實證前無法想像的事情，並不是不存在的。到這個地步，你來看一看說：「自己見性的境界、明心的境界，那是許多人無法想像的，而自己已經獲得了。」那麼接下來再往前看，自己應該要前進的那一些境界相和內容，比之於不相信末法時代可以開悟的人來說，他們不相信你的境界，而你已經證實這些都是眞的。這樣再從經中所說，而自己目前還不知道的未來應該進修的境界來看，顯然就應該採取「信受奉行」的態度了。比之於會外那些不信的人來說，他們不相信有如來藏可證、不相信有佛性可見、不相信有般若的別相智可證，而你已經一一親證了，那你就應該以自己走過來的親身經驗，來推斷這些「大樹」菩薩們的境界，未來世中應該也是如實可證；只是自己目前因緣未到，所以還不能實證。那就不必再懷疑，可以期之於未來——未來幾十世、幾百世，或者未來一劫、二劫以後，或許自己也可以實證。那麼，這樣也是掃除了自己對未來應該實證的智慧與境界的懷疑，在道業上就可以比以前更爲精進。所以有智慧的人看見經上所說「**大樹**」菩薩的境界、諸如來的境界，自己目前還作不到，就很聰明地仰推如來、非我所證，就不會犯下謗法謗經的過失，更不會謗法謗佛。

假使因爲自己不能證，就把它否定而稱說：「**這是世尊入滅以後，由後代的佛弟子共同寫作的，不是佛陀眞的有那個境界。**」那就成爲謗佛謗法者，正是造作惡業。所以對於經中所說而自己尚未實證的部分，不要先採取懷疑的態度，除非你有智慧去判定它是僞經。例如密教部裡的大多數經典，特別是《大正藏》收集密教部的經典，大多數都是僞經，只有少數幾部是眞實的「祕密教」的經典。那麼，在自己沒有智慧來判別的情況下，最好是先持保留的態度，寧可持疑而半加信受，不要隨意去判定或評論；除非你已經很清楚地看見那根本就是我見意識的境界，或者已經判定那是外道法的識陰境界。以上所說的「**小藥草、中藥草、上藥草、小樹、大樹**」，是一個很重要的譬喻，讓大家瞭解那一些獲得神通、獲得大威德的轉輪聖王、諸天天主等等，只不過是「小藥草」。因爲他們都對眾生有利益，所以稱爲藥草，但只是「小藥草」。如果是對眾生無益而且是有害的，譬如假藏傳佛教的密宗四大派，那就連藥草都不是，只能稱爲雜草，而且是有毒的雜草。

我們早期有位師兄很喜歡修集功德，他有一次對我說：「老師啊！我以前在盧勝彥那邊，種了好多福田。」我說：「你講錯了！你那是種毒田，沒有福德可言。」他說：「怎麼會沒有福德？布施就有福德。」我說：「有啊！你未來世收穫的時候，那果實有毒啊！那毒果當然也是福果，但你要不要受用它？」他說：「老師！您不要這樣講嘛！」我說：「可是它的本質就是這樣啊！它對眾生有毒啊！」那可不是藥草，會毒害眾生的就不是藥草。一般有毒的藥草，有時候還有用，中醫有時候講以毒攻毒，可是密宗那些法卻沒有辦法用來以毒攻毒；把密宗的法毒放到眾生身中去，眾生只有死路一條，因爲它不是那種可以用來以毒攻毒的毒藥草。密宗那個法叫作砒霜或病毒，所以那不算是藥草，因爲對眾生無益。

但是人天善法中的轉輪聖王或者諸天天人、天主，卻是對眾生有利益的，所以稱為「小藥草」；只因為他們對眾生的利益很小，所以名為「小藥草」。但是，如果有一點轉變，可以修證出離三界之法，那就是二乘菩提的修行者，這就是「中藥草」。但是，要說明的是：所有的二乘菩提修行者，都是「中藥草」嗎？不然！因為有的藥草看起來是中等的藥草，它跟眞正的藥草看來幾乎一模一樣的，但它有毒，吃了會死人的。所以，每當有人講聲聞、緣覺菩提的時候，是以常見和斷見本質來講二乘菩提，那其實是仿冒品，他們會害人大妄語或毀謗正法，不只會耽誤學人的道業；所以有一些人就因此被害了，例如學了南傳佛法以後，開口閉口就講：「大乘非佛說，大乘經典不是佛陀親口講的。」又說：「第八識如來藏就是外道神我。」像這樣的二乘菩提法義當然就是虛假的，絕對不是眞正的二乘菩提。

像這樣的假二乘菩提會害人，不但耽誤人家修證解脫道，並且他們以聲聞道來取代佛菩提道，而且用來取代佛菩提的聲聞道又是錯誤的聲聞道，那就不是藥草了。因此他們已經稱不上「中藥草」，只是仿冒「中藥草」，但本質仍然是毒草。所以這一百年來，修學解脫道的人非常多，而且有不少人自稱證得阿羅漢或三果了，但是他們有誰是眞的斷了我見呢？答案是「沒有」。

而這些人不但誤導了眾生亂修錯誤的解脫道，還回頭毀謗正確可證的大乘經，並且謗佛而說：「沒有佛陀果位、智慧、功德可證，所謂的如來只是外道的說法，因此如來就是阿羅漢，阿羅漢就是如來。」那又成就了謗佛的重罪，哪能叫作「中藥草」呢？這些人當然沒有資格稱為「中藥草」，都只能稱爲仿冒的毒藥草。

得要是弘傳或者修習眞正的二乘菩提，才能夠說他是「中藥草」，而且這「中藥草」不是正在修習時就算數，得要實證才算數呵！佛陀說「中藥草」需有幾個條件：「知無漏法、能得涅槃、起六神通、得三明、常行禪定、得緣覺證」，共有六種。最少得要「知無漏法」，六種之中最少總要了知一種。「知無漏法」至少得要斷我見，才能算是最基本的「中藥草」，而且是各種「中藥草」裡面最小的。如今佛教界要找一棵「中藥草」都很難，現在就只能冀望說：有很多人讀了《阿含正義》，讀了《識蘊眞義》，也把未到地定的功夫修成了，因此眞的斷了我見，那我們才能夠說終於冒出一棵「中藥草」的芽了，也還只是芽而已，所以「中藥草」亦復難見。雖然如此，可是卻有許多「上藥草」從來不想修學南傳佛法，一心一意就是要作菩薩，修學大乘法；雖然心量還不夠大，還不敢求悟，可是他們樂意於利樂眾生，也願意在未來世尋求佛菩提的實證，只是此世的因緣還不成熟，所以是「上藥草」。

但是「上藥草」至少要有信心說「我當作佛」，願意精進去尋求佛菩提的實證而不退轉，心得決定，這才是「上藥草」。請諸位檢查一下，台灣跟大陸的佛教界有幾棵「上藥草」？談到求眞正的開悟而非自以爲悟，精進而求能「心不退轉」，有多少人？其實數目也不多，因爲大多數人嘴裡說：「我們是大乘佛教，我學大乘法。」可是一旦你跟他說：「你想要實證大乘法，卻得要尋求開悟。」他一聽，眉頭馬上皺了起來說：「開悟啊！那是大菩薩們的事，輪不到我。」這表示他沒有「行精進定」，有「行精進定」的人是誰？就是諸位啊！也許你說：「我還沒證悟啊！」還沒有證悟，可是你好精進在求開悟，這就是「行精進定」；「定」就是心不退轉，心得決定，定心所已經生起來了。不然，你在禪淨班每週來上課，那麼辛苦幹嘛呢？而且週二又來聽經，何必那麼辛苦？有人在進階班已經待了三、四年了，都還在拚啊！他們都不退轉啊！心中決定：「我就算五年悟不了，十年以後也要開悟。」「我就算十年悟不了，二十年也要開悟；好歹我賴著不走，總有讓我賴著的一天。」

打定主意永遠不走人，就有機會，只是時間早晚的差別而已，這個就是行於精進，心得決定而不退轉，這種人就是「上藥草」。

不過，在台灣的「上藥草」比較幸福，在大陸的「上藥草」可就很辛苦，因爲難得來一趟台灣，我們到現在也還沒有因緣去大陸爲他們辦禪三，緣還沒有成熟；所以大陸的「上藥草」也是有，但是在自稱大乘佛法的修行者當中仍然是極少數，所以「上藥草」是很希有的。你們如果來到正覺同修會還沒有證悟，千萬不要妄自菲薄，因爲你已經是大藥草——「上藥草」了，已不是「小藥草、中藥草」。這意思就是說，人天善法以及二乘菩提不足以爲貴，菩薩才是最尊貴的；而菩薩之所以尊貴，是因爲這個種姓使然。菩薩種姓的佛弟子不求自己得安樂，願意一世又一世持續在三界輪轉生死，這是阿羅漢們作不到的事。諸位想一想，你今天或者二十幾歲、四十幾歲、六十幾歲、七十幾歲了，回想一下：如果今天讓你從一歲再開始，你覺得累不累？好累喲！可是當菩薩不是只有一世從頭開始，而是未來無量世都要從頭開始。阿羅漢一想到這個，腳底都涼掉了，再也溫暖不起來了。所以雖然是凡夫菩薩，只要「行精進定」求未來之世「我當作佛」，那就是「上藥草」了。

所以不要妄自菲薄，這樣的上藥草雖然還沒有開悟，已經是非常尊貴的種姓了，因爲這種人很難得。

那麼，還有更希有難得的就是當「小樹」，而目前全世界的「小樹」都從正覺同修會中出生，因爲只有正覺在種「小樹」的種子。當然正覺裡面也有種一些「上藥草」以及「中藥草」的種子，但是我們的重心是放在培養「小樹」，希望那些「上藥草」們可以來個基因突變就變成「小樹」。如果「小樹」很多了，就會影響很多地方陸陸續續轉變成「小樹」，也就是有更多人努力培養、增長菩薩性，轉變心性而成就菩薩種性，菩薩種族漸漸興盛起來了，這就是我們正覺同修會的計畫。

由 佛陀這個譬喻來說，「上藥草」已經很難得了，「小樹」就更難得。但是要成爲「小樹」，自己須不須要把本質改變一下？譬如說自己現在是「上藥草」，這個「上藥草」有沒有能力像「小樹」那樣增長起來呢？作不到。那該怎麼辦？要把本質改變，不要再停留在草的本質中，要改變成樹的本質。這就是說，有沒有這個永遠行菩薩道利樂眾生的堅固心性，而這個成長性夠不夠？成長的量夠不夠擴大爲樹的本質？這個就很重要了。只要你的本質轉變了，那麼在同修會中不必多久，你就會成為「小樹」了，這是水到渠成的事。如果不是從自己的心性內部去轉變，有人去拿了樹磨成粉、弄成漿，再淋到「上藥草」身上，他還是不會變成樹，依舊是繼續保持著原來「上藥草」的本質。本質沒有改變，最多只是長得比較肥厚高大一點，仍然是「上藥草」，不是樹。所以應該怎麼去轉變本質成為眞的菩薩，這是各人應該作的事。

但是「小樹」也不必志得意滿、或者得少為足，應該設法自己怎麼樣再去轉變、增長。「小樹」種子終於發了芽，這個芽還小，要怎麼樣去漸漸地增長，這是很重要的課題。不能像某一些人講的：「悟了就成佛了，還要修什麼行？」那其實都是沒有悟的人，才會那樣講。所以，「小樹」發了芽以後，該怎麼樣快速增長，才有能力來利樂一些小動物，讓那些小動物們可以在小樹的小小樹蔭下獲得庇護，這就是「小樹」應該要考慮的地方。因為當了「小樹」還是很危險，這「小樹」才剛發芽，一不小心，哪隻動物來了，一腳踩壞它的芽了，想要重新再生長到一寸芽、二寸芽，也還是很辛苦的。可是，如果能夠很快地長到五、六寸了，那些小動物看見了，就會讓過去，牠們就不會再把這個芽給踩壞。所以開悟了、明心了，不要原地踏步，否則遇到了那些喜歡破壞的小動物——也就是惡知識，他們來亂一亂、踩一踩、攪一攪，剛發芽不久的「小樹」若不是爛了、軟了，不然就是被踩斷了，心中惶惶然不可終日，心疑之下又退回去當藥草了。

這就是說，菩薩的層次其實很多種，千差萬別，不能夠說大家都一樣。如果大家都一樣，那麼應該所有師兄弟們大家都同時成佛。可是你們看看，釋迦如來座下所度的這一些阿羅漢迴心成爲菩薩們，他們將來成佛有沒有同時？同時成佛的人都是有往世的某一些特殊因緣，但是個別來講也都是不同時。所以，同樣在 釋迦如來座下，當 釋迦如來入滅之後，這些迴小向大的阿羅漢們必須繼續住在人間，一世又一世轉生以後，其中有的師兄當了師父，有的師弟當了徒弟；未來世可能那個師父先成佛，徒弟後成佛；也許是徒弟先成佛，師父後成佛，可是在 釋迦如來座下的時候同樣是師兄弟。諸位要瞭解這一點，所以學佛時的緣不是唯一，師徒的緣也不是唯一的；乃至成佛的過程之中，未來世追隨諸佛的緣也不是唯一的，而是有無量尊佛，你必須要去一一奉事、供養、受學。可是，到未來世你成佛之前的那一些無量尊佛裡面，在你成佛之前的過程中，其實有一些佛正好就是你的師兄弟。你們得要瞭解這一點，這是法界中不變的事實。這意思就是說，修學佛菩提道的過程裡面，師徒之緣不是唯一而不變，你在成佛的過程裡面會有很多的老師，也會有很多的徒弟，而這一些老師、這一些徒弟們，往往在很多世裡面，曾經是你的師兄弟，你們要有這個認知。

所以，沒有根據的毀謗或是閒言閒語，最好少說幾句；能不說，最好不說；因爲每一句話都有它的因果在，在未來世都會一一實現。當你在八地、九地的時候，跟那時追隨的某一尊如來之間發生了某一件事情，那時你自己也只能苦笑，爲什麼呢？因爲那時候你有能力去觀察：原來多少個無量數劫以前，他是我的某某師兄；那時我沒有根據地毀謗了他幾句話，所以今天他已經當如來，而我當個八地菩薩在他的座下時，今天現在產生這件事情，眞的會覺得說：「往世的我爲何那麼愚癡！」可是，在眼前的當下而不是未來的無量世時，現在你們都不會覺得愚癡，還振振有辭：「我就是要講他，怎麼樣！」眼前就是這樣啊！可是這一些話說了，未來無量世以後就是那麼大的一件事情。

有很多法上的因果，就是如此，在未來都會一一實現，可是沒有多少人在那一件事情正當發生的時候有所警覺。大部分的人都不會警覺，都覺得：「哎呀！這個是小事，我不過講他幾句話。」可是，沒想到說那幾句話是編造的，將來有大因果。爲什麼有大因果呢？因爲所編造的這幾句話所指稱的那個人，並不是個普通人，而是已經證悟了，那麼因果就大了！可是有誰知道呢？而他講話的時候也不會有感覺，爲什麼呢？大家都只看到表相說：「他雖然悟了，但我看他跟普通人好像也沒兩樣；他也沒有三頭六臂，他也沒有什麼神通，我講了他，他又不會知道。」是不知道，可是如來藏有「不可知之了」呵！只是意識不知道，如來藏卻知道。

證悟如來藏之後應該有這個體認，否則那個證悟不就變成一個表相而沒有實質了嗎？因爲每一個有情從來不曾住在自己的如來藏之外，既然五陰一向都在如來藏裡面，不論講了什麼話，那因果種子不就落在如來藏裡面嗎？那個種子都是逃不掉的。然後雙方的如來藏都有「不可知之了」，也有「不可知執受」，未來世就會相應。相應時得其苦果，再來後悔已經來不及了。這一些事情是很多人學佛時都不會警覺到的，而一般善知識也只會依文解義說：「菩薩畏因，眾生畏果。」但是它的緣由是怎麼樣？在造因時的狀況又是怎麼樣？未來果報承受又是怎麼個情境，他們並不瞭解。

所以這一些道理，諸位在「小樹」的階位就得要瞭解它，要小心提防；因為很多事情表面上是看不出來的，而且眼見不足以為憑。譬如《正覺電子報》即將登出來的一個典故：舍利弗、目犍連因為下雨住到一個山洞裡去，可是在他們之前已經先有牧牛女住進去了，她住在最裡面的地方，而他們兩個人並不知道。後來雨停了，他們就離開了，那牧牛女看見他們兩個人走了，她也跟著走出屋外。可是，那個牧牛女在山洞裡面的時候，看見舍利弗英武俊挺又斯文，所以起了慾心，暗地裡造作非梵行，那麼她離開的時候，有個人看見了她隨後走出去，又看見她的臉色有異，心想：「原來這個牧牛女是跟他們兩個人行淫。」於是就四處去毀謗了。他的所見並沒有錯啊！這個牧牛女明明是有行淫的法相，看得出來啊！而她出來之前就是舍利弗他們兩個人從屋裡走出來。「我親眼所見啊！」他就這麼講，問題是他的所見是錯誤的，可是他並不知道。所以有很多事情，一般人常常說：「我眼見為憑。」眼見真的能為憑嗎？不一定。

所以，有很多事情不是一般人所能知，如果以《華嚴經》講的那個婆須蜜多；她是在十行位，是不是可以指責說：「這個人哪叫作菩薩？竟然當個高級應召女郎。」可是有誰可以說她不是菩薩？因此，在佛菩提道的修習過程之中，三大無量數劫裡面之所遭遇，可以用「千奇百怪無所不有」來解釋。然而，如果不是自己之所知，最好是少說，因爲眼見不一定正確，不能輕易「爲憑」而造口業；否則未來世實現果報的時候，再來抱怨說：「這果報太嚴重了。」那時再去追溯爲什麼會有這個嚴重果報，一直追溯到無量劫前才發覺說：「原來只是無量劫前這麼一件小小的事情，可是因爲被毀謗的對象不同，後世的異熟果報就大不一樣。」可就太冤了！

就好像布施，由於對象不同，果報就不同；例如因爲田勝——那個福田很殊勝，雖然你只是對他作一個小小的布施，未來世的果報就很大。應身佛在世的時候，只是供養 佛一片小小的沉香，二千多年後不但是當了人類（佛世時是鳥類，一隻鳥銜了一片小小的沉香來供佛），二千多年後已是一個人，而且還是可以開悟的人。爲什麼有這麼大的果報？因爲對方是 佛陀，福田最殊勝。話說回來，你是不是可以說：「那我還是小心一點，那些大法師們名氣那麼大，道場那麼大，徒眾那麼多，我應該少說幾句話。」錯了！因爲他們那種福田既小又貧瘠，搞不好那個田還有毒，因爲他們很多人暗中還在搞雙身法。那你對大眾說：「他的法錯了。」這是救了大眾，怎麼會有過失呢！所以，人應當有智慧去判斷說：我們應該作什麼、說什麼，不應該作什麼、說什麼。能夠秉持這個原則，你這棵「小樹」就不會被人家踩爛或者拗折，這就是「小樹」的爲樹之道。

那麼「大樹」呢？咱們不用擔心他們，所以不用提他們應該如何行事；「大樹」們自然有自己之道，他們都比我們瞭解，不需要我們來說。到了「大樹」的階位以後，那時度眾生不像我們這麼辛苦；我們這麼辛苦還是度不了多少人，那「大樹」每天把腿盤起來，化身出去或者放光出去了，便能攝受好多人。然後等他有空的時候，也許化身去某一個世界，在那裡已有「小樹」，他就對「小樹」交代一些重要的事情，讓「小樹」帶著大眾去作，那是因爲想要讓「小樹」去修集福德，而那棵「小樹」是應該在他將來成佛時，在他座下作事的人。所以「大樹」度眾生是很輕鬆的，可是當「小樹」就很辛苦了，而且往往遭到眾生恩將仇報。

這就是說，在人天善法以及三乘菩提中，顯示出不同有情的性向，也就顯示種姓之不同。種姓若是菩薩，就遠勝過二乘菩提乃至「小藥草」的那一些人天善法。那麼種姓最尊貴的就是菩薩，而菩薩們又可以大略分成三個層次來說，就是大藥草——也就是「上藥草」，以及「小樹」與「大樹」。佛陀講完這個譬喻，作了一個結尾說：不論是「小藥草、中藥草、上藥草」、或者是「小樹」與「大樹」，仍然須要 佛陀以大法雨來利樂，而 佛陀降下來的大法雨只有一味，就叫作佛菩提。可是眾生聞熏之後成爲「小藥草、中藥草、上藥草」或者「小樹、大樹」所能吸收的養分，各不相同；其實大家所得的法雨還是原來同樣的一味，叫作佛菩提道；然而這一些人天善法乃至三乘菩提的實證者，終究不能離開 佛陀同樣一味的佛菩提道法雨。

那麼，這樣深細地瞭解之後，就會知道說：其實證得聲聞初果乃至四果，都不足爲貴；就算成爲菩薩而且證悟了，也不足爲貴；特別是成爲大樹以後，發覺自己與諸佛之間的距離似乎是更遙遠了。以前在「上藥草」的階段時，有時覺得好像還不是很遠；成爲「大樹」以後卻發覺距離更遙遠，那麼也就沒有什麼可以自傲的了。當自己認知了這一些道理，不再自傲了，那麼佛菩提道的修行，就會越來越快速，因爲知道生生世世都得依止諸如來，乃至成爲「大樹」以後，都還得要依止於諸如來。有這樣的理解，所以「各得成實」的時候，你所成就的果實，就是「大樹」成長以後所開華結果的香甜肥潤的果實。佛陀所說的就是這個道理。那麼，接下來 佛陀怎麼吩咐呢？

經文：【迦葉當知以諸因緣、種種譬喻開示佛道，

是我方便諸佛亦然。今爲汝等說最實事：

諸聲聞眾皆非滅度；汝等所行是菩薩道，

漸漸修學悉當成佛。】

語譯：世尊又開示說：

【迦葉啊！你們應當知道，運用種種的因緣和各種不同的譬喻，來開示佛菩提道，是我釋迦如來的方便施設；就像我釋迦如來一樣，諸佛也都有這種方便施設。

如今爲你們演說最眞實的事情：所有的聲聞眾已得滅度的事，其實都還不是眞正的滅度；你們眾人之所修行的其實都是菩薩所修的成佛之道，只要

依照我所說的這些教理去次第修學，最後你們都會成佛。】

講義：這是在告訴我們什麼道理？這就是在說明只有「唯一佛乘」，諸佛來人間示現成佛而說法時，其實本意都是「唯一佛乘」，本質上並沒有三乘菩提之區分；只是因為眾生無法如實理解佛菩提道，所以分析成三乘菩提，再依次序由淺入深而為眾生演說，才能使眾生次第實證，最後才能理解佛菩提道。釋迦如來作了方便施設，演說三乘菩提，是有前後順序的，目的都是為了讓大眾實證佛菩提而不是二乘菩提。佛陀初轉法輪說完二乘菩提之後，續講般若時既不把聲聞眾驅離，而直接演說般若諸經給聲聞眾們一起聽；也不在一開始時就告訴聲聞眾們說：「這個是佛菩提道，你們要捨離聲聞道。」佛陀也不這樣明講，直接就演示佛菩提道中的般若實義。

這就是說，佛陀宣講般若的時候，並沒有先明確告訴這些阿羅漢們：「這是成佛之道，你們要不要繼續聽聞？自己先作個決定。」世尊不先這樣講，卻是一步一步告訴他們般若妙義，誘引大眾先聽聞般若妙義，同時也教導他們在教外別傳的機鋒裡面去證得如來藏，讓他們開始有人漸漸聽得懂般若妙義。等待講到一個程度以後再說：「這些妙理修好了就可以進入初地，這些深妙法修學完成了就可以成佛。」阿羅漢們就這樣不知不覺之間聞熏了般若，也了知成佛的內容，這就是第二轉法輪般若期的事。這些成佛的大概內容，就是依般若的理論而爲阿羅漢們宣講；但在般若期的後面階段所說的法義，主要是使已經證得如來藏的阿羅漢們懂得如何具足入地時應有的般若智慧。

可是 佛陀正在宣講般若諸經時，仍然沒有要求他們說：「你們要趕快迴小向大來當菩薩。」並沒有這樣子要求。把般若講完了，大家都能入地了，然後再宣講成佛之道有五十二個階位，說明成佛之道裡面有般若必須先修學，當般若修學完了，接著要學一切種智，要怎麼樣一地一地去證得道種智來圓滿一切種智，才能成佛；這就是第三轉法輪演說唯識諸經的內涵，都是成佛所必須圓滿的一切種智內涵。最後是化緣即將圓滿時，要將一切法攝歸一法，就是攝歸於如來藏，所以宣講《無量義經》，說如來藏一法含攝無量義，然後才來宣講《法華》，圓滿 世尊的一代時教。

你看，這些阿羅漢們在 世尊宣演般若諸經時，其實都已經不知不覺走上佛菩提道了，並且在佛菩提道中已經有所實證了，然後 世尊最後才說：「其實我教你們所行的都是菩薩道，我教你們所行的本來就不是二乘菩提，二乘菩提只是方便引攝你們進來而已。」這就是 佛陀施設的方便道。阿羅漢後來想一想：「我們都已經走到這個地步了、已經入地了，難道我還要回到阿羅漢那一條路去嗎？」心裡面正在這樣猶疑的時候，佛陀宣講《妙法蓮華經》而為他們作了授記，這時你叫他們要怎麼退？當然要在佛菩提道上面繼續走下去了，這就是 佛陀的善巧方便施設。

如果一開始就告訴他們說：「你們證阿羅漢以後還要學般若，然後還要學種智，將來要走成佛之道，我現在即將宣講的般若實相智慧境界，就是成佛之道的先期智慧。」阿羅漢們一聽就會這樣子想：「嚇死我了！成佛之道要三大阿僧祇劫欸！那幾乎是無止盡的痛苦過程。」所以 佛陀的方便善巧沒有人能夠想得到，就這樣引誘著阿羅漢們證得阿羅漢果，當他們已經心得安定了，不再害怕被生死折磨了（因為這時確定自己可以出離生死，可以不受後有了），然後 世尊接著讓他們增益般若智慧。在他們還沒有捨報之前可以增益智慧，誰不願意？當然大家都願意嘛！那麼願意的話就會一步一步增益上來；最後都已經有足夠條件入地了，也終於懂得佛菩提五十二個階位、三個大階段的內涵，那時警覺到自己原來早就完成遠波羅蜜多的階段，已經走完第一大阿僧祇劫了。

大家被　如來授記的時候已經知道自己進入到近波羅蜜多的階段，接著就是後面兩個波羅蜜多要修，修完便成佛了：其中一個是近波羅蜜多，另外一個是大波羅蜜多。這時成佛之道已經完成三分之一了，難道還要再退回去嗎？這時候當然很猶豫：「我要不要退回二乘菩提去？我要不要入無餘涅槃？如今成佛之道，我已經完成三分之一了。」然後，佛陀又告訴大家：「你們過去無量劫以來已經跟著我修學，那一些過程，我來爲大家說明。」這就是《本生經》所說的內容，大家知道往昔無數劫中已經追隨　釋迦如來修學很久的菩薩道了。到了最後　世尊演講《法華》時，心中想一想：「也對！我過去那麼多劫以來，跟著釋迦如來這樣走過來，都是走在成佛之道中，今天已經完成三分之一了。成佛之道三大阿僧祇劫雖然很久遠，但我已經完成三分之一了，難道我還要再退回去走聲聞道嗎？」

想一想，還是應該走佛菩提道，只是將來要怎麼成佛？佛號叫作什麼？有沒有把握成佛？自己還看不見，所以心中還有猶豫。這時候　佛陀給予明確的授記，那就很篤定了，因此他們就不可能再回到二乘菩提去了。所以這個方便善巧，其實是讓孩子在不知不覺之中長大；當他們長大的時候，不會再想要回去當以前那個三歲、五歲的小孩了。他們現在已經成人了，可以作很多事情；也知道小孩子沒辦法開大車，而現在自己已經可以開了；小孩子沒有辦法喝美酒、享受人生，現在自己是大人了，可以享受人生了。你們可去問一問那一些已經成爲青年的二十來歲的人們，你問他們說：**「讓你再回去當三歲、十歲的小孩子，好不好？」**保證沒有人會告訴你說：**「好。」**除非小時了了而且富有，現在家道中落而貧窮潦倒。但已經入地的大阿羅漢們，可不是家道中落、貧窮潦倒的人啊！

這些大阿羅漢們現在就是這個情形，已經由 佛陀把他們拉拔上來，都已經入地了。但是這些大阿羅漢們有沒有警覺到這個事情？沒有！所以世尊說：「你們應當知道，我以種種的因緣、非常多的譬喻來爲你們開示佛道，這是我釋迦如來的方便。不但我釋迦如來如此，十方諸佛也都是如此。如今就爲你們演說眞相吧！這個眞相就是說，你們所有的聲聞眾其實都還不是眞正的滅度，因爲你們已經都不可能繼續當個滅除五蘊十八界、不受後有的人了，你們接下來是要以成佛而得度，不是以二乘菩提滅掉五蘊十八界而得度；所以你們無量世以來，跟隨我釋迦如來之所修行，都是行菩薩道，否則很多世以前早就入滅去了；如今你們只要依照我釋迦如來所說，漸漸去修學，未來全部都會成佛。」

諸位有沒有想到這一點？沒想到吧！是啊！眞的沒想到啊！以前也沒有人講過爲什麼是這樣，可是現存的三轉法輪經典中的記載，隱約顯示出來的事實就是這樣子，只是大師們沒有讀懂其中的意涵罷了。你們不會看見哪一部般若經典裡面，譬如《大般若經》或是《小品般若經》，或者《金剛經》或者《心經》，你們都找不到哪一部般若經典裡面，或者第三轉法輪的唯識經典、方廣經典裡面，有哪一部經典中　佛陀指定說：「你們現在就得要跟隨我迴小向大。」你永遠找不到。佛陀就只是這樣一直講下去，大阿羅漢們不知不覺地一直跟上來；當大家跟上來的時候並不知道已經轉入成佛之道了，他們在這條大道上繼續追隨　世尊而提升菩薩階位時，自己並不知道；後來知道了，縱使想要回頭時，也會覺得太可惜，所以就回不了頭，只好繼續當菩薩、繼續走下去，當然未來世一定會成佛。

你們跟著我學法時，和那時候的阿羅漢們不一樣，我是明著跟你們講：「你們走的就是菩薩道，不是聲聞道、緣覺道；你們證悟不退時只是在第七住位，未來要走的路還很遙遠，不怕腳痠的人就跟著我來。」這可是你們自己願意跟上來的，所以我說你們是值得讚歎的。因爲他們是不知不覺中被 佛陀拉拔到了初地，然後才確定自己要走上成佛之道。而你們雖然也被我拉拔，可是我沒辦法拉拔你們一次就到初地，但是七住位、十住位、十行位是可能的，極少數人要入初地也還是有一些可能，大多數人是不可能的；而你們不怕，從來沒有怕過，沒有畏懼過，願意跟著走上來，所以我今天得要讚歎你們。那你們也不必羞赧說：「歹勢啦！不好意思啦！」都不用！因爲你們眞的值得讚歎，不像那一些大阿羅漢們得要被不知不覺地拉到初地去。

這表示什麼呢？表示你們的心性跟會外一般所謂的學佛人是很不一樣的。會外還有許多法師，他們也跟你們這些法師們不一樣呵！他們怎麼講呢？他們往往說：「同修會的同修們好厲害，同修會裡的老師們更厲害。」爲什麼呢？因爲他們看見網路上，我們有一些同修上去作法義辨正，所向無敵，若是親教師們比之於這些師兄弟們，那又更厲害了。可是他們嘴裡說：

「厲害啊！厲害啊！」竟然不肯來學，爲什麼呢？因爲覺得開悟實在好難，心裡怕呀！所以，只要正智出版社的書籍出版時間一到，他們就趕快去書局找：有沒有正智出版社這個月應該出來的哪一本書？上架了沒有？趕快去買，趕快去讀。可是若要叫他們來學呢？可就不敢了。這表示說，你們的心量是比他們大多了，願意嘗試看看說：「我有沒有辦法拚得過去？」而他們是不敢的。而另外一些人，是因爲假使來正覺學法，原來道場裡面的師兄弟們將會排擠他，所以他如果來正覺學法，就得要準備隨時離開那個道場；離開以後，第一個問題是要如何安單？這就先要考慮了。所以他們出家了，比你們在家人沒有福報，就變成這樣了。因此，在佛法的修學上面，有很多不同的因緣，也有很多不同的根性。

在那時候，跟著佛陀學的阿羅漢們是害怕生死流轉；當他們確定自己眞的可以離開生死了，佛陀還不想去逼著他們迴小向大，就像是誘騙小孩子一樣：「大家繼續走啊！前面還有好玩的，也還有許多好吃的。」就這樣一路牽著他們，在妙法中一面玩、一面吃；到了一個目的地的時候，他們已經長成大人，明理懂事了，可以爲他們明著說話了，就告訴他們說：「你們所行的都是菩薩道，只要依著走過來的這個過程，在這一條路繼續走上去，漸漸修學悉當成佛。」這眞的是方便善巧。這樣的「仁」絕對不是一般人之所能忍，這得要對孩子非常地疼愛、非常地憐惜，所以暫時遮覆這個部分不告訴他們，只要他們愉快地快快到達目的地就行了。

這就是 釋迦如來的大慈大悲，可是有多少人能體會 釋迦如來這個大慈大悲？假使一開始宣講般若時就告訴他們說：「從這裡開始就是要走上成佛之道了，你們現在開始學般若時就得要迴小向大。」那會有什麼結果？有許多大阿羅漢將會說：「我不聽法了，我不想再學下去了。佛陀！您如果再講二乘菩提，我們還繼續聽；您如果宣講般若，我們就離開。」將會變成這樣，那他們就長不大，永遠只能當「中藥草」，都沒有辦法轉變體質成爲「小樹」。但是，佛陀都不講這一些，就只是拉著他們一步一步走上去。

譬如說一座山，頂端就是成佛的境界，佛陀就拉著他們一面玩、一面品嚐水果；這樣子遊山玩水，不告訴他們已經爬了三分之一了，這時看著他們已經長大成人了，再告訴他們說：「其實我要讓你們到達的，是山頂那個地方。」大家一看：「喔！是那裡哦！」於是往下一瞧，已經走完三分之二了，現在已經長大成人，也已經瞭解事理，於是大家都不害怕了，就可以繼續往前走。佛陀這樣施設了，那真的叫作大慈大悲。如果 佛陀不是這樣施設，佛菩提道也就流傳不到今天。那麼，諸位回頭來想一想：當你悟了之後，你在利樂眾生時，有沒有這樣的方便善巧？諸位今天聽了進去，這一些種子種在你心中了，將來你成佛的時候，你也會像 釋迦如來這樣方便善巧來度化眾生。接著，下一品經文中 世尊怎麼講呢？

《妙法蓮華經》

〈授記品〉第六

經文：【爾時世尊說是偈已，告諸大衆，唱如是言：「我此弟子摩訶迦葉，於未來世當得奉覲三百萬億諸佛世尊，供養恭敬尊重讚歎，廣宣諸佛無量大法。於最後身得成爲佛，名曰光明如來，應供、正遍知、明行足、善逝、世間解、無上士、調御丈夫、天人師、佛、世尊。國名光德，劫名大莊嚴。佛壽十二小劫，正法住世二十小劫，像法亦住二十小劫。國界嚴飾，無諸穢惡、瓦礫荊棘、便利不淨。其土平正，無有高下坑坎堆阜。琉璃爲地，寶樹行列，黃金爲繩，以界道側；散諸寶華，周遍清淨。其國菩薩無量千億，諸聲聞衆亦復無數；無有魔事，雖有魔及魔民，皆護佛法。」】

語譯：【世尊說完了上面所講的偈以後，在這個〈授記品〉裡面告訴大眾說：「我這個弟子大迦葉，於未來世他還會繼續奉事覲見三百萬億諸佛世尊，對這麼多的諸佛世尊一一供養、恭敬、尊重、讚歎，而且將這三百萬億諸佛世尊所說的無量無數大菩提法，全部加以廣泛地宣揚。他在歷經這三百萬億諸佛世尊以後，在最後的那一世可以成佛，名為光明如來，擁有應供、正遍知、明行足、善逝、世間解、無上士、調御丈夫、天人師、佛、世尊等十個稱號。大迦葉成佛的時候，他的國名叫作光德，那一劫的名稱叫作大莊嚴劫。這位光明如來的壽命有十二個小劫，他的正法住持於世間有二十個小劫，像法也住於世間二十個小劫。光明如來的光德國，國界之中有種種莊嚴來裝飾，國土中沒有各種的雜穢惡事，沒有瓦礫荊棘，也沒有便利等不淨。他的國土平坦而方正，沒有高下坑坎或者堆阜來障礙人們行走。大地是以琉璃所成，一切道路都有寶樹陳列在兩旁；路旁還有黃金所作的繩索，來區分為道路或者住宅；這個光德國土中，每天有寶華來散布，這些寶華周遍而且清淨地散布於光德國中。這個國土裡面的菩薩數目很多，有無量千億，而聲聞眾的數目也同樣無量無數；並且在這樣的國土之中，沒有天魔干擾的惡事出現，雖然同樣有天魔和魔民，但是他們都一起在護持佛法。」】

講義：世尊講完前面所說方便攝眾的不可思議事以後，向大眾高聲的授記說，摩訶迦葉這個徒弟，未來世還會再奉養覲見三百萬億諸佛世尊。三百萬億是多少？我們可以把它縮小一點來說，因爲印度不像我們有萬的單位，不是以一萬萬作爲億；他們億的單位就是千千，以一千千算作億（但經文中說的「三百萬」是依中國的數目單位轉譯的），因爲我們中國有一個萬，他們沒有萬就直接跳過去，一千千就叫作億。不過這樣的億有三百萬個，那數目還是很大。他已經入地了，未來還要再奉養這麼多佛才能成佛。那你想想看，現在開悟明心了，或者現在眼見佛性了，還沒有被授記成佛，想想看：未來世還要奉事多少佛才能成佛？當你這樣一想的時候，心裡面要想想看：我要不要向人家自傲，表現出驕傲的心態？因爲想一想，自己眞的微不足道，連大迦葉都還要供養三百萬億諸佛以後才能成佛呢。那三百萬億諸佛一一經歷奉事完成，要經過幾劫？總而言之，就是二大阿僧祇劫。所以這樣一想，也就不須要再用下巴來看會外那一些凡夫了。所以你們雖然眞的開悟了，當他們誤導眾生的時候，我們應該要加以辨正；但是辨正的時候，犯不著起慢心，因爲知道自己距離佛地還非常遙遠。

大迦葉奉覲三百萬億諸佛世尊的時候，得要一一「供養、恭敬、尊重、讚歎」，最重要的是「如說而行」，就是「廣宣諸佛無量大法」。是要「廣宣無量」，不是講個二、三年就算了，也不是只講一小部分就算了，而是要「廣宣」而且是「無量」。「廣宣無量」的法都是「大法」，因爲不是二乘菩提；這個既是「大法」，所以它內含的法義無量無邊，因此叫作「無量大法」。不懂佛法的人常常會說：「開悟就稱爲聖人了，所以悟了就成佛，悟後就沒事了。」他哪裡知道佛菩提之中應該要修學的法無量無邊，他們都不知道；其中有人來到同修會以後眞的悟了，才發覺說：「這蕭老師的書，爲什麼我還有很多看不懂的？」有許多人是這樣啊！特別是什麼書？例如《楞伽經詳解》：「喔！這個好難懂。」悟了都覺得難懂，緣何如此？因爲佛菩提中的「大法」有「無量」所以無邊，成佛之道並不是只有一個開悟明心就完結了。

所以，佛菩提中既是「大法」而且是「無量」，那麼自己未來要成佛，得奉事這麼多佛，必須再經歷這麼多劫之後才能成佛，這目的在哪裡？是一方面奉事諸佛的時候「供養、恭敬、尊重、讚歎」，可以快速累積福德，另一方面是快速進修一切種智。遇到應身佛的時候，作這些事情可以快速累積福德；然後修學諸佛所說的法，快速提升自己的道業，再經由所奉侍的佛陀入滅之後自己去「廣宣諸佛無量大法」，又進一步快速累積福德。如果不是這樣子，沒有辦法成佛。所以，不要嫌未來世還要奉養那麼多佛，不要輕嫌！因爲這是幫助我們成佛的機會，如果不是遇到這麼多佛，根本沒有機會成佛；因爲不論修到哪一個階段，都要追隨於諸佛而修學，不是自己的能力所能成就的。請問諸位，你們有沒有誰覺得說：「我悟了以後，就自己可以成佛了。」有沒有？有沒有人這樣認爲？如果有的話，請舉手！那我眞的要佩服你啊！因爲事實上不可能！我走到今天這地步，都知道憑自己根本不可能。就是要一世又一世，最好每一劫都遇到很多佛。不要怕辛苦，因爲那是機會，而且這種機會都是好機會。所以就這樣子，歷經諸佛以後才能夠成佛。

可是遇到諸佛那一世的應身之後，當諸佛的應身入滅以後我們就不修福德嗎？不！因爲應身佛過去之後，那一些師兄弟們一定有人修行比我好，我未來世就奉他爲師，我來奉事他，我在他身上種福田；他收了我當徒弟，要我去作事，我就是在修廣大福德了。所以我們要一世一世都不空過，這才是身爲菩薩應該有的正知見。爲什麼呢？因爲修行比自己好的那些師兄或師弟們，將來可能都會比我早成佛，我藉著他修集成佛的資糧，我就可以快速提升自己。這就是說，師兄弟之間該怎麼廣結善緣很重要，不要單單說：「我跟某甲師兄、某乙師兄很好，其他的師兄弟們，我都不理會。」不該是這樣。要廣結善緣，怎麼廣結呢？在法上去廣結。「不要去看輕師兄弟們，看輕了，將來他成佛的時候，我就會有遮障，我就沒有辦法從他那裡得到快速提升的機會了。」這是諸位應該要有的認知。

如果有時候看見說，哪一位師兄跟哪一位師兄有不愉快，我都覺得說：他們結下這個梁子，未來世怎麼辦？我都會這樣想。有時候，我心裡面會想，但我沒有講出來，我在心中會說：「他爲何這麼笨，都不知道這是未來世他的師父？」我會這樣想，可是我沒有講出來，我也不要指名道姓；但因爲這是法界中—尤其是佛菩提道中—一個不會改變的事實。這是不會改變的事實，可是很少有人能夠有這樣正確的認知。所以，如果看見了誰，都要想「那位師兄修行比我好」，不要輕嫉，要尊重，因爲他可能是你未來世很多劫之中的師父，他會幫助你快速提升道業。這是事實，可是很少有人認知到。

諸位今天要把這個話聽進去，以後未來世你修行佛道時，那就處處都有助緣：你有很多眞悟的師父，幾乎每一世都能遇到，你進步就很快。如果眞悟的師父只有一位，下一世沒遇到，下下世又沒遇到，再下下下世也沒遇到，十世才遇到一次，那你如何進步啊？這個道理要懂呵！所以同樣的道理，大迦葉所要奉覲的三百萬億諸佛世尊，其實也包括舍利弗在內，因爲舍利弗智慧是比他們更好的。所以，從表面上你看不出什麼，大迦葉是 世尊以下禪宗的第一祖師，然後就是要「供養、恭敬、尊重、讚歎」三百萬億諸佛世尊，根本不知道是誰；焉知不是坐在隔壁這位修行比我好的師兄師姊？有沒有想到這一點？沒有呵？現在要記得了。這樣子，你的未來世，修學佛法就可以處處得道；或者有一句話可以再加上去，叫作得道多助，這樣修行成佛就會很快速。所有諸佛成佛時都是十號具足，這個十號，我們就不必說它。那麼，大迦葉將來成佛的內涵，有些什麼隱藏的事情須要說，我們就等下週再來講。

《妙法蓮華經》今天要從六十九頁第四行開始：「國名光德，劫名大莊嚴。」上週最後是說大迦葉；當然這位大迦葉不是指結集四阿含的大迦葉，因爲在佛陀的時代，大迦葉有很多位，所以很多人不曉得，往往說：「這位大迦葉作這件事，怎麼他又作那一件事？」其實是有好多位的大迦葉。這位大迦葉就是禪宗的第一祖，就是 佛陀拈花微笑的時候，因爲他早已悟得如來藏而能領解的那位大迦葉，就是 佛陀以下算是禪宗初祖；如果把 佛陀認作禪宗第一祖，他就成爲第二祖。這位摩訶迦葉，將來成佛的時候，國土名稱是光德，他成佛時那一個劫稱爲大莊嚴劫。

大迦葉菩薩未來世成佛的時候名爲 光明如來，光明如來住於世間有十二個小劫，他的正法住在人間有二十小劫；其實不該說人間，因爲將來他成佛時，這個佛世界不屬於人間，而是屬於欲界天的境界。那麼，正法時期過去之後，像法住於世間同樣有二十個小劫。光德佛國，這個佛土世界有許多的莊嚴和裝飾，顯得非常清淨，而不像人間這樣貧瘠。他的佛世界中沒有各種污穢以及惡事，大地上也沒有瓦礫和會刺人的荊棘。他這個世界中的有情，也不會排泄便利，所以沒有不清淨的糞尿。這個國土是非常的平等而方正，沒有高低不平而產生的坑坎或者堆阜。這個佛世界是以琉璃作爲它的大地，在在處處都有寶樹成行成列，所有道路的兩旁是用黃金做成的繩子，用來區隔出道路；而這個佛世界中時時刻刻都有寶貴的天華從天而降，到處都有天華降下，周遍於所有國土中，但是這樣的國土卻是清淨而無染污的。這個佛國的菩薩們有無量千億，諸聲聞眾也是難以計算；沒有種種魔事，雖然也有天魔和魔民，但都是在護持佛法。

這種世界當然不可能是人間，假使人間以琉璃爲地，大家吃什麼？難道吃琉璃嗎？假使人間道路兩旁都用黃金打造成這麼粗的繩子來畫分道路，明天一早大概都會遺失了，所以這世界是人間之所無。大迦葉會成就這樣的佛土世界，當然有他自己的往世原因，我們且不說它。佛壽十二小劫是非常長的，正法住世二十小劫也是非常長，這表示可以利樂無量人天。假使人類有神足通也可以前往親近，有天眼通、天耳通也可以聞熏大迦葉所成的光明如來爲大眾的說法。這一種欲界天的境界，當然沒有不清淨的事物，所以「無諸穢惡、瓦礫荊棘」。欲界天的天人以甘露爲食，所以他們也沒有便利不淨；這種欲界天的境界當然不會是「高下坑坎」，所以很平整。也許有人想：「這散諸寶華，周邊怎麼會清淨？」因爲天的境界從上方有寶華飄下來，可是到了地上它就消失了，不必煩惱說一天到晚掃華就掃個沒完，不用擔心，它到了地面，自然會消失。

像這樣的佛國淨土，大眾不用擔心說：那麼多的菩薩眾，那麼多的聲聞眾，大家吃什麼？在天界之所以會成就那樣的世界，都是因為這一些人本身的福德已經積聚在那裡，所以他們要用什麼，終其壽命都足夠他們使用。這樣講話也許有一點玄，譬如說咱們台灣老一輩的人常常有一句話說：「一枝草，一點露。」有時候，有的人看見一對夫妻生了六、七個孩子，懷疑他們要怎麼養大？老人家就說：「一枝草，一點露。」你別擔心那枝草，它會有自己的露水來滋長，枯不死、餓不死它的。除非他往世不修福，那就沒話說；如果他曾經有修福，他自然有自己的福德帶著來，父母親不用為他擔心。

又例如父母往往賺不了錢，生了孩子以後便開始賺錢，因為孩子帶著福德來出生了，世俗的說法是帶著財庫來投胎，所以父母賺錢的緣便成熟了，所以往往生了孩子以後開始賺錢。這時賺來的錢是雙方共有的，所以老爸、老媽可不要說：「這孩子，我才不理他！都不聽話，我把它布施光了，一毛錢也不留給他。」那可不對！你可以布施，但是要抓住你的分際，不然反而成為你這一世欠了他的，未來世你還得幾倍還給他，這是真實話。那麼欲界天也是如此，所以「其國菩薩無量千億，諸聲聞眾亦復無數；」不必為他們擔心食物不夠，他們自然會有他們的食物。一切天人，欲界天人都一樣，他需要什麼樣的衣服，到某一棵樹下，那棵樹有無量的衣服；當他到了那邊，樹枝垂下來的衣服，那就是他的。他想要更好的，也拿不到，因爲已有定數。那麼，他想要娛樂之具，到另外一棵樹下，他可以使用的樂器就會從樹枝上面垂下來給他，他不可以要求說我要玩另外一種，因爲那就是他所該得的。所以他們生活所需要的，在天界都已準備好，不用爲他們擔憂說：那麼多菩薩與聲聞，大家吃什麼？這不用擔心，自然有他們所應該食用的甘露。

像這樣的佛國世界，當然也會有天魔，因爲這是欲界天的境界，天魔都在他化自在天；十方虛空中的每一個世界都一樣，每一個小世界都有欲界天，而欲界天中也都有四王天乃至他化自在天，他化自在天的天王就是天魔。不過 光明如來這樣的世界，天魔可不是來搗亂的，天魔是來護持佛法的，而他的魔子魔孫魔民也都一樣來護持正法。也許有人想：「哪有這麼好的事，**魔還會來跟你護持正法？**」可是諸位別忘了，這是在欲界天上。欲界天人有沒有報得的五通？有沒有？都不知道嗎？怎麼答得這麼心虛呢？欲界天人既然稱爲天，他們的果報當然就有天耳、天眼等等，怎麼會沒有？人間的修行人，往往是因爲過去世修行神通之法而有所成，因此這一世剛出生就有神通，就叫作天眼通、天耳通等等。天眼通，指的是具有天人的眼之所能看見的功德，那叫作天眼通。

生在欲界天的人反而沒有天眼嗎？這講不通吧！有些人腦筋轉不過來。那欲界天的天人們，凡夫就已經有五通了，這就是報得的，出生在那邊的果報就有這五種神通；但是鈍根的天人，例如天人所有五百天女各各擁有的七位婢女，雖有五神通，卻是很差，不知道自己是怎麼生到欲界天中的。那天魔來到 光明如來的大眾中，他要騙誰？他能騙誰？當他要開口講欺瞞的話，人家就已經知道：原來你想要騙我。那他只有護持佛法一條路，順便增長自己的福德，以外還能幹什麼？所以天人五根都是天界的作用，當然就有五種神通，那麼大家都別想騙人，天魔就只能護持 光明如來的正法了。所以這個不稀奇，你若知道那個境界，就不覺得稀奇說：**「怎麼天魔也會來護持佛法？」**其實人間的天魔也是護持佛法，只是換一個顛倒的方式來護持；這是後話，現在先不談它。

所以說，光明如來未來的那個佛土，沒有魔事可說，因為大家同樣都有五通，他能騙誰？當然不能騙誰。所以雖然有魔，那是因為他們有未到地定，出生到那個地方去，所以他人以化自在天神通所變化的一切享樂之具，他們都可以據爲己有，因此就被稱爲魔。他自己不去變化，那第五天的化自在天人變出了什麼，他們就隨意侵占過來用，化自在天人也不能講什麼，因爲互相的果報就是這樣，所以他化自在天的天主以及魔子魔民們就稱爲魔。但是，因爲在欲界天，大家都有五通，他們只能夠修福，因爲誰也騙不了誰。既然什麼惡事都幹不了，那就幹好事了！修福德對自己是最好，所以說：「無有魔事，雖有魔及魔民，皆護佛法。」接下來是重頌：

經文：【爾時世尊欲重宣此義，而說偈言：

告諸比丘我以佛眼，見是迦葉於未來世，
過無數劫當得作佛，而於來世供養奉覲，
三百萬億諸佛世尊；爲佛智慧淨修梵行，
供養最上兩足尊已，修習一切無上之慧，
於最後身得成爲佛。其土清淨琉璃爲地，
多諸寶樹行列道側，金繩界道見者歡喜。

常出好香散眾名華，種種奇妙以爲莊嚴。
其地平正無有丘坑，諸菩薩眾不可稱計，
其心調柔逮大神通，奉持諸佛大乘經典。
諸聲聞眾無漏後身，法王之子亦不可計，
乃以天眼不能數知。其佛當壽十二小劫，
正法住世二十小劫，像法亦住二十小劫。
光明世尊其事如是。

語譯：【恐怕有的人聽過以後忘了，這時世尊想要重新再宣示這個道理，因此以偈這樣重新再說一遍：

告訴諸位比丘們，我釋迦牟尼以佛眼看見這位大迦葉於未來世，經過無數劫以後將會作佛，於未來世中他將要供養奉覲三百萬億諸佛世尊；爲了尋求具足佛地的智慧而清淨地修習各種梵行，當他這樣供養至高無上的福慧兩足尊以後，不斷地修習一切至高無上的佛菩提智慧，在最後身可以成爲佛陀。

他的國土是以清淨的琉璃作爲大地，在這個國土中有非常多的寶樹成行成列於所有道路的兩側，並且以黃金做成的繩索來界定出道路，看起來很莊嚴，所以一切看見的人心中都很歡喜。

光明如來的光德國中，常常都有很好的香味放散出來，並且從空中如雨一般散放下來各種不同的有名而珍貴的華朵，而且還有種種不同的奇妙諸物作爲這個世界裡的莊嚴。

光德佛國的大地是平整而方正的，沒有山丘或者坑坎，其中所住的菩薩們多到沒有辦法稱說與計算，而這些菩薩眾的心地都很調柔，而且都已經獲得大神通了，並且都奉持諸佛所教授的大乘經典。

光明如來國土中的所有聲聞眾們，也都已經修習到了最後身而成就了無漏果，在這國土中的法王之子數量很多，也是沒有辦法計算的，假使有人想要以天眼來觀察而計算，仍然是無法計算清楚了知。

光明佛將來住於世間的壽命有十二小劫，他的正法住於世間有二十個小劫，正法之後的像法住持於世間也有二十個小劫。而光明世尊將來成佛時的各種事相，大約就是這個樣子。】

講義：「法王之子亦不可計」，在長行之中沒有談到法王子，可是重頌說法王之子也沒辦法計算。「法王之子亦不可計」，這一句的前三句說：「其心調柔逮大神通，奉持諸佛大乘經典」，講的就是再前面一句的「諸菩薩眾不可稱計」。這意思是說，這一些都是大位的菩薩們，因爲其心調柔而且都獲得大神通，這不是一般的菩薩。可是大迦葉將來那個佛國中難道都沒有三賢位的菩薩嗎？當然也有，因爲這個法王之子，不是講等覺菩薩那個法王子，而是講三賢位中的「法王之子」。那麼，這個三賢位中的「法王子」，你們在《楞嚴經講記》大概第十一輯就會讀到，名爲「法王子住」，就是第九住位；我們這裡就不先說明，不須要重複說。

「法王之子」也是不可計算，這是跟「諸聲聞眾無漏後身」併在一起說的。因爲「聲聞眾無漏後身」就表示他是最後身，這一世捨報後，他們就會進入無餘涅槃，所以稱爲「後身」，也就是最後有。那聲聞眾成爲阿羅漢了，也只能夠跟三賢位中的「法王子住」的菩薩相提並論；光明如來的「法王之子」數目也是非常眾多的，假使有人以天眼想要去計算他們，一樣是無法計算。

光明如來的佛壽有十二小劫，如果祂是在人間呢？十二小劫住在人間，眾生要怎麼稱呼祂呢？沒辦法稱呼。譬如說我們正覺講堂的鄰居恩主公（編案：關公——關聖帝君），信徒怎麼稱呼他呢？叫作「恩主公祖」，是在「公」字後面再加上個「祖」，最多就這樣稱呼。這樣算是幾代？六代吧，因爲公就是從自己算起第二代，若是前後都算就是算作三代，加上個祖就是再三代，所以是六代。這六代跟十二個小劫要怎麼相比？所以這不是人間的境界。但因爲祂住世十二小劫，表示眾生有那個福德可以承事供養祂十二個小劫，這也是眾生的福報。如果 釋迦世尊願意延壽，可以在人間若增一小劫、若減一小劫，就是可以延壽一個小劫前後；這是大約的數目，就看眾生的福德因緣。可是眾生沒有福報，所以 世尊八十幾歲就示現入涅槃。那當然只是一個示現，這就是眾生的福報。譬如說，將來到了我們八萬四千歲的時候，感應 彌勒菩薩來人間成佛，那時 彌勒佛的壽數就是八萬四千歲，這是依世間眾生所有的福德，來確定相應的 佛陀壽命有多長；原則上不違背眾生的福報，不會刻意再去延壽，這就是因爲人們的福報就是如此。

所以將來假使（我是說假使，因爲不可能），我是說假使人壽減到十歲的時候有佛來成佛，那時的佛壽也會是十歲。當然不可能啦！因爲那個歲數太少了，當時人們的智慧也很差，不可能有佛願意這時來示現。就因為人壽只剩下十歲的時候，也沒有石蜜了，可見那時人類的智慧很差。石蜜知道嗎？好像石頭那麼硬，黑黑的又很硬，那是什麼東西？以前鄉下雜貨店都有一個大水缸，用個木製的蓋子蓋著，媽媽說：「阿狗啊！去老闆那裡買十塊錢黑糖回來。」去到那邊，老闆就拿槌子敲石蜜；是因為有濕氣，結果黑糖凝結了，就好像石頭一樣硬；可是它甜似蜜，所以叫作石蜜，也就是黑糖凝固了。人壽十歲的時候已經沒有黑糖了，因為只有十歲的人類已經不知道該怎麼做黑糖了，自然不會有石蜜存在。

假使人們都只有十歲就死，都活不過十歲，沒有像我們現在的人這樣的智慧來教導他說：這甘蔗怎麼樣去榨汁，然後怎樣去把它熬成黑糖。已經沒有人教導，人們的智慧沒有辦法自己生產黑糖，那當然就不可能有石蜜。那時候女生五個月便出嫁，十歲就死了。你想想，五個月乃至十歲時能有什麼智慧？現在的人類五歲時是讀幼稚園，一天到晚看電視嘰哩呱啦一直講個不停，看來好像也很有智慧，可是當你問他們：黑糖要怎麼做？他們也都不會啊！何況到那個時節，沒有那麼多世間法可以學習的。所以那時候的人很笨，沒有辦法學解脫、學佛法，所以那時不會有佛來應化的，來了也沒辦法利樂有情實證三乘菩提。應該在人壽百歲上下的時候來成佛，還可以度眾生。但是如果人壽只有二十歲時，也不用來人間，來了能作什麼？也沒辦法利益眾生。這麼深妙的法，人壽二十歲的時節，要教人家證初果都很困難，更別說什麼修學佛菩提道了。所以佛壽的長或短，是依所感應而來受生那個時節的眾生福報而定。當然諸佛來人間時都可以延壽，但是假使沒有特殊的原因，不可能延壽的。這是要依眾生的福德來隨順，當然就得要在預定的時間示現入涅槃。接下來，大迦葉既然被授記了，其他的阿羅漢們又怎麼樣呢？

經文：【爾時大目犍連、須菩提、摩訶迦旃延等皆悉悚慄，一心合掌瞻仰尊顏，目不暫捨，即共同聲而說偈言：

大雄猛世尊，諸釋之法王；哀愍我等故，而賜佛音聲。
若知我深心，見爲授記者；如以甘露灑，除熱得清涼。
如從饑國來，忽遇大王膳，心猶懷疑懼，未敢即便食；
若復得王教，然後乃敢食。

我等亦如是，每惟小乘過；不知當云何，得佛無上慧。
雖聞佛音聲，言我等作佛；心尚懷憂懼，如未敢便食；
若蒙佛授記，爾乃快安樂。
大雄猛世尊，常欲安世間；願賜我等記，如飢須教食。】

講記：剛才是大迦葉菩薩被授記成佛，當時你如果跟他一樣是個阿羅漢，你是他的師兄弟，那時你會怎麼想？當然你也會想：「該我們受記了吧？」對不對？對啊！因爲修證相同，也同樣悟了佛菩提，所以就有後文：

語譯：【這時大目犍連、須菩提、摩訶迦旃延等人，心裡面都有一些驚懼，然後一心合掌瞻仰世尊的容顏，眼光沒有一剎那離開世尊的臉上，然後就共同出聲而以偈這麼說：

三界中最雄猛的世尊，是一切釋迦種族的法王；哀愍我們這些人的緣故，而頒賜給我們佛陀授記的音聲。

如果世尊知道我們的深心之中所思所想，而現前可以看見爲我們大家來授記的話；就如同以天上的甘露來灑淨我們的深心一般，使我們心中的煩熱消除而獲得清涼。

我們就如同是從飢餓的國度前來，忽然間遇到了大王所施設的御膳；但心中仍然懷著疑惑以及驚懼，不敢立刻就取來進食；如果來到此地而又獲得國王的教令，然後才敢取來進食。

我們這些人也是一樣的，每每思惟小乘法的過失；而我們也不知道應當要如何修行，才可以證得佛陀的無上妙慧。

雖然如今聽聞到佛陀授記的音聲，說我們這些人都可以作佛；但是心中尚且懷著憂愁和畏懼，就如同從飢國來的餓人，看見了精美的食物，不敢直接就取來食用；如果我們也可以承蒙佛陀授記，然後才能夠眞正覺得很爽快地獲得安樂。

三界最爲雄猛的世尊，總是想要安樂世間；祈願世尊頒賜給我們將來成佛的授記，如同對已經很飢餓的人教令說已經可以食用了。】

講義：當教外別傳的禪宗繼承人大迦葉尊者被授記完了，接著神通第一的目犍連、解空第一的須菩提，以及解經第一的大迦旃延，心裡面當然也很想。可是跟隨在 佛陀身邊的人都很清楚：佛陀如果沒有主動開口，咱們不能開口索求。如果什麼時候應該要爲你授記，自然就會爲你授記，你別急。

大家都不敢開口央求，可是眼見前面已經有人受記了，我們的證量也一樣，似乎也是會爲我們授記的吧？於是終於鼓起勇氣來講，可是心裡面終究未免畏懼，因爲 佛陀的威德無以倫比，沒有誰敢冒然提出這一類的請求。如果你有幸被 佛陀召見過一次，你就會永生難忘：好想靠近親近，可是心裡面又很怕。不是怕祂會傷害你，但你不知不覺就是會畏懼，因爲 佛陀的威德太大。所以，他們三個人這時候想要向 佛開口請求，心中當然會害怕。

也許有人想：「**他們是阿羅漢，怕什麼？**」那就表示這樣想的人，他還是不懂阿羅漢的境界。知道阿羅漢境界的人，詳細加以思惟觀察結果就會知道：阿羅漢只是斷了我見、我執、我所執而已，習氣種子與變易生死都還沒有開始除滅，那個福德與智慧沒辦法跟 佛陀相提並論，如同天差地別。阿羅漢這時候主動開口向 佛求授記，當然心裡面也是蠻擔心的：萬一 佛陀不肯授記，當場給了一場訓斥，那該怎麼辦？他們三位可以判斷說應該會被授記了，但是也沒有絕對把握，因爲佛意難知，所以鼓起勇氣來請求時，但是在心裡面終究會擔憂恐懼。所以，「**一心合掌瞻仰尊顏**」之前是怎麼樣呢？「**皆悉悚慄**」。悚，就是心裡面有恐懼；慄，就是身體有一點顫抖。

你們可別說：「阿羅漢見了佛，還會這樣？」會啊！怎麼不會？在諸地菩薩面前，阿羅漢不算啥！可是對一般人來說——不得了！那是人天應供。但是在菩薩來看，阿羅漢不算什麼。因爲，阿羅漢如果好好修六度，悟了也才只是剛剛進入第七住位，名爲「不退轉住」；還要繼續隨從 佛陀聽聞《般若經》，熏習一切種智才終於可以入地。剛悟的時候，只不過是第七住位而已，距離 佛陀有多遙遠？就算 佛陀晚年爲他們授記的時候，他們頂多是初地、二地、三地心而已，距離 佛陀還是那麼遙遠；而 佛陀還沒有主動授記，他們卻開口請求，當然心中會「悚慄」，這是一定的道理。所以這時當然要專心一志「瞻仰尊顏」。那麼「瞻仰尊顏」時，總不能夠把頭歪到一邊這樣瞻仰吧！當然要「一心合掌」，眼睛都不敢離開 佛陀尊顏，這自然也是事實。

那麼，他們開口時的稱呼就是：「大雄猛世尊，諸釋之法王。」供奉 世尊的寺院，假使有大殿，大殿上方的匾額都叫作「大雄寶殿」，所以這大雄兩個字，還不好隨便使用。因爲，誰才是大雄？沒有人能超越 佛陀。單說太子爲了招親娶那位耶輸陀羅當妃子，那時候比武，單說比武一項就好，就沒有人能及得上，那已是人間之雄；可是加上 佛陀無量劫以來所修集的福德以及智慧，那是三界中沒有人可以相提並論的，所以當然稱爲「大雄」，所以供奉 世尊的大殿就稱爲大雄寶殿；那麼常常有人稱呼 世尊爲「大雄世尊」，就是這個緣故。

阿羅漢能不能稱爲大雄世尊？絕對不行！阿羅漢到村莊裡托鉢，有時候還挨棍棒、挨石頭，所以阿羅漢們的威德是沒有辦法跟菩薩相比的，何況要跟大雄 世尊相提並論？至於他們三位大阿羅漢，當時也算是各有第一：神通第一、解空第一、解經第一，解經第一就是說他最會講解經典，能把經中的眞實義講解出來，別人都及不上他。這三個人稱讚「大雄猛世尊」，說世尊是出生於釋迦種族中的法王，這是隨順世俗而說。那麼，佛法傳到中國，是從哪一個朝代？忘了呵？讀過都忘了。唐朝嗎？還是東漢？也有說西漢的。到底是哪個年代？眾說紛紜。西漢？公元六十七年，是東漢，有人考證出來了；是從那個時候起，中國的出家人才改姓氏。其實應該叫作釋迦某某，釋只是個簡稱。將來 彌勒菩薩來人間成佛的時候，如果傳到中國來，又會改姓叫作姓慈，所以那時候你要叫作慈天乙了！就是這樣啊！可是，在西天並沒有改姓這個事，大家都還是原來的姓，不管他是聲聞眾或者菩薩眾，都還是本來在家時的姓氏。

這三個人向　佛陀請求授記時，當然也要略述自己的心境，表示其實自己還是不敢確定說眞的可以成佛，因此就說了一個譬喻。可是在說出譬喻之前要先怎麼樣呢？要先表示自己心裡的渴望，所以說：「如果世尊知道我們深心裡面的所思所念，而能夠現前爲我們授記的話，就如同用甘露灑了我們，我們的熱惱就除去而獲得清涼了。」然後就作個譬喻說：「就好像從飢餓的國度來到這裡，忽然遇見大國王所施設的膳食，那是國王所吃的飲食，是那麼精美，看來是要賜給我們吃的；可是因爲太豐盛而精美了，我們不太敢相信那眞的要給我們吃，所以心中懷著猶疑，就在那邊遲疑說：『到底我們是不是可以拿來吃？』如果得到大國王的教令說：『你們可以吃了。』那時候我們才敢確認這眞的是要給我們吃的，然後才敢去吃。」

講一個比較平等一點的例子好了，因爲雙方的位階太懸殊了，我們就講個平等的好了。譬如說，你去好朋友家作客，本來講好就是要讓他招待午餐；可是人家飯菜上桌以後還沒有開口前，你可以上桌嗎？同樣的道理啊！如果尊長設食，你去應赴，尊長還沒有開口前，你敢去拿來吃嗎？是一樣的道理嘛！這就是說，佛陀擺明了：在這邊有很多妙事，顯示出來授記的資料非常多，全都在這裡，可是他們三個不敢自己去拿，得要 佛陀親自說了才算數。所以他們當然要承認自己打從親近 佛陀以來，那個聲聞心態的過失，這總是要先發露悔改，然後才能夠得到授記。因爲如果沒有發露悔改，仍然是聲聞自了漢的心態，怎麼可能獲得 佛陀的授記呢？當然應該說：「我們也是一樣的，常常會思惟小乘人的過失：總是急於脫離生死而取滅度。因此根本不知道自己將來什麼時候可以得到佛陀的無上勝妙智慧，雖然聽聞到佛陀授記的音聲，說我們大家都可以作佛，可是沒有正式授記之前，心中總是懷著憂慮與恐懼，當然不敢就認定說自己會被授記。」

於是接著就開口請求說：「我們如果可以承蒙佛陀您爲我們授記，我們心中就放下了一個大石頭，就會覺得非常地爽快而很安樂。」然後當然就正式開口求：「大雄猛的世尊！您總是時時刻刻都要安樂世間，我們不但是世間眾生的一分子，而且我們已經是大阿羅漢了，祈願世尊爲我們授記，就如同我們正在饑餓的時候，世尊開口說可以吃了，我們才敢吃。」這就是他們三個人當時的心境。那麼，接下來 世尊怎麼說呢？

經文：【爾時世尊知諸大弟子心之所念，告諸比丘：「是須菩提於當來世，奉覲三百萬億那由他佛，供養恭敬尊重讚歎，常修梵行具菩薩道。於最後身得成為佛，號曰名相如來，應供、正遍知、明行足、善逝、世間解、無上士、調御丈夫、天人師、佛、世尊。劫名有寶，國名寶生；其土平正，頗梨為地，寶樹莊嚴，無諸丘坑、沙礫、荊棘、便利之穢，寶華覆地周遍清淨，其土人民皆處寶臺、珍妙樓閣。聲聞弟子無量無邊，算數譬喻所不能知；諸菩薩眾，無數千萬億那由他。佛壽十二小劫，正法住世二十小劫，像法亦住二十小劫。其佛常處虛空為眾說法，度脫無量菩薩及聲聞眾。」】

語譯：【這時世尊知道所有大弟子們心中的所思所想，於是告訴諸比丘們說：「這位須菩提於未來世，他將會奉養覲見三百萬億那由他數的佛陀，供養、恭敬、尊重、讚歎，而且不間斷地修習清淨行，具足了菩薩道。到了最後身可以成佛時，佛號叫作名相如來，同樣具足十號：應供、正遍知、明行足、善逝、世間解、無上士、調御丈夫、天人師、佛、世尊。他成佛的時候，那個劫名為有寶，他的佛國名為寶生；他的佛國世界土地是平等而方正的，以頗梨作為大地，並且也有寶樹都很莊嚴，大地上沒有山丘坑坎、沒有沙礫、也沒有荊棘，更沒有不清淨的便利等穢物，他的佛國中有寶貴的各種名華鋪在大地上，每一處大地都周遍而清淨，他的國土中的人民都住於寶物裝飾所成的高台，或者住於以珍妙物裝飾所成的樓閣之中。這位名相如來的聲聞弟子無量無邊無法計算，以世間的算數或者譬喻來說明也是講不清楚的；而他的國土中，所有不同層次的菩薩眾，有無數千萬億那由他之多。名相如來的佛壽有十二個小劫，他入滅後正法住世有二十個小劫，而正法後的像法時期，也住持於世間二十個小劫。那位名相佛常常處於虛空中為大眾說法，度化無量的菩薩眾及聲聞眾解脱於生死煩惱。」】

講義：這一段經文是說，世尊已經知道這些大弟子們心中的所思所念，就是希望獲得 佛陀的授記。為什麼會希望獲得授記呢？因為一旦被授記，就表示自己未來的佛道是不會退轉的，而且接下去只是按部就班次第修學，一步一步就能成佛；雖然時間還很長遠，但已經是確定了，這已經成為定案了。譬如說，有的人允諾你說：「二十年後，你可以成為某一個國家的總統。」預記你說：「你多久以後會成為總統。」你接著就是按部就班：現在當個公務員、小科員，接著當了股長、當了科長，就這樣一步一步走上去。科長、處長當完了，現在讓你當區長或者鎭長，你就有把握說：那我接下去，大概就是縣長、省長、行政院長，然後當總統。你大概就知道一個次第了，因爲那個授記已經一步一步在實現了，你的能力也能配合，已經現前看見一部分而可以正確推斷出來了。

所以，這個授記對於菩薩們來講是很重要的，因爲這表示未來佛道的歷程已經確定不變了。當然也不會說：授記以後，他又退失，又成爲凡夫去了。這不可能！所以如果當時有參與法華會中，而且當時已經成爲大阿羅漢而迴心成爲菩薩了，沒有不被授記的。如果說當時已經是阿羅漢，而到現在都還沒有被授記，那就是心態還有問題的人。乃至後面還有「學、無學」被授記，連有學位的菩薩也有人被授記，如果你哪一天定中打坐看見說：「**我在佛陀住世的時候是阿羅漢，可是我爲什麼現在還沒有開悟？也沒有辦法隨即重新證得阿羅漢果？**」那就表示只是在作白日夢。知道嗎？因爲當初連有學聲聞迴心大乘後，都被授記將來成佛了，你如果定中看見當時自己是阿羅漢，結果竟然沒有受記，那個定境當然只是作白日夢，所見到的那個阿羅漢當然不是眞的阿羅漢。如果過去世就是阿羅漢再來受生，這一世自己就有能力成爲阿羅漢，不必等到讀了我的書以後才能成爲阿羅漢。佛世既然已經是大阿羅漢，世世轉生來住持正法，當然一樣可以自己再證阿羅漢果，然後繼續留惑潤生，這樣才可能佛世之時已是阿羅漢，不然就是愈修愈回去了。哪有人佛世已經實證以後，世世繼續修行以後愈修愈回去的？

這就是說，是否能被授記，對當時的大阿羅漢們迴小向大之後，心中的所思所念，這就是最重大的事。所以，雖然還沒有輪到授記給他們，這三位雖然心中不免有些恐懼，還是要先提出來請求看看。當然，他們自己已知道說一定會被授記，雖然還不是百分之百的把握。因爲這三位：一位是神通第一，一位是解空第一，一位是解經第一。這三人在大阿羅漢眾之中，都是最傑出的人物，怎麼可能不被授記？然而終究是在大眾面前開口向 佛陀請求，當然心中會有驚懼。也因爲從來沒有人敢開口說：「**請佛陀您爲我授記吧！**」所以，這三位當時也算是膽子蠻大的，一定是與 世尊非常親近。

世尊知道了，而他們確實值得授記，當然就在大眾中爲他們授記說：「**這個須菩提，於當來世，還要奉養覲見三百萬億的那由他諸佛，**」爲什麼要那麼久？三百萬億那由他佛是非常多的。但他爲什麼還要這麼久才能成佛？摩訶迦旃延就不必那麼多，爲什麼他卻要那麼多？這當然有原因，是因爲他的眾生緣不很好；因爲常常落在空性中，對於度化眾生的事也就不是很努力。從龍類來生人間的須菩提，成佛時間要很久；因爲他脾氣很大，不好攝受眾生。被他攝受的眾生不能成就道業，他就不能成佛。成佛的時間要看什麼呢？要看他所攝受的眾生。當很多眾生實證三乘菩提的時間到了，他才能成佛；他總不能夠將來成佛的時候，阿羅漢只有三十位、菩薩只有五十位。他不能這樣子成佛啊！

所以，菩薩最忌諱的是犯瞋，諸位一定要牢牢記住。即使犯了邪淫罪，都不需要這麼久才能成佛。而且犯下邪淫罪的人受報回來——幾十劫以後回到人間來，那邪淫的對方還會被他所攝受而一起走向佛道。但是龍生須菩提脾氣很大，他未來世得要修很久才能把瞋心斷除，才能攝受足夠有情成爲他將來的佛土，因此要不斷地繼續奉養更多那由他諸佛；這可不是一個那由他佛，而是三百萬億那由他佛。由於瞋的習氣要改變不是很容易，他就要一世又一世、一劫又一劫，一個無量劫又一個無量劫，悟後就得這樣子修行。

我們以前好像講過一位阿羅漢老師，他很喜歡看女眾，他叫什麼名字？難陀。那時　佛陀還沒有指派他爲人說法，他卻故意要去跟五百比丘尼說法。他不樂意爲比丘們說法，所以你們往世沒機緣聽到他說法，因爲他不喜歡看見男眾。可是他怎麼挑時間的？他想：「今天是須菩提要去爲五百比丘尼說法，我不好去。我若是去了，一定挨一頓臭罵。」他就不去。他就一天拖過一天，挑日子啊！挑到有一天：「啊！今天是輪到舍利弗去說法。舍利弗沒關係，舍利弗不會與我計較這個。」所以，那天他就提前去爲五百比丘尼說法了。等到舍利弗尊者去到那邊的時候，他已經在爲女眾說法了。舍利弗就裝作沒事，直接回道場去了，連問都沒問。

你看，難陀尊者的福德也不小，他有三十種大人相，只是沒有　佛陀那麼明顯而已；可是連他也會怕須菩提，都不敢去侵犯。有一天，輪到目犍連尊者要去爲五百比丘尼說法，他也不敢去。他想：「萬一這目犍連尊者把我丟到別的佛世界去，我該怎麼辦？」他怕，所以他就故意挑選。挑到舍利弗應該爲比丘尼們說法的日子，那一天他就去了，舍利弗也沒跟他計較。這可見，龍生須菩提脾氣很大，所以連難陀也會怕他。難陀是　佛的堂弟，大家都尊重；連他都怕須菩提，那你想，須菩提的脾氣好不好？連大阿羅漢也都會怕他，當然他攝受佛土的速度一定會很緩慢，所以他得要再奉侍超過三百萬億那由他佛；要這樣子「供養、恭敬、尊重、讚歎」而「常修梵行」以後，才能夠「具菩薩道」，才能成就三十二大人相，身相端嚴「猶如寶山」。

而須菩提成佛的時候稱為 名相如來。名相這兩個字，諸位還有沒有記憶？在破參前讀《金剛經》、讀《般若經》，就感覺是一堆的名相，是不是？是一堆的名相嘛！直到破參以後，那些名相才轉變而不只是名相，才開始親切起來了。這就是跟他的因地有關，佛陀從每一個人的因地看出來，是說他將來會怎麼成佛，這個勢力已經確定在那邊，所以他將來成佛時的名稱就稱為 名相如來。當然成佛時都有十號，這我們就不再解釋。他成佛時的劫名稱為「有寶」，國土名稱為「寶生」。這個世界是：「其土平正，頗梨為地，寶樹莊嚴，無諸丘坑、沙礫、荊棘、便利之穢」，而且「寶華覆地周遍清淨，其土人民皆處寶臺、珍妙樓閣」。這是人間的境界嗎？如果人間的大地是頗梨，大眾都要餓死了，還修行？對不對？對啊！所以，這顯然不是人間的境界，這個地方當然仍然屬於欲界天的國土。

他那時的聲聞弟子「無量無邊」難以計數，沒辦法想像，因爲用算數算不清楚，用譬喻也講不清楚，所以他那時的聲聞弟子非常非常多。他的聲聞弟子多，當然也有原因，因爲《般若經》若是從表面上讀起來，是不是跟解脫道的緣起性空很類似？講來講去好像都是在說空，對不對？無怪乎印順法師會亂判般若系列的第二轉法輪經典，叫作「性空唯名」，認爲只是說一切都是緣起性空，純粹就是名相，他就這麼誤判了。空生須菩提行菩薩道的過程中，常常在講般若，凡夫眾生們聽來聽去，就是一堆的名相；這個也空，那個也空，卻有好多的名相。那麼，眾生跟著他一樣學佛，想要等他成佛，要等多久？要等未來三百萬億那由他佛經過以後。

這意思就是說，他成佛時的這個世界當然不屬於人間，須要很長的時間來成就；但也是因爲未來的 名相如來，在菩薩道的行道過程中廣說般若，所以眾生熏習很多的名相，他將來成佛時就在這一個因緣上面，佛號就稱爲名相如來。但他未來座下的菩薩眾就可以計算了，所以「諸菩薩眾，無數千萬億那由他」，終究還有一個數目可以說出來：無數的千萬億那由他。可是聲聞弟子眾卻是「算數譬喻所不能知」，不但沒辦法計數，連譬喻而說都說不清楚；可是他將來成佛時座下的菩薩眾，還可以用數目說出來：無數千萬億的那由他。終究有一個數目。這表示他未來無量恆河沙劫中，跟著他修學的人，大部分人聞熏了他所說的《般若經》以後，所能領會到的是聲聞解脫道的義理。因爲須菩提說法時不會像迦旃延一樣，委曲而調柔地詳細一一解說，因爲須菩提住於空性的個性就是這樣子。那麼聞者若是聽不懂，就別一直問，因爲他不喜歡喧嘩說法，喜歡住於眞如境界中，所以他的菩薩眾少；也由於偏在空性而不在佛性上起用的緣故，誤會他演說《般若經》的人很多，就成爲聲聞眾。這都有他的緣由，不是無因無緣就那樣子。這也不是隨機，不是像數學裡面講那個機遇率一樣。機遇率就是說：運氣好時比較會遇到什麼，因此成爲什麼；運氣不好時比較會遇到什麼，然後就成爲什麼。不是這樣，他未來世的成佛景況，是有因地的原因存在的。

那麼，他成佛時住世十二個小劫，也眞的是很慈悲，完全不像 釋迦佛住世時的心境了。他住世十二個小劫入滅後，正法住世二十小劫，像法住世也有二十小劫，像法時期過去以後就看不見阿羅漢了。像法時期還會有阿羅漢出現，像法期過後的末法時期就沒有阿羅漢了；如果還有阿羅漢，都是迴小向大的地上菩薩示現，不是由聲聞人來當阿羅漢的，諸位要瞭解這一點。但是末來世 名相如來成佛的時候，佛陀的授記並沒有說明他有末法時期，只有說正法與像法兩個時期。名相如來為大眾說法是處於虛空中說法，處於虛空中說法才能為那麼多的學人說法。如果是在地面，大家都看不見，所以要處於虛空說，這樣子來度脫無量的菩薩眾以及聲聞眾。那麼，接著 世尊要重宣此義，如何說呢？

經文：【爾時世尊欲重宣此義，而說偈言：

諸比丘眾今告汝等，皆當一心聽我所說：
我大弟子須菩提者，當得作佛號曰名相。
當供無數萬億諸佛，隨佛所行漸具大道；
最後身得三十二相，端正姝妙猶如寶山。
其佛國土嚴淨第一，眾生見者無不愛樂，
佛於其中度無量眾。
其佛法中多諸菩薩，皆悉利根轉不退輪；

彼國常以菩薩莊嚴；諸聲聞眾不可稱數，
皆得三明具六神通，住八解脫有大威德。
其佛說法現於無量，神通變化不可思議。
諸天人民數如恒沙，皆共合掌聽受佛語。
其佛當壽十二小劫，正法住世二十小劫，
像法亦住二十小劫。】

語譯：【這時世尊想要重新宣示這個眞實義，就以偈這麼說：

諸比丘眾們！如今就告訴你們，大家都應當專心聽我所說：我這個大弟子須菩提，未來世就會作佛，佛號稱爲名相。

他在未來世中應當要供養無數萬億諸佛，隨於諸佛之所教授而修菩薩行，漸漸具足了大乘佛菩提道；在最後有身，他將獲得三十二種大人相，那時的佛身端正姝妙猶如寶山一樣的莊嚴。

祂的佛國大地莊嚴清淨最爲第一，一切眾生凡是看見的人沒有不愛樂那樣的佛國，名相如來就在這樣的國度中來度化無量的眾生。

在名相如來的佛法中有非常多的菩薩們，全部都是根性猛利的人，也都能夠爲大眾轉不退法輪；在他的寶生佛國之中，永遠都是以菩薩來莊嚴這個國土；在他的國土中的聲聞眾，數量非常之多而無法計算，這一些聲聞眾們也都獲得天眼明、宿命明和漏盡明，並且都具有六種神通，也都同樣住於八解脫之中而有大威德。

名相如來說法時會顯現無量無邊的神通變化，是眾生所難以思議的。在名相如來的寶生國中，諸天人民的數量如同恆河沙一樣不可計算，當名相如來說法時，諸天人民都合掌恭敬地聽聞如來說法。

名相如來將來會住世十二個小劫才取滅度，祂滅度後正法的弘傳住於世間有二十個小劫，像法時期也一樣住世二十個小劫。】

講義：在重頌之中補充說明了一點：在 名相如來的寶生國中，不是以無量無數的聲聞眾來作莊嚴，而是以菩薩們作爲他國土中的莊嚴。如果一個佛國中都以聲聞眾作莊嚴而沒有菩薩，那就一定不是佛國，因爲不可能有佛只教聲聞法給弟子們；而且聲聞弟子們縱使各個都有三明六通八解脫，那麼這位如來的正法就不可能長久流傳；因爲這些聲聞眾們捨壽後一定會入無餘涅槃，大家都入了無餘涅槃以後，誰來住持他的正法呢？然後是連聲聞法也會快速滅失，不可能使他的遺法住世二十小劫；若以人間現在的人壽來說，連一千年都不可能，所以不會有佛國是以聲聞眾來作莊嚴的。

且不說將來須菩提尊者成佛時的寶生佛國，單以我們娑婆世界中這個最小的星球裡面，釋迦如來所示現的佛法來印證就夠了：聲聞法到像法時期過後就已經不存在了，歷史上有記錄的像法時期阿羅漢們，數目已經非常非常少。到了末法時期現代有所謂南洋的阿羅漢，諸位檢查看看有哪一個是眞的阿羅漢？南傳佛法裡面最有名的一個所謂論師就是覺音法師，他是在西元五世紀時寫了《清淨道論》流傳下來，如今是所有南傳佛教中的一切法師居士們依止修學的唯一典籍；近代幾百年來南傳佛教所謂的阿羅漢們，全都是依這部論而修行成爲所謂的阿羅漢。可是他的《清淨道論》只是模仿阿羅漢的《解脫道論》去寫的，在他的《清淨道論》裡面有談到如何斷我見嗎？有談到我見的內涵嗎？有談到斷三縛結的內涵嗎？有談到五陰虛妄嗎？並沒有！就只是把四聖諦、八正道、十二因緣一一加以解說，可是讀完了以後，你看不見他什麼地方是斷了我見，你也看不見什麼地方他斷了三縛結證初果；因爲他連我見的內涵都未曾具足了知，三縛結的內涵都沒提過，更別說是如何斷除。而他被高抬爲大阿羅漢，所以南傳佛教這一、二百年來，他們都不讀《尼柯耶》—《尼柯耶》就是南傳佛教的《阿含經》—他們都不讀，專讀覺音論師的《清淨道論》。覺音論師既沒有斷我見，更別說是證阿羅漢，那麼讀他的《清淨道論》的人能證初果嗎？絕不可能！

也許有人說：「那不算數啦！近代南洋還有阿羅漢啊！人家說阿迦曼是阿羅漢。」請問：阿迦曼的著作或言論，什麼地方看得出來他有斷我見？他連三縛結都沒對弟子們教導過。他有斷我見嗎？根本看不出來啊！一個證初果的人就應該教導弟子們如何斷我見，這是他一生之中至少應該作的事，那麼他的弟子之中一定會有幾個人能斷我見吧！結果大家檢查一下，他的弟子們，例如阿姜查……等人，有沒有斷我見？都沒有！至於葛印卡、帕奧，或者隆波田和他的弟子阿姜通等人，那就更別提了。假使他們將來會有人斷我見，得要等什麼呢？得要等《阿含正義》、《識蘊眞義》，有人翻譯成泰國文、緬甸文等等，他們去讀過、也如實觀行了，證果的定力等條件也具足了，才有可能斷我見。這表示什麼？表示聲聞法仍然要靠菩薩來弘傳。

如果沒有菩薩來人間繼續住持，聲聞法就會中斷，眼前我們不就證實這個不可推翻的事實嗎？而古時正法與像法時期的佛教歷史中，也已證明了這一點。所以一切佛國都不以聲聞眾來莊嚴，一定永遠以菩薩眾來莊嚴；因爲菩薩眾會使三乘菩提持續流傳，即使在末法之世仍然可以弘傳，而聲聞眾不可能辦到啊！爲什麼不可能呢？因爲證得阿羅漢之後捨壽時就會入滅，永遠不再現身於三界中；每一代阿羅漢都會入滅而入無餘涅槃，所以阿羅漢弟子們愈來愈少，最後剩下三果人；但三果人也會生去色界天而入涅槃，都不會再來人間，所以三果人也一樣愈來愈少；最後剩下二果人，到最後剩下初果人。但初果人的解脫需要七次人天往返，死後都生到欲界天去了，人間一個也不見了。就說他們是生到四王天吧，那裡一天是人間五十年，那裡一樣是三十天爲一個月，一年是十二個月，人壽有五百歲，請問：他們初果人在四王天死了，再回到人間是多少年以後？喔！還要用筆再來算一下了，沒那麼快呵！那表示那個時間很長。因此，名相如來座下雖然聲聞聖眾無數，依舊是以有數目可數的菩薩們來莊嚴的。

那麼以這樣的事實來看，釋迦如來的聲聞菩提終究要滅失；事實上也如此，所以在聲聞法部派佛教像法時期末期，已經沒有實證聲聞菩提的初果人了；因此才會有五世紀時的覺音論師寫出使人不能斷三縛結、不能證初果的論著出來，被南傳佛教廣泛地遵循修學至今，佛法確實是依靠馬鳴、龍樹、提婆、無著、世親、玄奘……等菩薩們持續弘傳下來。而今聲聞菩提得要靠我們弘揚佛菩提的人來幫他們延續，他們自己是無法在末法時代不斷延續下來的。所以同樣的，我在想，十方諸佛一定也這麼說：「**釋迦如來的淨穢土，以諸菩薩而為莊嚴。**」不會說是以諸聲聞而為莊嚴，因為聲聞人不能住持正法於長久，只要證果以後就會漸漸離開人間，或者入涅槃或者生天而不再來人間，不久就會失傳了。

只有迴向大乘而成為菩薩的人，發願繼續來人間利樂有情，才有可能幫聲聞人住持正法；然而那只是附帶住持聲聞正法，主要還是在住持佛菩提的正法。所以未來 名相如來的世界同樣是如此，雖然聲聞眾不可稱數，世尊說「**沒有辦法用譬喻算數來說明計算**」，連譬喻都沒辦法說清楚，有那麼多；但是 名相如來終究不以聲聞眾來莊嚴，而是以菩薩眾來莊嚴這個寶生國土。那些聲聞眾並不是證量很差，他們都有八解脫，「**皆得三明具六神通**」，可是 名相如來不以他們來莊嚴國土，而是以菩薩眾來莊嚴國土。說句老實話，乃至三賢位的菩薩都可以用來莊嚴國土，但是聲聞眾即使「皆得三明具六神通」，也不足以莊嚴國土，因爲他們終究要取滅、終究要離開世間，不像菩薩眾可以一世又一世不斷地留下來住持正法。

名相如來說法時，還得要顯現無量的神通變化，是諸天天人所不可思議的，也表示他成佛時度眾生也很辛苦。反觀咱們 釋迦如來度化眾生時，並沒有每一次都顯現神通，卻還算度得順利。這表示我們在修學菩薩道的過程裡面，絕對不要犯瞋，跟眾生的種子才容易相應。如果犯瞋了，將來攝受眾生時就得要很辛苦，每一場說法都要現無量無邊不可思議神通，才能攝受眾生，那你成佛時豈不是要累壞了嗎？而須菩提就是因爲脾氣大，這一點他是比較吃虧的；所以他還得要奉覲三百萬億無量無數佛以後才能成佛，未來世成佛以後，說法時還要這麼辛苦時常示現不可思議的神通。

此外，悟後常常住在眞如境界也不是很好，由於這個緣故，他在因地不耐與有情歡喜相處，導致他除了成佛時間要很長久以外，成佛時也只能在欲界天教化眾生，才能與因地的業緣相契符而不違因果律。當然，他的佛國中也就不可能會有人類與三惡道有情，因爲這幾類有情難以和空性相應，他所度的有情就少了人類而只有天人。這個道理，諸位可以拿來作爲自己的借鏡，將來行道時要記得：別老是落入空性中而不想爲正法作事，也得「少犯瞋」，最好是可以不必犯瞋，溫柔敦厚來度眾生；不但成佛快，將來度化眾生時也不必那麼辛苦，還可以同時度化人類，諸位要記得這一點。

所以說，犯瞋比犯貪更不好；假使貪財，人家頂多說他很愛財，但是終究不會有衝突、痛恨的感覺。可是犯瞋時就很有感應，以後一見了扭頭就走。等你將來成佛時，無量數劫以前曾經被你犯過瞋的人們，他們看見你的第一個念頭會是什麼呢？是抗拒。若是心中自然就想抗拒的時候，你想要攝受他們，可得要用不可思議神通來讓他們對你敬仰；可是你說法的時候，他們還是多多少少會有抗拒動力。那時你要怎麼辦？你得要講很多很多，要不斷地講、反覆地講、廣設譬喻來講，那你不就很辛苦了嗎？所以，成佛的時候若是想要輕鬆一點，還是要現在辛苦一點，制止自己千萬別犯瞋；也要常常在六塵境界中爲眾生多作事，別老住在空性中。

那麼，名相如來「**其佛當壽十二小劫**」之後，「**正法住世二十小劫，像法亦住二十小劫**」，並沒有說還有末法時期。爲什麼沒有末法時期？因爲天界人民再怎麼壞，最多就是不信或不愛樂而已，不會像釋迦如來末法時期有外道來砍砍殺殺，或者加以曲解及否定，所以沒有末法時期，最多就是像法。像法時期過了，天人只顧著享樂，不肯努力修學佛法，但是不會像我們現代佛教界中有人來大力否定了義正法。就是這樣子，所以到像法時期結束時，正法的弘傳也就過去了，這就是空生須菩提將來成佛時候的國土。

那麼在《法華經》裡面告訴我們的，還有不少菩薩成佛後的佛國是欲界天的國土，當然也有色界天的國土。所以，佛土不能夠像釋印順一樣限定說：就只有這一種人間世界才會有佛土。他的眼光太狹隘了。老實說，他的許多說法根本就不應該出自他的嘴，更不應該出自他的筆，因為他的很多說法根本就是外道的說法。可是，我不曉得為什麼有那麼多佛教徒會信受他，而且是那一些出家的法師們在信受，我眞是覺得好奇怪！因為他那個說法根本不應該是佛弟子所說，但是仍然會有佛弟子信受，只能感嘆的說：「末法呀！末法！」就只能這樣感嘆，除此而外能說什麼呢？那根本是外道見，佛弟子即使愚癡到是一個目不識丁的人，聽聞佛法以後也不會產生他那種邪見，眞的叫作「怪哉」！

經文：【爾時世尊復告諸比丘衆：「我今語汝，是大迦旃延於當來世，以諸供具，供養奉事八千億佛，恭敬尊重。諸佛滅後各起塔廟，高千由旬，縱廣正等五百由旬，皆以金、銀、琉璃、車磲、馬瑙、眞珠、玫瑰七寶合成，衆華、瓔珞、塗香、末香、燒香、繒蓋、幢幡，供養塔廟。過是已後，當復供養二萬億佛，亦復如是。供養是諸佛已，具菩薩道，當得作佛，號曰閻浮那提金光如來，應供、正遍知、明行足、善逝、世間解、無上士、調御丈夫、天人師、佛、世尊。其土平正，頗梨爲地，寶樹莊嚴，黃金爲繩以界道側，妙華覆地周遍清淨，見者歡喜。無四惡道：地獄、餓鬼、畜生、阿修羅道，多有天人、諸聲聞衆及諸菩薩，無量萬億莊嚴其國。佛壽十二小劫，正法住世二十小劫，像法亦住二十小劫。」】

接著這一段經文的記錄，是輪到大迦旃延被授記。

語譯：【這時世尊又向諸比丘衆說：

「我如今告訴你們，這位大迦旃延於當來之世，他將會以種種的供養之具來供養奉事八千億佛，對每一尊佛都加以恭敬而尊重。

這八千億佛次第入滅後，大迦旃延爲每一尊佛建立佛塔、佛寺，高達千由旬，而這個塔是四方形的，長寬是一樣各五百由旬；在這樣的佛塔上面，都用黃金、白銀、琉璃、車𤦲、馬瑙、眞珠、玫瑰等七寶來裝飾，或者結合起來建造；造好之後又以各種美麗的花朵和瓔珞、塗香、末香、燒香、繒蓋、幢幡來供養這八千億佛的塔廟。

經過對八千億佛的尊重恭敬供養以及受學之後，接著再供養二萬億佛，同樣是如此奉事供養受學，二萬億佛涅槃後也都建造同樣的塔廟來供養。

大迦旃延供養這二萬億以及前面的八千億佛以後，他就具足了菩薩道，然後他將會作佛，佛號是閻浮那提金光如來，同樣具足應供、正遍知、明行足、善逝、世間解、無上士、調御丈夫、天人師、佛、世尊等十號。

閻浮那提金光如來的國土是平正而沒有山丘坑坎，這個佛土裡面是以頗梨作爲它的大地，有各種寶樹在這個國土中來作莊嚴，並且以黃金所製成的繩索來區分道路，國土中到處都有勝妙的花朵來遍覆於一切處，並且都是很清淨的而無雜穢，凡是來到這個國土看見了的人沒有不歡喜的。

閻浮那提金光如來的國土中沒有四種惡道，也就是沒有三惡道以及阿修羅道，他的國土中有很多的天人以及聲聞眾、菩薩眾，數量是無量萬億，以

這一些善眾來莊嚴他的佛國。

閻浮那提金光如來的佛壽有十二個小劫，他入滅後，正法住於世間有二十個小劫，他的像法也住世二十個小劫。」】

講義：世尊接著向大眾說明摩訶迦旃延如何成佛，說明之前還特別吩咐說**「我今天告訴你們」**；在這裡特別講了這麼一句，意思就是說：「大家要聽好。」這位大迦旃延，他不是眞的大，而是像我們會裡有好幾位素珍師姊，所以大眾就把她們區分爲大素珍、中素珍、小素珍，是一樣的意思。他叫作大迦旃延，所以也有很多人也直呼他迦旃延。那麼他在未來世會以種種的供具來供養奉事八千億佛，這跟須菩提不太一樣；須菩提是側重在修梵行，梵行主要就是四禪八定及四無量心，最主要的就是慈悲喜捨四無量心，這當然是有原因的；因爲他喜歡空性境界，這個習氣種子很難改，未來世行道時就得這麼修行，才會起心動念爲大眾說法。然而大迦旃延這個人不一樣，他不是像龍生須菩提脾氣那樣大，也不會常住於空性中；他好相處，總是不計較，常常裝傻給人便宜。可是他對諸佛都很恭敬，所以供養承事受學經過八千億佛，對每一尊佛都是非常恭敬尊重來受學諸法；而這八千億佛入滅以後，他總是一一建造佛塔來供養佛舍利。並且他建的佛塔還不是普通的佛塔：高一千由旬，長寬各五百由旬。不但如此，還是用七寶來合成，那得要花多少心力去蒐集？那得要有多大的福德才能夠營造出來？諸位想一想，當他承事八千億佛的時候，如果出家現聲聞相，身上只有三衣一缽，他又如何能夠建造這樣的佛塔？這跟空生須菩提未來世的修行眞的很不一樣。

這樣子眾寶合成，一一供養八千億佛之後，繼續再供養二萬億佛。八千億，諸位就可能覺得：「成佛要那麼久！還要奉侍八千億佛？」可是說老實話，八千億佛算是很少了，即使後面再要供養二萬億佛，也是眞的很少。記不記得上週講空生須菩提尊者，佛說他要「奉覲三百萬億」而且是「那由他佛」，那比起大迦旃延要供養的二萬八千億佛，相差多少？差很大！所以這位又被稱爲龍生須菩提的成佛之道，眞是遙遠哪！諸位要記得了，我上週講的，千萬不要對任何人起瞋，千萬要記住這一點；因爲瞋習嚴重，最難對治。貪習與無明比較好對治，瞋的習氣很難控制；若是落入空性中而不想起心動念爲正法作事，更無法斷除瞋習，所以空生須菩提得要那麼久才能成佛。

想想看，須菩提是解空第一，是《金剛經》的主角；《金剛經》就是由

他作緣起來跟 佛陀對答，所以他是主角，佛陀當化主。但是你們看，大迦旃延就只是再供養二萬八千億佛以後便可成佛，不是像須菩提要再「**奉覲三百萬億那由他佛**」才能成佛。那你想，這樣相差多少？且不說是「**那由他諸佛**」，光說「**三百萬億**」來比較迦旃延的二萬八千億，那就已經差很多了，而且他的三百萬億是以那由他為單位計算的諸佛。所以大家要記住這一點：悟後別老是住在空性中，也得要很願意修福，還得常常留意四攝法。須菩提得要「**奉覲三百萬億那由他佛，供養、恭敬、尊重、讚歎**」，正是對治他的瞋習和愛住空性境界中的習性。但是你們看大迦旃延，是八千億佛與二萬億佛；而且當二萬八千億佛入涅槃後，他是怎麼樣去建造佛塔？願意廣捨資財，「**七寶合成**」都不嫌煩；所以他很努力修福德，這樣子供養了二萬八千億佛以後便已具足菩薩道，他就可以作佛，佛號是 閻浮那提金光如來。

那麼，這位 閻浮那提金光如來同樣是十號具足，他的世界也是「**其土平正，頗梨為地，寶樹莊嚴，黃金為繩以界道側，妙華覆地周遍清淨**」，他就是要讓大家看見了就歡喜。這表示什麼？表示他很體恤徒眾們，很體恤他的人民，希望大家在他的國度裡面都很歡喜，每一天見了這樣的環境就是歡喜，到處都有奇妙的花一棵又一棵。人家住別墅就是希望種一些好花好草，大迦旃延國土裡面就到處都有奇花，只要你眼睛張開所見就是滿心歡喜，他就希望這樣。那麼，他這樣的國土裡面，這還不是最好的，還有一項好處就是「無四惡道」。一般是說沒有三惡道，但他的佛土中沒有四惡道，因爲除了地獄、餓鬼、畜生不存在以外，還有一項就是沒有阿修羅。阿修羅跟他不相應，如果想要生到他的佛國，不能有瞋心。阿修羅又名無酒，他們都不能喝酒；所以他們的果報是沒有酒可以喝，爲什麼呢？因爲他們喝了酒就會亂性而幹惡事，脾氣也變得很不好。

但是大迦旃延這個人，是個不跟人家計較，心性善良而且多情的人。他很重感情，你得罪了他，他也不會破口大罵你，最多就是不甩你，不理你，就是這樣而已。但是這位大迦旃延重情，不跟人家計較，願意修福德，願意吃虧，讓人佔便宜。脾氣大的人就不好相處，大衆跟他不容易相應；迦旃延卻是多情而溫柔，所以他的國土裡面沒有阿修羅道，因爲在因地時，他就已經不喜歡阿修羅。願意修福德就是願意吃虧，人家常常笑他傻，他都無所謂，他反正就是願意當傻瓜。權、勢、財，別人想要就給人家，他無所謂，這就是他快速成佛的原因。所以他所有的資財，在二萬八千億佛入滅時，就全部拿來建造七寶塔，用來供養諸佛舍利。這種人不會有很強的主觀，所以佛陀說怎麼樣，他就怎麼樣。可是，須菩提有很強的主觀，佛陀說怎麼樣，他不一定肯怎麼樣；他有很強的主觀，老是住在空性境界中無所事事；所以他沒有辦法像大迦旃延這樣，他就只是「恭敬、供養、尊重、讚歎」，可是要叫他像大迦旃延那樣大力修集福德，爲諸佛舍利去建既高又廣的七寶塔，不可能。所以，他也是因此才要再奉侍三百萬億那由他佛之後才會成佛。

那麼大迦旃延的世界就跟他不一樣，他就希望大家在他的佛世界修行時，每天都歡歡喜喜沒有煩惱而快樂地學佛。那麼，他的世界除了沒有四惡道以外，「多有天人、諸聲聞眾及諸菩薩」。換句話說，在他的佛世界裡，修道的人非常多，善人、天人非常多，這樣來莊嚴他的佛國。那麼，他的應身佛壽命有十二個小劫，然後正法住世是二十個小劫，像法也有二十個小劫。諸位判斷一下，他這個佛世界是在色界天還是欲界天？是色界嗎？由於經中並沒有說到「無諸男女」，所以是欲界天。所以在他的世界是快樂的、清淨的，不會讓人覺得煩惱說：「哎呀！學佛時這個也不會，那個也不會，這個

也不順，那個也不順。」沒有這回事，當他的徒弟是快樂的。

從這裡面，我們是不是應該要有一些警惕或者自我勉勵呢？如果少瞋心、少計較，又願意起心動念照顧大家的道業，那麼你弘法的時候，絕大多數人若是曾經跟了你，他們就會一世又一世跟下去了。因爲其他的禪師、其他的大師們，都是架子很大、脾氣很大，動不動就罵人，會讓人難過，或者不太想照顧弟子們的道業。但你跟著他修學，都不會難過，也可以持續修學很多佛法，那你會不會想要繼續跟隨他？會啊！那麼如果你出來弘法時頤指氣使，老是瞧不起人，對徒弟們動不動就罵：「**我告訴你要作這事，爲什麼拖這麼久還沒作好？**」一天到晚就罵。但大迦旃延沒有罵過人，那你說：兩相比較，你要跟誰？這就瞭解了呵！以此緣故，迦旃延攝受佛土就很快速，這當然也是他早成佛的原因之一。

願意跟隨空生須菩提的人比較少，願意跟隨接下來將要被授記的大目犍連的人也少，這些都有原因。這三個人常常在一起，可是大迦旃延都不會想要出頭，裝孬種才是佛道速成之妙方。實際上，在成佛之道的過程中，何必要爭呢？有什麼好爭的？並不須要啊！爭來爭去，到最後是自己吃虧。在整個成佛過程裡面看來好像是一直在吃虧的人，最後他反而得到最大的利益，成爲最早成佛的人。這表示說，他是完全奉行四攝法，永遠把布施、愛語、利行、同事放在心上，所以眾生會認同他，那麼他的福德也就愈來愈大，也就愈來愈有能力去供養諸佛。所以，每一尊佛入涅槃之後，他就把所有的資財拿來建七寶塔，至誠供養佛舍利，這就是他的修集福德之道。那麼，因爲他多情而不火燥，很看重情誼，所以跟隨他學法，心理上沒什麼壓力，因此大家願意追隨，他就在這個情況下快速成佛。

諸位千萬要學習他這一點，你可別說：「**哎呀！我這一世大概不可能當老師，我學他幹什麼？**」今生不學他，沒有想要當老師，未來世也都不當老師嗎？盡未來際是永遠都不爲人說法嗎？有這種可能嗎？不可能！你如果這一世不太可能出來弘法，那沒關係，未來世總有一世要開始這個大行；因爲你想要成佛，一定得要走上這一條路。那麼，如果現在不開始改變，一天到晚耍脾氣，大家看了都怕，讓人退避三舍；或是老住在空性中，不想爲眾生作事，總是以冷漠的態度面對大家；那就好像說，在他身邊都有一面銅牆鐵壁一樣，大家都無法親近他。這樣延續下去，等到他哪一世出來弘法的時候，法說得很好，可是就沒有幾個徒弟；那麼每一世都沒幾個徒弟，他要什麼時候才能成佛？這就是空生須菩提的寫照。

爲你們大家把這個道理說了，哪一天須菩提如果想要罵我，我就讓他罵吧。遲早一定會遇著的，他哪一天罵我，我就讓他罵，我無所謂；反正我如果可以早成佛，他要怎麼罵都行，不要計較。你們就要學這個心態，這樣成佛才會比較快。想想看，迦旃延只要再歷事二萬八千億佛，須菩提卻是要三百萬億那由他佛，這相差太大了。所以別老住在空性境界中，努力去消除性障，無私無我去爲眾生付出，結果獲得利益最大的人還是自己，不是對方，大家要記得這一點。這是現成的例子，你們讀《法華經》，要懂這一些道理；要不然照著文字讀過去，不懂其中的道理，那樣讀經能有什麼意義？

爲什麼這部經要稱爲經王？因爲它在其中顯示了某一些其他經中所不曾說的道理給大家看，但是 佛陀不會明說：「須菩提！你就是老愛住在空性中不作事，就是脾氣大，所以成佛才會這麼久。」佛陀不會這樣明說，佛陀是理事圓融的。我今天是不很圓融，等一下還要報出大目犍連的糗事；但是因爲你們跟著我學，我就要利益你們，就暫且當個他們二位不喜歡的人，只要你們喜歡就行了。至於他們將來要怎麼利益他們的徒弟，那是他們的事，現在我至少要先利益你們。

這事諸位要記得，從《法華經》裡面，你們可以看得出來，少瞋少慢、多起心動念修福德，只有好處、沒有壞處。有的人也許想，我知道以前也有人這樣講過：「我為蕭老師怎麼樣拚命去作事，結果竟然去了禪三共修時，他也不怎麼幫我。」就這樣怪我。但我想的是說：「他修福德時不是為我修的，他所修的福德都在他自己身上，不是跑來存在我身上，我未來世也無法跟他分一杯羹。」所以，他應該說是為自己修福德，應該這樣想才對。所以不管作什麼，全部功不唐捐，都在自己身上。作多了，未來世就是福德多一點；作少了，未來世福德就少一點。未來世福德多了，也不必驕傲，因為是過去世努力去奮鬥來的；未來世福德少了，也不必哀傷，因為也是過去世自己少積了福德，所以心態應該要改正過來。

不管作什麼福德，都對自己有利；不管怎麼吃虧，讓人家羞辱也好，不要計較。不計較，佛道才會走得快。一天到晚發脾氣，跟人家計較這個、計較那個，結果平常作了很多的福德，就在那個時候被折損了，愚癡眾生常常是這樣子。所以聰明人要當老二，不當老大，因爲當老大常常要得罪人。當老大得罪人，成佛就慢。當老二只管幫助眾生，得罪人是堂頭和尚的事，這樣子，自己成佛也就快，有什麼不好？這就是佛門裡面的老二哲學，諸位要懂得學著點；所以未來世出世弘法時，最好不要被缽袋子粘上了，缽袋子還是讓給老大，你安分守己去當老二，不要老大這個名分與權力，只管利益眾生就對了，這樣成佛就會快。也別老是住在空性境界中，希望遠離六塵，什麼事都不幹，福德可就很難累積，成佛自然也會很慢。

這一段經文寓有這些涵義，至於諸位聽不聽得進去，那是第一個階段的事；聽進去了以後，能不能作得到，則是第二個階段的事；能夠作到了，能不能貫徹到底，卻是第三階段的事。那就看你們自己，我能講的都講了，諸位能不能吸收、能不能依教奉行，就影響到諸位未來成佛的時程；成佛會比較快或者比較慢，就在這裡作決定。接下來，世尊在重頌裡怎麼說呢？

經文：【爾時世尊欲重宣此義，而說偈言：

諸比丘眾皆一心聽，如我所說眞實無異。

是迦旃延當以種種，妙好供具供養諸佛。
諸佛滅後起七寶塔，亦以華香供養舍利。
其最後身得佛智慧，成等正覺國土清淨；
度脫無量萬億眾生，皆爲十方之所供養。
佛之光明無能勝者，其佛號曰閻浮金光。
菩薩聲聞斷一切有，無量無數莊嚴其國。

語譯：長行講完了，接著 世尊就說了重頌。【世尊想要重新宣示這個道理，就有偈這麼說：

諸位比丘大眾都要一心聽好，如我接下來所要說的，確實是眞實而不會有其他不同的說法。

大迦旃延未來將會以種種妙好的供具，在諸佛住世的時候作恭敬、供養。當諸佛入滅之後，他又以七寶來建造高廣的佛塔供養佛舍利，並且還以勝妙的華與香來供養佛舍利。

這位迦旃延繼續修行而到了最後身菩薩位，當他成佛的時候，生起了佛地的智慧而成就正等正覺，那時他的國土是清淨的；那時他將以佛身度脫無量萬億的眾生，他們將會被十方無量菩薩們所供養。當迦旃延成佛的時候，他的佛光沒有人能夠勝過他，他的佛號因此叫作閻浮金光。

在他國土中的菩薩與聲聞都已經斷除了一切有，數目非常之多，可謂無量無數，以這些菩薩和聲聞來莊嚴他的國土。】

講義：在這一段重頌裡面，佛陀又補充了一些說明。佛陀一開始就說：「諸比丘眾皆一心聽，」同樣的又吩咐大家要「一心聽」，這是對迦旃延的授記而特別這麼說，吩咐大家要「一心聽」，然後又說明：佛陀為迦旃延的授記是真實的、不虛妄的，將來永遠都是這樣而不會有所改變。為什麼世尊要這樣吩咐？因為恐怕大家沒注意而聽錯了，或者心裡面聽了然後生起懷疑。須菩提是要再奉侍三百萬億那由他佛之後才能成佛，迦旃延竟然只要奉侍八千億加二萬億佛就可以成佛了，相差太大了，是事難信，所以要特別吩咐、特別交代：「我所說的授記是沒有錯誤的，你們要一心聽好，不要聽錯了。」然後就說明迦旃延是怎麼成佛的：他以種種的妙好供具來供養諸佛。他供養諸佛的時候一點都不吝嗇，把最好的拿出來供養，而且不是只有一種，他就這樣修福德。那麼諸佛示現入滅之後，他又以所有的七寶來建造佛塔，把諸佛入滅後的舍利奉在塔中，然後再以勝妙的華和各種香來供養諸佛舍利。這就是說他很努力修集福德，當他很努力修集福德時，追隨他的眾弟子們看見了，也會追隨他同樣廣修福德，於是眾弟子們成佛的速度也會跟著加速，大家都可以提早成佛。

在重頌中沒有談到的是，迦旃延這個人的心性。這個人不跟人家計較，被人家羞辱了，過一會兒他也就算了。如果不會影響正法，他是不會計較的。你怎麼罵他，他無所謂，是不是像賤骨頭？被人家罵而無所謂，他就是不計較。當他修到最後身而成佛時，獲得佛地的智慧；當他成爲正等正覺的時候，成佛時的國土是很清淨的，見者歡喜。所以有情生到這個佛國以後，不會說：**「我要再往生到極樂世界去。」**因爲住在這裡每天都很歡喜，這樣的佛世界爲什麼不繼續住呢？

如果那時極樂世界還在，因爲依照淨土三經所說，極樂世界那時應該還是存在的；可是如果現在往生爲天人，或是往生在極樂世界中，要在蓮華宮殿裡面住多久？除了上品上生以外，在那裡一住要住多久？最少要等於娑婆世界半個大劫，這是最短的，就是上品中生的人要在極樂世界住一個晚上，等於這裡半個大劫。那半個大劫裡面都在作什麼呢？聽那八功德水尋樹上下，放出什麼聲音呢？苦、空、無我、無常、十二因緣、六度、四聖諦、八正道，得要一直聽、一直熏習，整整半個大劫都在聽法。你有沒有想過那時你的感覺如何？我想，現在一定有人在想：「喔！那時我會不會很枯燥？」有沒有？有沒有人想過？還沒有想到吧？對啊！還沒有想到，我先幫你講了，所以才需要喝八功德水嘛！可是你如果在迦旃延將來所成的佛土裡面，每天一張開眼就是很歡喜，因爲等於是住在一個非常棒的大別墅裡面，每天看到的裡外景色都是賞心悅目；而這尊佛又很好相處，菩薩眾與聲聞眾也都很好相處，因爲大家是物以類聚；然而若有一點點阿修羅心性的有情，是無法來親近這尊　如來的。像這樣的國土，當然大家都住得喜歡，祂因此而「度脫無量萬億眾生」。

而且他所度脫的「無量萬億眾生」，個個都是無學聖者，最少證得聲聞四果。這樣好不好？有哪一個國土是每一個人都已證四果？聲聞眾最少都已證四果了，那麼菩薩眾當然也一樣都具有阿羅漢們的解脫德；說白一點就是最少都已入地，菩薩們的證量最少是初地。像這樣的世界，你要不要去？當然要去。怎麼不去？世尊說這位迦旃延未來成佛的時候，被他度脫的「**無量萬億眾生，皆為十方之所供養**」，每一個人都如此。所有的聲聞眾、菩薩眾，都被「**十方之所供養**」，那麼他們不是應供，又是什麼？就是說，在他的佛國中的有情都是阿羅漢的果位——所有聲聞眾都是阿羅漢；而所有菩薩們都已入地了——最少是入地的聖者，像這樣的佛世界，你要哪裡去找？

這時候迦旃延成佛了，他的光明非常地殊勝，沒有人能勝過他的光明，換句話說，他的光明就是無量光。他的佛號叫作什麼呢？叫作 閻浮金光。閻浮金，翻譯成中文便叫作紫磨眞金。他的光明是紫磨金色的光明，這跟一般的如來不太一樣，是紫磨金的光明。為什麼他的金光會帶有一點點紫色？為什麼呢？紫磨金是非常貴的，一般黃金就是黃澄澄的顏色，紫磨金就帶有一點點紫色，很稀有難得。為什麼他會帶一點點紫？因為他一世又一世利樂眾生時，都是個多情的人，所以他成就這樣的閻浮金光；或者叫作閻浮那提金光，就是紫磨金的金光。這樣子，諸位聽到這裡，是不是反省一下自己：「**我是不是脾氣很大？如果我脾氣很大，我要不要改變？**」

能夠示現閻浮那提金光，有這一種紫磨金光照耀大眾的時候，他成佛時是讓大家都很歡喜的，所度的眾生至少都是無學位，這樣大眾相處時是不是會比較好？如果是，那麼是不是現在就趕快把自己的脾氣磨一磨？該鋸掉的鋸掉，因爲脾氣就像尖銳的石角或是像針頭。假使渾身都是刺，誰都沒辦法靠近；人家都不好親近，一親近就會被扎到，所以大家都要對他保持距離。但他多情而慈悲，這就是大家應該學習大迦旃延的地方，所以這樣一位大阿羅漢迴小向大成爲菩薩來被 佛陀授記時，佛陀當然要特地點出來給大家領會。當然也不能講得太白，因爲若是講得太白了，其他的大阿羅漢們會如何感覺？所以不能講得太白。但你們要讀得懂，若是讀懂了、聽懂了，就知道我們應該要學習。這一些聲聞被授記，是因爲他們證得大乘法而且迴小向大所以被授記，但是被授記出來的內容是各個互相不同；之所以不同，當然有各人不同的原因。

佛陀特別交代說：「**諸比丘眾皆一心聽，如我所說眞實無異。**」這是特別交代。這表示說：大家要注意聽好，我說的內容含有言外之意；那個言外之意，你們要聽出來。聽出來了，自己懂得效法，未來世就有大利益了。可是這個道理好像沒有人註解過，諸位今天聽了要懂得學。所以在世間法表相上獲得利益的人是吃虧的，在表相上願意吃虧的人反而是獲得利益。就好像釋迦如來——我們所恭敬供養的本師 世尊，祂很精進、很努力修集福德利益眾生；彌勒菩薩在很久以前發心學佛，釋迦菩薩當時還沒有學佛，是比 彌勒菩薩晚四十餘劫才發菩提心開始學佛的；但祂卻提早在無量無邊百千萬億那由他劫前就已成佛了，現在只是配合往昔一千位兄弟的宿願，重新再來排序示現成佛。你看，釋迦如來爲什麼能夠這樣？祂其實就是因爲慈悲，努力布施去利樂眾生，從來不爲自己的道業設想，只是爲大眾設想；然後當大眾證道的因緣成熟了，祂就成佛了。所以，成佛不是在自己的智慧上面怎麼樣快速前進，而是在自己所度化的眾生能不能快速成就道業：你要如何教導他們快速圓滿次法？當他們的次法圓滿了，他們大多數人就必須要證悟了，就是你成佛的時候了。次法沒有圓滿，證悟以後還會退轉，在有一些經典裡面也曾提到這個部分。所以你們從這裡去看迦旃延，然後把須菩提拿來作個對比，等一下我們再把後面被授記的大目犍連拿來作對比，你們就會發覺我今天說的句句都是實話。所以聰明反被聰明誤，再請陳雷來唱一首歌：「吃虧就是佔便宜。」眞的是這樣，佛菩提道裡面本來就是這樣。

再來看後面二句：「菩薩聲聞斷一切有，無量無數莊嚴其國。」斷一切有，就是已經斷盡三界有，大家都已成爲解脫者，隨時隨地都可以出離三界生死；但是不樂出離生死而繼續住於世間，這就是菩薩。他的佛國中所有的聲聞也都是斷一切有，都是隨時可以出離三界生死的。他所度的弟子們正是這樣，但爲什麼他的弟子們能夠這樣？因爲他不吝法，願意把所有的法傳給大家；只要大家能得，他就傳，所以他的弟子們全都有這樣的殊勝功德。大家看看被 佛授記的所有弟子之中，有多少人可以這樣呢？這是很稀有難得的；佛土中沒有阿修羅，而且所有的菩薩、所有的聲聞都已「斷一切有」，這個眞是不容易；但是，這就是他的願力如此，他在因地時的心性就是這樣：希望大家都能解脫三界生死。而這樣斷一切有的菩薩與聲聞，在他的佛國中「無量無數」，沒有辦法計算，用這樣的菩薩與聲聞來莊嚴他的佛國。你們看，有哪個佛世界是這樣的？所有聲聞、所有菩薩都是能出三界生死的，有哪個佛世界是這樣子？所以怪不得 佛陀要特地交代說：「你們要一心聽，不要聽漏了，並且眞的要相信——如我所說眞實無異。」

所以，這一段經文在表面上看來好像沒什麼特別的意思，對不對？看來好像沒什麼嘛！可是它的涵義就在這裡。諸位聽了，到底心裡面感覺怎麼樣？是「於我心有戚戚焉」？或者是「於我心中毛毛刺刺的」？到底是哪一種？你就自己要去衡量看看：自己將來成佛的時候是希望跟別人完全一樣？還是要跟別人不一樣？不一樣的時候是比較好？還是比較差？那就自己心裡面作個衡量，然後確定自己接下來要走什麼樣的修行路。如果怕忘記了，以後常常又生起瞋心，可以寫一張卡片放在錢包裡，每次用錢時就看見「吃虧就是佔便宜」；每天讀一遍，好好當個傻瓜。大家看他似乎傻傻呆呆的，也就願意幫忙他；這樣修行，對自己是有利的。這就是說，當有人被授記時，所授記的情況不同於別人，而且是更殊勝的，我們是不是應該取法乎上，不要取法乎下。接著，我們再來看大目犍連神通第一，他怎麼樣被授記：

【爾時世尊復告大眾：「我今語汝，是大目犍連，當以種種供具供養八千諸佛，恭敬尊重。諸佛滅後各起塔廟，高千由旬，縱廣正等五百由旬，皆以金、銀、琉璃、車磲、馬瑙、真珠、玫瑰七寶合成，眾華、瓔珞、塗香、末

香、燒香、繒蓋、幢幡，以用供養。過是已後，當復供養二百萬億諸佛亦復如是；當得成佛，號曰多摩羅跋栴檀香如來，應供、正遍知、明行足、善逝、世間解、無上士、調御丈夫、天人師、佛、世尊。劫名喜滿，國名意樂；其土平正，頗梨爲地，寶樹莊嚴，散眞珠華周遍清淨，見者歡喜。多諸天、人、菩薩、聲聞，其數無量。佛壽二十四小劫，正法住世四十小劫，像法亦住四十小劫。」】

語譯：【授記完大迦旃延之後，世尊又向大眾說明：「我如今告訴你們，這位大目犍連，他未來將會以種種的供養之具供養八千尊諸佛，對這八千諸佛恭敬尊重。當這八千尊佛入滅後，大目犍連爲一一佛各起塔廟，高一千由旬，長寬各五百由旬，也都以金、銀、琉璃、車磲、馬瑙、眞珠、玫瑰等七寶合成，然後再以眾華、瓔珞、塗香、末香、燒香、繒蓋、幢幡來供養佛舍利。經歷過八千尊佛以後，接著還要繼續供養二百萬億諸佛；同樣供養以後，他可以成佛，佛號是多摩羅跋栴檀香如來，同樣具有十號：應供、正遍知、明行足、善逝、世間解、無上士、調御丈夫、天人師、佛、世尊。他的劫名稱爲喜滿，他的國名叫作意樂；大目犍連將來成佛的時候，佛土是平整而方正的，以頗梨爲大地，有種種寶樹來莊嚴衪的佛土，並且到處散布了眞珠以及勝妙的香華而周遍清淨，見者無不歡喜。他的佛土裡面有許多的天、人、菩薩與聲聞，數目無法計算。他成佛的時候，佛壽有二十四小劫，正法住於世間有四十個小劫，像法住於世間也同樣是四十個小劫。」

講義：世尊爲大迦旃延授記以後，隨即爲大目犍連授記；大目犍連的情況有些不同，但很有趣，其中牽涉到他在佛世時的一些典故，使他將來成佛的因緣與別人不同，所以對他的授記，佛陀也交代大家要聽清楚；是因爲這也有典故，可以讓大家警覺。這位大目犍連，他是神通第一；富樓那是說法第一，須菩提是解空第一；大迦旃延是解經第一，最會解說經典；大目犍連則是神通第一。但是神通太棒了，對他不一定有利。他有一次想要瞭解 世尊說法時的妙音可以傳遞多遠，所以飛到鐵圍山等地方去聽聞，不論多遠都聽得到；他又起念想要到更遠的世界去聽聽看，世尊知道了，就以神力把他往西方很遙遠的佛世界送去，但他不知道那是 世尊加持之力，以爲自己很厲害。他去到一個佛土，就在一個大水池邊邊停下來，還是聽得到 釋迦如來說法的音聲。那裡的菩薩們身量很高大，看見他來到時，就問他們的世尊光明王如來：「這是哪裡來的小蟲，竟然穿著法服，站在我的缽盂邊緣上走著？」光明王如來說：「這不是小蟲，是東方很遙遠的娑婆世界釋迦如來座下神通第一的弟子。」

然後祂就吩咐大目犍連：「你就顯現大身，再以十八變神通，讓我們的菩薩們看看。」那位 如來的意思就是說，得要殺殺徒弟們的慢心，同時崇顯東方世界 釋迦牟尼佛的偉大。當然這些話不能明講，所以叫他廣作變化。於是大目犍連就變出廣大身，遠比菩薩們高大，再作十八變，那些菩薩們都讚歎得不得了：「想不到東方那麼遠的世界，釋迦如來有這麼一個厲害的徒弟。」大家慢心就消掉了。可是他去那邊，意外幫 光明王如來把徒弟們的慢心降伏了以後，他說：「我想要回去了。」結果找來找去，娑婆世界到底在哪裡？太遙遠了，他連方向都有些弄不清楚，回不去了。佛陀告訴他說：「你以自己的神通想要回去，飛行整整一劫也到不了。你是釋迦牟尼佛送你到這裡來的，你想回去，只要向東方合掌稱唸『歸命釋迦牟尼如來』，就可以回去了。」這時他的慢心又消掉一大半了，趕快面向東方合掌唸了「南摩Sakyamuni」，才剛唸完就乘著 釋迦如來的佛光回到娑婆了，他終於知道自

己的神通比起 如來眞的不算什麼，而 如來的說法音聲眞是無遠弗屆。

可是他當年的慢心只有這樣嗎？世尊說：他要以種種供具供養八千諸佛，爲什麼不是九千、一萬或者七千、六千諸佛呢？爲什麼正好是八千？諸位有沒有想到？這其實是有原因的，因爲在這之前，有一天大目犍連尊者打坐時突然起個念頭：「**我來看看有多少佛世界吧！**」就以道眼觀察，結果他總共看見了八千個佛世界，也能聽見八千尊如來在爲眾生說法。他很高興，覺得自己挺厲害的，認爲 世尊的天眼應該也只有如此（筆者後註：經中原文是「如來所見尚不如我」），心中生起了慢心，於是他怎麼樣呢？他要去向 世尊說明自己的厲害時，走起路來就「**作師子步**」。南部的同修們會說這叫作走路有風，有沒有聽過？對啊！他就是這樣子走路要去見 如來，因爲他覺得自己很厲害，看起來不比 釋迦如來差：「**我可以看見八千個佛世界，如來大概也是如此，也許還不如我。**」就「**作師子步**」走向 佛前，也不禮拜。

佛陀一見，早知道他在幹什麼，故意裝不知道，便問他，他就炫耀：「**我看見八千個佛世界如何如何，我想，如來所見應該還是不如我所見的多，所以我走過來時作師子步。**」佛陀也不跟他說什麼，就先讚歎他：「**很不錯啊！**

你竟然可以看見這麼多佛世界。」又說：「譬如小小的一盞燈，比起摩尼寶珠所放出來的大光明，是無法互相比擬的。」就說明了自己所見的無量無數諸佛世界，最後說：「你坐下來，我讓你看看更多的佛世界。」所以就加持他，讓他東方、西方、南方、北方、東南、西南、東北、西北、上方、下方，每一個方向都讓他看見一個恆河沙數的世界；十方各有恆河沙數的世界，都加持他，讓他看見，他看見以後嚇死了：「如來可以加持我看見這麼多，我自己只能看見八千世界而已。」當時才知道 如來讚歎他，是鼓勵他精進；但若以自己的神通比之於 如來，根本無法相比；那時大聲痛哭懺悔，希望大家不要再像自己那麼自大和愚癡，於是他的慢又降伏了一大半。

由於這個緣故，他開始發心說：我將來一定要成佛，我不要當神通第一的阿羅漢。他就這樣子發願要成佛，是在這個狀況下發願成佛，然後就迴小向大修菩薩道，也開始廣勸大眾：要修菩薩道，不要再當聲聞了。他就這樣子，所以他是因爲看見八千佛土，看見八千位他方佛土中的世尊而生起大慢；所以他想成佛前得要先消除慢心，第一個部分是以後開始修道時，要先供養恭敬所見的這八千尊佛；他被授記將來要先供養奉侍八千佛，因緣就是這樣來的。當然 佛陀不會把他的糗事在此時再拿出來講，但是當年有同時經歷過這件事的人都知道說：他一定是因爲以前看見八千個佛世界，就對 如來起慢，所以現在他得要先供養那八千尊佛；要先把那一分慢修除乾淨，然後才有因緣再供養奉事其他諸佛。也就是說，在這八千尊佛所把慢心除乾淨了以後，只是那一分而已，其他的慢呢？還有很多啊！他就得要一一再去供養諸佛，因爲只要有一分慢存在，就不可能成佛，何況是有許多慢的習氣種子隨眠。這樣看來，神通不足爲恃，因爲在佛菩提道上，神通反而會使人生起慢心而障礙自己的道業。

所以說，「慢」障人是非常嚴重的，「瞋」障人一樣也是非常嚴重的。寧可處處吃虧，處處忍讓，無所謂，這樣成佛才會快。你看他，供養這八千尊佛，是要用種種上妙供具去供養，然後還要供養奉事二百萬億諸佛，全部都要學大迦旃延那樣，把他每一世所有的資財投進去，用七寶去建造高廣的佛塔來供佛；不管人家怎麼笑他傻，他就是必須這樣作。你看，二百萬億加上八千，奉事這麼多佛以後，他才能成佛。但是，如果比較於空生須菩提來講，這樣諸位觀察一下，是慢的障礙比較重？還是只住三昧心的障礙比較重？是瞋嘛！須菩提得要供養三百萬億那由他諸佛，人家早成佛了，也許人家連徒弟都成佛了，他還沒有成佛呢。那大目犍連呢？是二百萬億加八千的諸佛，可是大迦旃延呢？只有二萬八千億呵！那是相差多少？所以，陳雷唱的那首歌詞眞的沒錯：吃虧就是佔便宜。

若是可能的話，盡量不要當法主；只要爲人家說法就好，法主讓和尚去當，最好就是這樣。所以，最好的方式就是不要管人事，人事讓別人去管，咱們只管說法利樂眾生就好；這樣是最好的行道方式，因爲這樣攝受眾生是最快的。不過話說回來，如果故意這樣作，會不會有一點投機取巧？但自己因爲不是故意要這樣作，當人家搶著要當法主，就讓他當，咱們不跟人家爭。眞的沒辦法，才把那個缽袋子挑起來，否則就讓人家去當，我們實際上去弘法利樂有情；缽袋子讓人家去掛在身上，我們禮讓，也沒什麼不好。大目犍連這樣子努力去供養諸佛，二百萬億佛及八千諸佛涅槃以後，都用七寶合成的高廣大塔來供養佛舍利。而這二百萬億佛在世時，他得要用種種供具來供養，這樣作完了以後他才能夠成佛。

當他成佛的時候，「劫名喜滿，國名意樂」，意思就是說，大家都喜歡出生到他的國土來。他的佛土跟大迦旃延差不多：「其土平正，頗梨爲地，寶樹莊嚴，」但是沒有「黃金爲繩以界道側」，它是「散眞珠華周遍清淨」，同樣是「見者歡喜」。雖然「多諸天、人、菩薩、聲聞，其數無量」，卻不是每一位都是無學。不是每一個人都是無學，因爲他說法講經不是像大迦旃延那樣會演繹；他的擅長是神通，所以到他的國土去，大家神通都不錯，可就是無學少，不容易成爲無學。

不曉得你們知不知道：佛陀在世的時候，這幾位大阿羅漢們成爲一個群落，有一群人追隨；那幾位大阿羅漢是另一個群落，也有一群人追隨。即使是善星比丘、提婆達多，也各有一群人追隨。領頭者不論是聖者或凡夫，永遠都有人追隨。不管什麼樣的阿羅漢或者凡夫都有人追隨，這就是娑婆世界的常態。所以，我對這一些事情不以爲意，我覺得這些都是正常的；只要什麼人適合用在什麼地方，能夠處得來，能夠用得恰當就好，其他的我就不理。只要不破法、不破和合僧，我都無所謂，因爲這是常態。

當初大目犍連身邊也是有一群人追隨，都是喜歡神通的人。大迦旃延身邊也有一群人追隨，都是喜歡討論經中法義的。舍利弗身邊也有一群人追隨，就是喜歡直接深入法義去討論，求增長智慧。須菩提身邊就只有小貓三兩隻，因爲他常常住在空性中。然後像難陀，他身邊就是一群女人——比丘尼們好多，大家都喜歡他。阿難尊者也是有很多女人跟在身邊。迦旃延，女人也喜歡他，因爲他這個人不會亂發脾氣，青眼視人。所以說，迦旃延身邊總是有一群人，就是喜歡討論經典法義的人。但是成佛最快的人是誰？從大目犍連、須菩提、大迦旃延三人，諸位來作一個比較之後就看得出來。

意思是說，釋迦如來爲我們說了什麼經典，裡面的眞實義是什麼，我們要能夠弄懂，別依文解義，別囫圇吞棗，還要首尾相照。要眞的懂，不要讀過了就說：「我知道了，就是講這樣子。」眞的只有講這樣子嗎？咱們演繹出《法華經》這樣的講法，諸位聽過沒有？沒聽過啊！從古德註解上也看不到。所以要從這裡去學習，佛陀授記時都會幫大阿羅漢們保留顏面，不會特地講出背後的原因來；但是你們要懂得那裡面是什麼意思，其中的眞正道理，佛陀已經暗示給大家；至於大家要怎麼樣去領會，這個很重要。

所以我說修福是對的，修福永遠不吃虧。修福時只有一種事吃虧，叫作當世吃虧；但是當世吃虧，換個角度來看，就好像投資，當你認爲說：「這塊地皮好啊！將來大好。」一億元投下去了，你是不是損失了一億元？是啊！你損失了一億，那塊地皮現在立即轉賣時卻是賣不了一億元，得要花些時間才行，但是未來可就難說了。每一世投資後的報酬，都要等你捨報以後才會交給你；等你捨報的時候交給你了，那你下一世取得那一塊地皮，當人家點交給你的時候，價值一百億元、一千億元，這樣算來，你到底是損失了沒有？沒有！反而是大利。但是我知道有許多人心中依舊認爲是損失，因爲對於布施的因果沒有眞正的信受，是因爲看不見布施因果的實現。

所以如果有一個地皮買賣，契約簽了，錢付清了，結果要十年後才會把土地點交，一般人都不想買，爲什麼呢？因爲：「我哪知道十年後，拿不拿得到那塊地皮？」正因爲過戶跟移交土地都是要等十年後，現在只有一紙契約；也就是說，現在布施時只有一紙因果契約，將來這紙契約能不能實現？心中懷疑。因爲不知道啊！所以心裡面有所懷疑。懷疑的結果就說：「爲了破密、復興佛教，得要努力去作義工，我哪知道作了這些義工，未來世的福德在不在？」不知道！因爲不知道，所以心裡面就不太信受，不太有意願去救護眾生。這就是說，對那個因果還沒有深信。如果有深信就不會覺得損失，會覺得這是一個大好的投資。

現在全球最好的投資在哪裡？（大眾回答：正覺！）哎呀！厲害！因爲這不是一本萬利，而是一本千萬利。所以，努力去爲救護眾生、爲正法的久續流傳而作事，未來世一定功不唐捐。假使還有懷疑，你們就看我吧！我因爲喜歡布施，過去世就這樣布施；爲了利樂眾生，我不求個人的利益；但我來到這一世學法時，被人家誤導到錯誤的方向去，錯誤到很嚴重而且一直深入，但我憑著往世的福德與智慧，還是可以自己拉回來，然後在利樂眾生上面又走得比往世更快。爲什麼能夠這樣？這不可能無因無緣的。假使我可以無因無緣，沒有往世的因緣而這一世可以這樣，那諸位也應該全都跟我一樣，因爲同樣是無因無緣。可是爲什麼我行，你們不能夠自己這樣？這表示是有過去世的因緣才能導致這樣。

那麼由這裡可以看得出來，大迦旃延成佛的時候，所有徒眾凡是有在修學佛法的人都是無學，不管是聲聞或菩薩，都是「斷一切有」；但是大目犍連成佛，他那麼久以後才成佛，他座下的菩薩、聲聞同樣「其數無量」，卻不是全部都「斷一切有」。那你想，到底應該要跟隨什麼人去行菩薩道好呢？

你如果聰明，當然就要選擇跟隨迦旃延。這個道理，這樣作了一個比較，諸位就看得出來了。如果我不講出來，只是依文解義講過去，諸位可就不曉得了。今天聽完了，如果懂得改，如實履踐，改往修來，接下來的道業進展一定很快。爲什麼會很快呢？因爲慧學進步也會跟著加快，然後福德的進步也會很快，兩條路都會很快。

可是，如果有慢的時候，障道就會很嚴重：慧學進展慢，福德的累積同樣是慢；因爲自我中心的慣性很強，不能夠無私無我去作的時候，除了成佛慢以外，將來跟隨的徒眾利益也比較小。你縱使不爲自己的利益打算，也總得要爲你廣大徒眾的利益打算一下吧！是不是應該如此呢？（有人答：應該。）對囉！那你們心中如果確定是這樣的話，也能夠改往修來，將來自己得到大利益，你所度化的有情也會跟你一樣，同樣獲得大利益，這樣就不枉你來聽《法華經》了。接下來，來看重頌裡面 世尊怎麼說：

經文：【爾時世尊欲重宣此義，而說偈言：

我此弟子大目犍連，捨是身已得見八千，

二百萬億諸佛世尊。爲佛道故供養恭敬，
於諸佛所常修梵行，於無量劫奉持佛法。
諸佛滅後起七寶塔，長表金刹華香伎樂，
而以供養諸佛塔廟。漸漸具足菩薩道已，
於意樂國而得作佛，號多摩羅栴檀之香。
其佛壽命二十四劫，常爲天人演說佛道。
聲聞無量如恒河沙，三明六通有大威德。
菩薩無數志固精進，於佛智慧皆不退轉。
佛滅度後正法當住，四十小劫像法亦爾。
我諸弟子威德具足，其數五百皆當授記，
於未來世咸得成佛。我及汝等宿世因緣，
吾今當說汝等善聽。

語譯：【這時世尊想要重新宣示已爲大目犍連授記的這個道理，就以重頌再講一遍說：

我這個弟子大目犍連，他捨離了這個色身之後，接著可以陸續奉覲八千尊佛，在奉侍八千尊佛之後，繼續要奉覲二百萬億諸佛世尊。

大目犍連爲了成就佛道的緣故，於二百萬億八千尊佛一一奉養恭敬供養，並且在二百萬億八千諸佛座下，常常要修行四無量心，以及種種的清淨行，並且在這無量劫的過程當中要奉持佛法令不中斷。

在他所奉侍的諸佛一一入滅以後，他要以七寶來建造高廣的佛塔，並且以黃金來鑄造成表顯這個佛塔的幢幡，在很長的時間裡一直懸掛著，使得寶塔好像是黃金建造起來的一樣；塔內再用各種華與香，並且演奏微妙的伎樂來供養諸佛的舍利與塔廟。

大目犍連像這樣子一一經歷二百萬億八千佛世尊之後，終於漸漸地具足菩薩道，最後在意樂國而可以作佛，佛號爲多摩羅栴檀之香。

多摩羅跋栴檀香佛壽命有二十四個小劫，常常爲天人們演說佛道。他的佛國之中聲聞人無量無邊，猶如恆河沙數那麼多，全部都有三明六通而有大威德。

在他的佛國中，菩薩們也是無量無數，意志堅固而精進修學，於佛菩提的智慧中都不退轉。

這尊如來滅度後，他的正法將會住世四十個小劫，像法時期也一樣住世四十個小劫。

如今我釋迦如來的諸弟子眾威德都已具足了，總數有五百位，都將會授記，他們於未來世都將一一成佛。

然而我釋迦如來與你們這些人過去無量世以來的因緣，我現在應當要說給你們聽，你們大家應該要注意而且正確地聽取。】

講義：這就是說，大目犍連神通第一，世人恭敬，可是因爲有慢，就不免會與人家有恩怨，所以目犍連後來是怎麼捨報的呢？好像我跟諸位講過，對吧？被人家怎麼樣打死？被人們以木棍、石頭打死。神通第一還得要受報，逃不過啊！他也知道那天會被打死，但他也不想逃，就像往常一樣故意繼續去托缽而完成這個果報。爲什麼會領受這個果報呢？是因爲往世的因緣。所以，因「慢」就會跟人家爭執，如果一時不忍，造了業，未來世當大阿羅漢或當菩薩的時候，也得要去還債，所以「慢」障道是很嚴重的。不幸的是，「慢」很普遍存在當代佛教界中。如果台灣佛教界大部分在參禪打坐、努力念佛的人都無慢，我們把這一棟大樓全部買下來也不夠用。就是因爲他們有「慢」，所以諸位可以輕輕鬆鬆坐在這裡，不必領受擁擠之苦。

那麼因爲「慢」所以要經歷奉侍過二百萬億八千諸佛，他才能夠成佛；他要在這個過程中用妙好供具一一供養諸佛，就是把自己的「慢」給究竟消滅掉。不經過這二百萬億八千諸佛，他的慢心消不究竟。所以，假使哪一天你遇見了哪一位修行好的同修，當你讚歎他，可是他一向的態度是怎麼樣呢：**「沒有啦！我最差了，你們修行個個都比我好。」**那你就要小心了，他會比你早成佛（大眾笑…），因爲他無慢。不幸的是，如果你心裡面想說：**「我一定會比你早成佛。」**那你眞的就比他晚成佛了。就是這樣啊！你看，大目犍連的慢，跟大迦旃延的無慢，二者相差多少？若是有瞋，那麼成佛將又更遠、更久了。所以由這裡，諸位要有一個認知，慢很難消除，瞋更難消除，要經歷過那麼多佛一一盡心供養以後才有辦法全部消除。大目犍連爲什麼能夠比須菩提快呢？因爲他從下一尊佛開始，願意對每一尊佛盡全心全意去供養；所需要的資財，他得要以國王之身、大居士之身去取得，而不是只擁有三衣一缽的出家身；但他願意這樣作，並且每一尊佛入涅槃後，他都把所有的資財用來買七寶去建造高廣佛塔，不像須菩提常常住在空性中無所事事，所以他就比須菩提快。

那麼，他成佛時的聲聞弟子倒是蠻不錯的，雖然「無量如恒河沙」，可是各個都是「三明六通有大威德」；再說他的菩薩弟子們，諸位看看：「菩薩無數志固精進，於佛智慧皆不退轉。」只是不退轉，菩薩們沒有三明六通，只是不退轉。明心也是不退轉，信不退也是不退轉；明心是位不退，入地是行不退。可是單說「不退轉」而沒有詳說，也就是說各個階位都有；但是至少已「不退轉」，這樣也不錯，應該多數是屬於位不退。但是在解脫道上面，他座下的菩薩們，看來不如大迦旃延成佛時的弟子眾都是「斷一切有」，所以迦旃延的弟子眾們十方世界都願意供養：「皆為十方之所供養。」大目犍連成佛後的徒眾並不是「皆為十方之所供養」，這又是一個大差別了。所以怎麼樣去幫助你的徒弟修集「次法」廣集大福德，這個重要性其實不輸給幫助徒弟修習「法」，因為次法圓滿的時候，法就一定會圓滿；可是單單把法修到很深的時候，永遠不可能圓滿，是因為次法還不圓滿；當次法的內涵跟不上法的時候，法就不能繼續往上突進。那麼 世尊這樣子開示，弦外之音的意思就很清楚了，只是大家奉讀《法華經》時都不能領略出來，於是單在法上用功而不懂得要同時修集次法；當徒眾們都不修集次法時，成佛之道一定走得很慢，於是教導這些徒眾的師父，佛道成就自然也就同樣緩慢了。

「我諸弟子威德具足，其數五百皆當授記，於未來世咸得成佛。我及汝等宿世因緣，吾今當說汝等善聽。」接下來要進入〈化城喻品〉，說明聲聞解脫只是化城，不是究竟成佛；可是講解這個道理需要很長時間，所以在宣示這個深妙道理之前，得要先宣示即將爲五百弟子授記，讓大家能夠安下心來聽聞〈化城喻品〉；還要先爲大眾說明往昔無數劫來的因緣。因此 世尊先吩咐說：「**我釋迦如來的諸弟子眾五百人，各個都是大阿羅漢，『威德具足』，**」因爲大阿羅漢都是人天應供，諸天天主遇見了都得要供養。即使是一個慧解脫的阿羅漢，他沒有三明也沒有六通，那麼一神教的上帝來了也得要供養他，不管他信不信佛，他也得要供養；因爲他一見就知道：這個人的解脫境界，自己是遠遠及不上的。當然應該供養。天界有情以各自都有的天眼，看見人家的光明，發現自己沒有那個殊特的光明，就曉得應該供養了，其他都不必講。在人間的凡夫肉眼，即使菩薩大放光明，他也看不見；佛陀來了光明無量，他也看不見；那要靠什麼才懂得恭敬呢？要靠聽聞而知：菩薩怎麼說，佛陀怎麼說，說的法有沒有道理，勝妙不勝妙，高廣不高廣。要這樣聽聞以後加上自己也有智慧，才能判斷對方是否應該被自己所恭敬供養。

可是在天界不用如此麻煩，只要以天眼一看就知道了：「這個人有勝妙的光明、清淨的光明，我從來沒見過，我自己也不曉得要怎麼樣才能夠修得，永遠都沒辦法。」那時應該怎麼辦？先供養了再說。這是天人們都懂的道理。那麼，釋迦如來聖弟子眾的「威德具足」，是因為已經「斷一切有」。阿羅漢們都是「斷一切有」的人，不管他是慧解脫、俱解脫、三明六通大解脫，不論是大阿羅漢或是一千二百位大阿羅漢座下的阿羅漢弟子們，全都一樣。這樣的人，是三界人天所應供養的聖者；只要有天眼，見了就懂得要供養。更何況是即將被授記未來成佛的聖弟子眾？所以叫作「威德具足」，而這樣的聖者數目在這個時候是有五百人。這五百人，佛陀先預告說：都會加以授記。

也就是說，這一些人未來都會成佛，乃至未來將會怎麼樣成佛都已定案了，不會改變了。已經定案而不會改變，是基於什麼而定案？是基於什麼而不會改變？是基於如來藏中含藏的佛菩提淨業種子；除了所證的三乘菩提智慧，這時就看種子顯現出來是慢很大，或者顯現出來是瞋很大，或者顯現出來時是溫良恭儉讓。須菩提、大迦旃延、大目犍連這三個人，就等於是三個對比，讓大家可以拿來作對比。這三個人又是好朋友，照道理講應該不會是好朋友，可是爲什麼竟會是好朋友？因爲其中有人願意忍讓，那就是大迦旃延；他總是願意退讓，都是奉承人家，所以他們三個人又可以在一起。

世尊宣告即將爲五百弟子授記了，這時 世尊當然會說明：爲什麼要作授記？一定是有過去世的因緣，而那個因緣絕對不是一生一世的事，當然叫作「宿世」，宿世就是很多劫無量世一直延續下來的。所以，既然宣稱成佛了，當然要有這個能力能夠觀察「宿世因緣」，否則自稱成什麼佛，都只叫作凡夫佛，講著玩的，自我安慰一番，沒有實質可言。所以 世尊最後吩咐說：「**我及汝等宿世因緣，吾今當說汝等善聽。**」這才是眞正成佛顯現出來的一個實質，才能藉著說明「**宿世因緣**」而把聲聞解脫只是化城的道理講清楚，藉機勸喻聲聞弟子眾生起增上意樂，願意盡未來際走上成佛之道，永遠不會進入無餘涅槃。那麼接下來要進入〈化城喻品〉第七，佛怎麼說呢？

《妙法蓮華經》

〈化城喻品〉第七

【佛告諸比丘：「乃往過去無量無邊不可思議阿僧祇劫，爾時有佛，名大通智勝如來，應供、正遍知、明行足、善逝、世間解、無上士、調御丈夫、天人師、佛、世尊。其國名好城，劫名大相。諸比丘！彼佛滅度已來甚大久遠，譬如三千大千世界所有地種，假使有人磨以爲墨，過於東方千國土乃下一點，大如微塵；又過千國土復下一點，如是展轉盡地種墨，於汝等意云何？是諸國土，若算師、若算師弟子，能得邊際知其數不？」「不也，世尊！」「諸比丘！是人所經國土，若點不點，盡末爲塵，一塵一劫；彼佛滅度已來，復過是數無量無邊百千萬億阿僧祇劫。我以如來知見力故，觀彼久遠，猶若今日。」】

語譯：【佛陀告訴諸比丘說：「從現在往過去推溯無量無邊不可思議的阿僧祇劫之前，那時有一尊佛出現於世間，名稱爲大通智勝如來，十號具足：應供、正遍知、明行足、善逝、世間解、無上士、調御丈夫、天人師、佛、世尊。那個佛國的名稱爲好城，劫名爲大相。諸比丘！大通智勝佛滅度已來，已經非常大數目的久遠了！就譬如說，三千大千世界所有地大種子，假使有人有那個能力，把所有的地大磨成墨粉，把這些不可計數的墨粉，往東方經過一千個國土才放下一個墨點，那一個墨點的大小就像微塵那麼小；然後繼續往東方再過一千個國土再下一點（不是每一個國土都下一點，是每過一千個國土才下一點，每一點就像微塵那麼小），把整個三千大千世界的大地磨爲墨粉，每過一千個國土才下一個微塵，一直往東方過去同樣各下一點；如此展轉下盡了這個世界大地磨成爲墨粉的所有微塵，大家意下如何呢？像這樣經過的這麼多國土，如果有懂得極大數目計算的算師，或者那一些算師的弟子們，他們一起來與算師共同計算，能夠知道這樣總共是經過了多少個世界嗎？」比丘們回答說：「沒有辦法知道啊！世尊！」佛接著說：「諸位比丘啊！這人經過那麼多的不可計算的國土，把所經過的所有國土，不論是已下了一點的國土，或者繼續去到下一點之間而沒有下一點的中間九百九十九個國土，把所經過的全部無法計算的國土再磨成同樣極微細的粉末，然後以這些粉末來比喻，每一顆微塵算作一劫；大通智勝佛滅度已來，還遠超過這樣數目的劫數，是超過這些微塵數劫以後，再超過無量無邊百千萬億阿僧祇劫。我以如來境界所知所見之能力的緣故，觀察那麼久遠以前大通智勝如來的那個時劫，就猶如我在看今天的所有事情一樣清楚。」】

講義：上週我們有說到，彌勒菩薩比 釋迦佛早四十餘劫發心學佛。那麼《楞嚴經》的記載是 彌勒菩薩以前「好遊族姓」，喜歡跟有名望的各個家族來來往往，沒有很用心在學佛，所以就比 釋迦如來晚成佛。我們上週講到第七十五頁，長行的語譯略說講完了，還沒有加以演繹。〈化城喻品〉一開始，佛陀告訴諸比丘說，超過無量無邊微塵數時劫、再過去無量無邊不可思議阿僧祇劫之前；換句話說，這個時劫眞是「甚大久遠」，這個時間實在是太長，根本沒有辦法思議，因此就說是過無量無邊不可思議的阿僧祇劫前。就是說很早很早之前，但祂不是佛教界說的最早最早的佛，因爲古德所謂最早的佛就是 威音王佛。

世尊說，在那麼早之前有佛名爲　大通智勝如來，這位　大通智勝如來同樣十號具足，祂的佛國名爲好城，祂的劫名稱爲大相劫。這一尊佛距離我們現在到底有多久的時間？祂滅度已來到底有多久？很難想像。經中往往說某佛滅度已來幾劫，那已經算很久了，因爲　釋迦如來示現滅度至今，也不過才二千五百多年；可是這一尊　大通智勝如來距離我們，那時間眞的太長了，要怎麼樣譬喻來說呢？因爲沒有辦法算，只能用譬喻。

譬如說，我們這個娑婆世界，是一個具有三個千的大千世界，因爲是由我們這一個太陽系稱爲一個小世界，像這樣的小世界有一千個就稱爲小千世界；這樣的小千世界一千個就稱爲中千世界，然後有一千個中千世界時就稱爲大千世界；這樣的大千世界就是有三個千了，像這樣的世界便叫作三個千的大千世界，簡稱爲三千大千世界。像這樣三個千的大千世界，大約來說就是一個銀河系。我們這一個娑婆世界就是我們這個銀河系，把這一個銀河系裡面的大地，就是把銀河系中所有星球都磨成像黑墨那麼細的粉；墨是要很細才可以製成墨，若是有一點點粗的話就不能用來製墨，當你磨墨的時候會覺得有很多沙粒，就表示那個墨的品質很差，不只是不夠好。眞正高級的墨，你在磨墨的時候不會感覺到有阻礙，自始至終都是覺得很滑，表示那個墨是很細的，已經全部變成極細的粉，以一般的標準，幾乎可以叫作微塵了。

把三千大千世界的地大都磨成這麼細的墨粉，往東方過去，每過一千個佛世界才下一點墨粉。這樣講，可能大家沒有什麼概念；我們這個銀河系，從這一端邊緣想要到達另外一端的邊緣，若是以光速前進，得要走十萬年才能到達。一個三千大千世界從這一頭到那一頭要十萬年，是用光的速度來跑，還得要跑十萬年。如果是這一個世界跟另外一個世界，中間那個距離，那不曉得是幾百倍還是幾千倍。從這一個三千大千世界要到達另一個三千大千世界，就要以十萬光年的幾百倍或幾千倍距離才能到；二個世界中間的距離要很遠，不然就會碰在一起了。那麼，我們若是想要到達另一個三千大千世界，到底是相隔多少萬光年的距離？單單一個世界的這一頭跑到另一頭就得要十萬光年，那麼從這個世界跑到另一個世界要多久？諸位想想看，總之就是幾百倍或者幾千倍的距離。可是不只如此，並不是遇到每一個世界都把磨成的墨粉來下一點，而是經過一千個佛世界才下一點；然後像這樣再過去，每過一千個佛世界才下一點；像這樣把這些墨粉都下完了，那到底是多少個佛世界？這樣諸位就有概念了。我若是直接說了過去，大家聽了，一下子就感覺說：「反正就是很大。」但是有多大？不曉得。

但是 佛說的還不只是這樣，像這樣的國土是非常非常多的，即使你去找一個專門會計算數目的專家來，以前便叫作「算師」；請算師來計算，包括算師的全部弟子都一起來算，也算不出來。現在台灣最大的科學研究單位，最大規模的有多少職員？有沒有一萬人？有啊？有這麼大的科學研究院？好，包括它所有的職員大家一起來計算，就加上超級電腦好了，大家一起來計算。這眞的很難計算，你沒辦法算；因爲光是一個三千大千世界磨成的墨粉，究竟有多少微塵，你就算不出來了。所以，像這樣每過一千佛土才下一點，而把所有微塵全都下完了，所經過的這中間的國土數目實在是太多，根本不知道有多少。因爲每過一千個佛世界才下一點，那等於第一點跟第二點之間還有九百九十九個佛世界是沒有下那一點墨粉，那這樣子往東方一直下過去，所經歷的世界可就太多了。

雖然這麼多，這樣還不算是最大；把這些墨粉全都下完了以後，再把所經過的佛世界，包括下了那一點墨粉的世界，以及沒有下過墨粉的中間九百九十九個世界，全部都算進來，只要是已曾經過的世界全部都算進來，把這一些佛世界再全部磨爲粉墨，就以這些無法計算的世界全部磨成微塵時，把每一個微塵算作一個大劫，這樣來算算看，到底有多少大劫？眞的，只能用譬喻來說明，你想要計算，眞的沒辦法。這一尊 大通智勝如來滅度已來，只是這麼久的時劫嗎？不止！而是已經超過這樣的數目之後，再過去「**無量無邊百千萬億阿僧祇劫**」之前。如果以這樣來看，世間人在計算的數目，根本不值一提。這個就表示說，大通智勝如來滅度已來的時間實在很難說明，只能用譬喻來說，大家可以想像想像。但是，釋迦如來以佛地所知所見的威神力，以祂無以倫比之功德力的緣故，能夠看到那麼久遠以前 大通智勝如來那個時候的事情，就好像今天發生的事情一樣看得清清楚楚。三明六通大阿羅漢只能看到八萬劫前，釋迦如來看到的，他們也無法想像，因爲 如來有宿住隨念智力，而三明六通大阿羅漢們沒有這種智力，只有宿命通。

所以，前面說那大目犍連有一天定中用天眼看見八千個佛世界，他就覺得自己比 如來厲害。由於他覺得自己比 釋迦佛厲害，所以就「**作師子步**」，走到 如來那邊炫耀。因爲他覺得自己在這個部分的神通，連 如來的神通都不如他，所以他就以師子步來行走。當然 佛不會嘲笑他，但是總是要攝受他；所以，佛陀叫他坐下來，就加持他，讓他看見東方無量無數世界。那時他才嚇了一跳：「**原來佛可以看這麼多，我比起來根本就不值一提。**」就好像一個二歲的小孩子，懂得計算一個蘋果、二個蘋果，他自以爲會算二個蘋果就是很厲害了，就大搖大擺去跟大學的微積分教授炫耀一樣嘛！所以，以「**如來知見力**」而言，我們眞的無法想像；連三明六通的大阿羅漢都無法想像，可是 如來說祂看見那樣不可思議的過無量無數微塵劫前的「**無量無邊百千萬億阿僧祇劫**」之前，大通智勝如來入滅的事情，就好像今天剛剛發生的事情一樣，那麼清楚分明。

可是這些事情，你要是拿起來跟那一些在主張「大乘非佛說」的法師們講，他們會說：「**那種神話，你也相信。**」他們就是不信，他們認爲大乘經中說的全都是神話。他們連現前可證的如來藏，都不肯信受了，更別說佛性之可見，他們完全不信。乃至禪宗祖師，即使只是中國好了，也有一千多年了，這些祖師們個個腦筋那麼好、智慧那麼高，爲什麼他們悟了如來藏就這樣信受終身呢？而那一些主張大乘非佛說的人，他們根本讀不懂公案，也都誤會經文，顯然智慧遠不如禪師們，卻不懂得謙虛一些，乾脆就否定說：「那叫無頭公案啦！那都是自由心證啦！」

問題是，既是自由心證，為什麼這個禪師悟了，跟那個禪師悟了，同樣是自由心證，卻為什麼他們能互通呢？所以，有時候二位禪師見了面，大聲講話講得興高采烈。旁侍，就是站在旁邊的侍者，禪宗史的記錄說：旁侍側耳都不聽聞。眞的沒聽見嗎？有啦！當然有聽見，但就是聽不懂，所以叫作都不聽聞，因為都聽不懂他們二人到底在講什麼。那表示什麼呢？他們證悟之間，互相有一個標準在那邊，互相可以檢驗，才能夠互相溝通，這哪叫作自由心證？所以，他們那些人是全然不信的，他們會說大乘經中說的都是神話。但是，我們知道 如來不誑語，因為祂告訴我們八識心王，我們就已經親證了；如來說可以見性，我們也親證了眼見佛性的境界。我們就這樣一步一步走過來，發覺大乘經中說的是如實可證的。

既然是如實可證的，咱們對未證的部分就懂得說：「那是如來的智慧與功德才能知見，非我們所能知見。」應當這樣，因為我們一步一步修學以來，所看到經中說的部分，佛陀都沒有欺騙我們。所以，像這種事情，當信 如來所說，不應該自己作不到就推翻它。應該說：「這不是我的境界，我只能仰推爲如來的境界。」但是末法時代的凡夫們不信，也是正常事；因爲歷史上連三明六通神通第一的大阿羅漢，都還會覺得 佛陀不如他，結果 佛陀幫他往東方一看：有無量無數恆河沙世界。他嚇了一跳：原來我的所見這麼粗淺！所以，我們還是應當要相信，因爲這是事實。那麼，佛陀這樣子說完了。接著，就想要重新宣示上面所說的這個道理，就以偈重新說了一遍：

經文：【爾時世尊欲重宣此義，而說偈言：

我念過去世，無量無邊劫；有佛兩足尊，名大通智勝。
如人以力磨，三千大千土；盡此諸地種，皆悉以爲墨；
過於千國土，乃下一塵點；如是展轉點，盡此諸塵墨；
如是諸國土，點與不點等；復盡末爲塵，一塵爲一劫。
此諸微塵數，其劫復過是；彼佛滅度來，如是無量劫。
如來無礙智，知彼佛滅度；及聲聞菩薩，如見今滅度。
諸比丘當知，佛智淨微妙；無漏無所礙，通達無量劫。】

語譯：【這時世尊想要重新宣示這個道理，就以重頌再說一遍：

我釋迦牟尼佛，憶念過去世不可計數塵沙劫以前再過無量無邊不可思議阿僧祇劫；有一尊佛是福德與智慧兩兩具足的世尊，名稱是大通智勝佛。這尊佛成佛以來非常之久，譬如有人具有威神之力，用他的力量來磨碎三千大千世界的國土；把這一些大地國土全部都磨成墨粉以後，往東方飛去，經過一千個佛土才放下一個微塵的墨點；這樣展轉繼續前進，每經過一千個佛世界，就放下一個微塵墨點；像這樣一直往東方不斷地繼續下，把這一些無法計數的微塵墨粉全都下完；

像這樣經過了無量無數難以計算的國土以後，把他所經過無法計數的全部國土，不論是有下那一點墨粉的國土，或者所經過每一千國土中間的九百九十九個沒有下墨粉的國土，全部都再拿來磨成墨粉，這些墨粉有多少數量呢？

就以所有墨粉的每一個微塵當作是一劫，大通智勝如來的滅度不止是那麼久，實際上是經過那麼多的劫數之久了，還要再超過這樣的劫數無量無邊百千萬億阿僧祇劫；所以大通智勝如來滅度以來，已經像這樣子無法計算的時間了。

但是我釋迦如來有無礙的智慧，能夠知道大通智勝如來滅度當時的事情，以及大通智勝如來座下的聲聞以及菩薩們滅度的事，就如同看見現在正在滅度的聲聞等人一般無二，全都看得清楚分明。

諸比丘們！你們應當要知道，佛陀的智慧清淨而微妙；是無漏的，而且也是無所障礙的，所以能夠通達無量無數劫前的一切事情。】

講義：這段重頌中的意思，在長行的經文中已經詳細講解過了，諸位重聞偈頌以後都已經很清楚了，就不必再作細說。那麼，佛陀這樣子重頌說完了，接著又繼續說　大通智勝佛的事情。

經文：【佛告諸比丘：「大通智勝佛，壽五百四十萬億那由他劫。其佛本坐道場，破魔軍已，垂得阿耨多羅三藐三菩提，而諸佛法不現在前。如是一小劫乃至十小劫，結跏趺坐身心不動，而諸佛法猶不在前。爾時忉利諸天，先為彼佛於菩提樹下敷師子座，高一由旬，佛於此座當得阿耨多羅三藐三菩提。適坐此座，時諸梵天王雨眾天華，面百由旬，香風時來吹去萎華，更雨新者；如是不絕，滿十小劫供養於佛，乃至滅度常雨此華。四王諸天為供養佛，常擊天鼓，其餘諸天作天伎樂滿十小劫，至于滅度亦復如是。】

語譯：【佛陀告訴諸比丘們說：「在這樣不可計算的無量恆河沙數劫之前，再往前無量無邊百千萬億阿僧祇劫之前，大通智勝佛的壽命有五百四十萬億那由他劫。（這個還眞的很難想像。）當時這一尊大通智勝如來本來坐於道場，在祂破壞魔軍以後，即將獲得無上正等正覺時，各種佛法竟然一直還沒有現前。這樣子一小劫經過了、二小劫經過了，最後乃至十個小劫已經過去了，大通智勝如來結跏趺坐身心不動，而各種佛法仍然沒有現前。當時的忉利諸天，在大通智勝如來坐菩提座之前，就先為如來於菩提樹下敷設師子座，高達一由旬，大通智勝如來在這個金剛座上將會證得無上正等正覺。當大通智勝如來剛剛坐上這個金剛座的時候，諸梵天王都從天上散下種種不同的天華，散華的面積廣達一百由旬，當天華落下來到地上，大梵天王就以香風一陣一陣把地上枯萎的天華吹走，然後又重複再下新的天華；像這樣子整整十小劫供養於大通智勝佛；大通智勝佛成佛以後也是這樣繼續供養，一直到大通智勝如來滅度時，始終都是這樣不間斷地從天空降下這樣的天華而作供養。四王天諸天爲了供養大通智勝佛就常常敲擊天鼓，而其餘諸天就由乾闥婆們以諸天的樂器來演奏供佛，緊那羅就同時歌唱來一起供養大通智勝如來；諸天像這樣子從大通智勝佛上座以後供養滿足十小劫，乃至成佛以後也一直這樣繼續供養，直到大通智勝佛入滅度爲止。」】

講義：這一段經文好奇怪呵！釋迦如來坐道場，也就是二千五百多年前坐上吉祥草鋪設的法座時，那座位就被尊稱爲師子座，名爲坐道場。坐上道場之後，釋迦如來初夜大破魔軍，然後安靜下來時，四聖諦、十二因緣已經觀行完了；隨即以手按地的時候突然開悟了佛菩提，但這時候還沒有眞的成佛。當時開悟佛菩提了、明心了，可是還沒有成佛，爲什麼呢？因爲這時候只有大圓鏡智現前，還沒有成所作智，所以在利樂眾生上面直接可以發出來的許多功德，一時間都還沒有辦法運用，因爲這項功德還沒有現前。然後就這樣子一直等到東方天色已經有一點魚肚白的顏色時，例如你們如果去菜市場看到一條魚，背上黑黑的顏色，那就是深夜之色；把牠翻轉過來，看牠的肚子有點淺淺的白色，當然不是像虱目魚那麼白，而是像鯉魚肚子比黑背顏色淺一點，同時帶有很淺的一點點黃，由於東方天色已經有一點點亮了，天色就像那樣子；也就是天色即將開始變亮的時候，那時最亮的星星是什麼？是金星。《阿含經》中有一部經典說是「沸星」，「沸星」應該就是火星，所以我以往都把它說是火星；但其實不是火星，而是金星。那時最亮的星星就是金星，但是因爲《阿含經》譯的是「沸星」（滾沸的沸），所以我以前都把它說作火星，其實應該說是金星。那時候金星看起來非常明亮，如來當時看見金星時，當場眼見佛性，才能成佛。這是佛教界從來都不知道的事，直到我講出來爲止。

爲何要眼見佛性才能成佛？當最後身菩薩示現如同凡夫而證悟明心，隨後整理了全部佛法，再眼見佛性時，那是八識心王全部相應的，不單單是在如來藏的功德上面相應而已，所以這時連前五識也都與佛性相應，才會有成所作智現前，這時佛地所有功德全部顯現出來，可以運作自如，才算是已經成佛。所以 如來在那天的後夜，東方天光即將變亮的時候，看見金星而眼見佛性時才是眞的成佛了。但是有誰知道這個道理呢？沒有人知道。這個道理只有什麼樣的祖師才能知道？一定要有眼見佛性的人才會知道。所以，克勤大師就提出來說：「大通智勝佛，十劫坐道場，佛法不現前，不得成佛道。」

接著就請問當時佛教界所有大禪師們：「你們總說是開悟了，請問你們，大通智勝佛已經證悟了，但是祂十劫坐於道場之中，佛法竟然還不能全部現前而無法成就佛道，爲什麼會這樣？」

那些眞正開悟的禪宗大祖師們，各個都答不出來，眞的沒有人答得出來，因爲根本就不懂。他們只知道明心開悟的內容而已，而他們所謂的見性，就像六祖惠能說的一樣，都只是看見如來藏原本具有的成佛之性。然而看見如來藏的成佛之性，並不是《大般涅槃經》中世尊說的眼見佛性，那完全不一樣，依舊只是開悟明心而已。由於這個緣故，當時所有證悟的大禪師們有誰能答得出來？沒有人答得出來。這就是說，同樣是開悟，但深淺之間相差很大。譬如《六祖壇經》講「見性成佛」，那是見什麼性？那只是看見如來藏所具有的成佛之性而已，並不是《大般涅槃經》中世尊講的能使人成佛的眼見佛性。所以他們所謂的明心、見性，其實是同一個，因爲明心就看見如來藏具有讓人成佛的自性，只是看見這個自性，但不是已經看見佛性。所以，克勤大師這一句提問出來，當時沒有人能應答。當然，只有他的徒弟才能答，外面沒有人能答，因爲外面沒有人眼見佛性；只有在他調教下，才有辦法眼見佛性。所以，《阿含經》所講的 釋迦如來半夜明心，卻是在後夜天亮前眼見金星而看見佛性時才算眞的成佛了。這個道理在經上沒有很明顯的解說，只有講出那個過程，但一直都沒有人知道爲何如此，其他的經典中也沒有提到爲何是如此。

現在《法華經》這裡 世尊講得很清楚，也是故意這麼講。大通智勝佛上了祂的師子座以後開悟了，這就是「坐道場」；開悟後竟然坐在眞如境界中十個小劫，佛法依舊不能現前；十小劫是多久？想想看，那終究不是幾天或幾年，即使是以年爲單位都很難計算清楚。「**大通智勝佛，十劫坐道場，佛法不現前，不得成佛道。**」這也表示說，釋迦如來是從初夜降魔以後，經由四聖諦、因緣法的整理使三明六通大阿羅漢的證境回復，到了半夜明心開悟時，也還沒有成佛，因爲成佛的過程還沒走完；直到天色將明之前看見金星而眼見佛性，這時成所作智現前了，才算是具足佛法，才能說是成佛了。但是 釋迦如來這個過程示現的時間太短，還不到一整個晚上就全部完成了；所以敘述起來時大家沒有什麼特別感覺，就不會警覺到這裡面有什麼大文章了。就好像某一個很精緻的物品，你看它是這麼小小的一個，看了並沒有什麼感覺；可是拿放大鏡把它放大二十倍給大家看，才知道說：「哎呀！原來裡面大有乾坤。」終於才瞭解：「喔！這個東西太珍貴了，得要放大了才會知道是如此珍貴。」現在，大通智勝如來開悟明心了，竟然「十劫坐道場，佛法不現前，不得成佛道」，這就等於 釋迦如來那個晚上成佛過程的放大版。把這放大版給你看，你總該看清楚了嘛！

世尊在那天的半夜直到天將明之前的全部過程，就是 大通智勝佛坐道場的十小劫過程。但是問題來了，爲什麼明心開悟後，已經正式坐於如來道場中了，結果竟然十小劫之久還不能成佛？因爲佛法還沒有全部現前。佛法沒有全部現前，怎麼能說是成佛呢？可是爲什麼開悟明心以後佛法還不現前？十小劫啊！時間眞的很長久啊！當然，這樣十小劫之久也是好事，有心想要修福德的人，這時所修的福德最大；那時諸天整整十小劫不斷地以天華供養，不斷地敲天鼓以及演奏伎樂供養、歌頌供養，哪有一尊佛可以讓你供養這麼久的？而且是成佛前的最後階段，是一切供養中所得福德最大的供養。還有一種供養的功德、福德都很大，就是諸佛即將入滅前的最後一餐，那個福德功德也是無量無邊廣大。

大通智勝如來可以讓人家這樣供養十小劫，在祂即將成佛最後階段的整整十小劫，也是悲心大願而讓大家有機會廣植福田。但是，我們回歸到原來的問題：爲什麼坐上金剛座以後—坐上金剛座就表示已經開悟明心了—爲什麼繼續經歷十小劫之久，佛法還不現前？是因爲成所作智還沒有現行。開悟的時候第六識有上品而且是圓滿的妙觀察智，第七識有上品而且圓滿的平等性智，那麼第八識本身所具有的大圓鏡智這時也圓滿發起了，可是前五識還沒有相應的成所作智，因此無法五個識各自去運作，也無法每一個識的心所法各自運作去利樂眾生，這樣就不具足成佛時應有的功德。當這個成所作智現前的時候，八識心王的每一個識都可以單獨去利樂眾生，這八個識的每一個心所法也可以各自去利樂眾生，你要怎麼想像這種功德？咱們眞的無法想像。但是，成所作智現前以後就有這個能力，問題是成所作智要怎麼樣才能現前？就是要在最後身菩薩位開悟明心後，再到了眼見佛性時，成所作智才會現前。

諸位想一想：世尊以 大通智勝如來的成佛過程講解給我們聽，那麼大眾對 釋迦如來示現初夜降魔、中夜明心，天明之前眼見佛性而成佛，大家應該就可以稍稍理解了。所以，如果有人悟了以後主張說：「明心就是見性，見性就是明心。」我得要問他：「那麼請你解答，爲什麼釋迦如來中夜明心開悟時還不能成佛？爲什麼一定要等到天亮前，看見金星時才能成佛？道理何在？而往昔『大通智勝佛』開悟後，『十劫坐道場，佛法不現前，不得成佛道』，這是爲什麼？」又沒辦法解釋了！但他們往往很簡單就解決了：「因爲那個只是神話。」那麼問題又來了：「您說那個只是神話，那是不是在謗佛說：佛陀閒著無聊而說戲論。」因爲現在我的《阿含正義》書中已經舉證大乘諸經眞是 佛說了，那麼他們這樣的言說就等於是控告 世尊在講戲論，是不是這樣？他們的意思看來好像是說，父母親爲了哄孩子，講一點故事。是這樣嗎？是後人編造的故事嗎？絕對不是！因爲 佛陀是如實語者、不誑語者；而後代的佛弟子不可能講出這種意識思惟不到的勝妙道理。所以，這意思在告訴我們說：佛法非同小可，不是小事。

學佛人往往都會落到二邊去，一般是說「開悟是不可能的」。但是進了正覺同修會，因爲咱們手頭太寬鬆了，所以幫他開悟了，他卻說「開悟沒什麼」，然後自以爲是。也有人自以爲跟 佛陀已經一樣了，因此誇口說：「你蕭老師不算啥，我們早就證得佛地眞如了。」這是二〇〇三年眞正發生過的事情，那就是不懂佛法才會那樣說。所以，他們退轉了以後我問他們有沒有眼見佛性？怎能自稱成佛了？他們因此有一次又改口說：「沒有什麼眼見佛性，明心就是見性，所以你明心了就是見性，就是十住菩薩了。」這麼簡單喲？但是，經典上的第七住與第十住位所證內涵大大不同，那個說法他們要怎麼解決呢？這是現成的問題，不能夠蒙著眼睛說：「我沒有看見那些經文，所以問題不存在。」只把眼睛蒙起來而看不見問題，但是那些問題還是繼續存在，不能說自己沒看見就不存在，所以這裡面是大有文章的。

如果不是明心了以後，又從大地上看見自己的佛性，你根本不瞭解這其中的道理，那就無法解釋說：「爲什麼釋迦如來降伏魔軍以後，把聲聞法、緣覺法都整理通達了，接著半夜明心而通達般若實相了，爲什麼還不能成佛？」就無法弄清楚了。如果這一些都通，當然就知道，是因爲還沒有看見金星之前，由於還沒有眼見佛性，所以成所作智不現前，當然「不得成佛道」。一定得成所作智現前之後，才可能使一切佛法具足圓滿現前，這樣才能夠稱爲成佛。

那麼 釋迦如來與 大通智勝佛又有一點不同，大通智勝佛沒有示現修苦行，但是 釋迦如來特地示現修了六年苦行，每天只吃一粒麻一粒麥。每天只吃一粒麻跟一粒麥，這樣維持六年下來變成什麼模樣？請行政組把經櫥裡面那一尊石雕的六年苦行之像，看什麼時候請出來，安置在供桌上一、二週，讓大家瞻仰瞻仰；那已經是前胸貼後背，所有的血管都顯露出來了，因爲已經都沒有肌肉了。可是 世尊爲什麼要這樣？最後身菩薩難道不懂苦行不能使人成佛嗎？當然知道。七住位不退轉住的菩薩明心以後就知道修苦行跟開悟無關，早就知道了；更何況 釋迦如來並不是二千五百多年前才成佛，是很早以前就成佛的，這回只是應化而來，因爲這裡眾生證悟三乘菩提的緣熟了，也因爲往昔兄弟千人所發的一劫之中前後次第成佛的大願；也爲了過去世祂所度的有情現在證悟的因緣成熟了，所以來這裡下生感應眾生的緣，來這裡示現成佛，讓大家知道說：以人身修行是可以成佛的，不必羨慕天人們的天身。

但是，明知道修苦行與成佛無關，爲什麼還要六年苦行？因爲這裡的這個時劫，眾生具足五濁。這六年苦行是外道們全部作不到的，有誰能夠日食一麻一麥，這樣足足修了六年？這個世界的眾生具足五濁，信不具足，當然就只好用這樣的方式來示現，讓眾生看看說：「你看！佛陀作得到，咱們全都作不到。」可是 佛陀六年苦行之後，竟然還是放棄了，說苦行不能成佛，要修不苦不樂行，要去參禪開悟明心和見性，才能成佛。這樣親身用六年時光，來陪著眾生，示現給眾生看，眾生才終於相信說：「六年的苦行眞的不簡單，咱們都作不到；可是如來還是放棄苦行，得要修學眞正可以成佛的明心與見性，才能成佛，顯然成佛是很珍貴的。」這樣眾生才會珍惜，這時讓眾生知道成佛眞的很珍貴，也知道六年苦行都沒辦法成佛，還是要捨棄苦行而依靠智慧才能成佛，這樣眾生才會懂得珍惜智慧。

「大通智勝佛」這樣示現「十劫坐道場」，可不是 釋迦如來夜裡坐二個時辰；因爲夜半明心，再從夜半而到天將亮時見性，大約算是凌晨四點鐘，東方還是黑濛濛地，那時的大圓鏡智境界已經成就了，可是畢竟距離究竟佛地的天亮還很遙遠；但是再過一會兒，東方有一點魚肚白的天色了，金星出來時顯得很明亮，這時一見之下，突然一念相應而眼見佛性了，成所作智現前了，才眞的成佛了。所以，開悟明心時不等於成佛，「一悟即至佛地」只是方便說，是在理上來看：對啊！你悟的是如來藏，諸佛悟的也是如來藏，改個名字叫無垢識，還是因地原來的第八識；所以你眞的開悟了，你所在的那個境界相，就是跟諸佛所在的第八識境界相一樣，都是第八識。但那畢竟只是從理上來看，從實際功德來看：相差可就不可以道里計了，不可以說是相差一公里、二公里，用公里爲單位來計算是無法算清楚的，眞是天地懸隔。

這就是說，五濁之世成佛時一定要這樣示現，因爲五濁惡世的眾生聰明伶俐而不信因果，如果不是這樣辛苦去獲得，大家不會眞的信受。事實也是如此，我們度眾生時正是這樣：以前打禪三時統統有獎，參到最後一天，如果還參不出來時，那些參不出來的人都叫到小參室裡明講。但是明講以後呢，結果百分之九十幾都不信受，法身慧命就死掉了；以致於如今一百個人只剩下二、三個，其他都死掉了！爲什麼呢？因爲早產太嚴重。他們都還不該出生，就把他們提前八個月生下來了，所以嚴重早產的人後來都死掉，只剩下那幾個資質比較好的人活下來。

所以在五濁的時代中，乃至正法時代都還會如此；因爲人壽百歲的時候具足五濁，信根不夠而無信力，慧根也不夠，當然就沒有慧力。可是　彌勒菩薩下來人間成佛時就不一樣了，那時候人壽八萬四千歲，大家都學乖了，不會再不信邪了，所以祂今天晚上出家，明天就成佛了，大家一樣會信受。那麼，這個道理諸位懂了，就不會再隨順人家說的：明心就是見性，見性就是明心。如果有人繼續那樣主張，就問他：「為什麼『大通智勝佛』悟後，『十劫坐道場，佛法不現前，不得成佛道』？」你就問他這個問題，叫他口掛壁上。這樣說完了，接著 佛陀又怎麼說呢？

經文：【「諸比丘！大通智勝佛過十小劫，諸佛之法乃現在前，成阿耨多羅三藐三菩提。其佛未出家時，有十六子，其第一者名曰智積。諸子各有種種珍異玩好之具，聞父得成阿耨多羅三藐三菩提，皆捨所珍，往詣佛所，諸母涕泣而隨送之。其祖轉輪聖王，與一百大臣及餘百千萬億人民，皆共圍繞，隨至道場；咸欲親近大通智勝如來，供養恭敬尊重讚歎。到已，頭面禮足，繞佛畢已，一心合掌瞻仰世尊，以偈頌曰：

大威德世尊，為度眾生故，於無量億劫，爾乃得成佛；

諸願已具足，善哉吉無上。世尊甚希有，一坐十小劫，身體及手足，靜然安不動；其心常惔泊，未曾有散亂；
究竟永寂滅，安住無漏法。今者見世尊，安隱成佛道；
我等得善利，稱慶大歡喜。
眾生常苦惱，盲瞑無導師；不識苦盡道，不知求解脫；
長夜增惡趣，減損諸天眾，從冥入於冥，永不聞佛名。
今佛得最上、安隱無漏道；我等及天人，為得最大利；
是故咸稽首、歸命無上尊。

語譯：【「諸比丘！大通智勝佛在師子座上經過了十小劫，諸佛所應得之法才現在前，成為無上正等正覺。大通智勝佛還未出家之前，有十六個兒子，他的第一個兒子名為智積。這十六個兒子都各有種種很珍貴奇異而可以遊戲的玩好之具，他們聽聞父親已經成為無上正等正覺之後，就全部捨棄了所珍愛的所有玩具，前往大通智勝佛的所在覲謁，而他們各自的母親們，當時個個涕泣而追隨送行他們前往大通智勝佛的所在。他們的祖父轉輪聖王，也與一百位大臣以及其餘百千萬億的人民圍繞著，隨後跟著這十六個兒子來到大通智勝佛的師子座前；全部都想要親近大通智勝如來，一起供養恭敬尊重和讚歎。當他們到達大通智勝佛面前時，都以五體投地的方式禮拜大通智勝佛，並且在佛前右繞三匝之後，大家專心一志合掌瞻仰大通智勝世尊，然後就以偈來讚頌：

大威德的世尊，爲了度化眾生的緣故，於無量億劫辛苦修行，然後才能夠成佛；這時諸願都已經具足了，這實在是最大的善事，世間所有吉祥都不能超過成佛這件事。

世尊眞是非常非常地希有，這一坐就經過了十個小劫，在這十個小劫之中身體以及手足，全部都在安住的模樣而沒有動作；

心裡面常常都是清憺而寧靜的，不曾有過一絲一毫的散亂；住於究竟而且是永遠寂滅的境界之中，安住於無漏法。

如今我們看見世尊，安定而幽隱，無人所能了知而成就了佛道。

我們可以親自遇到世尊，都一定可以獲得很良善的大利益，所以我們大眾心中互相宣稱得到了大吉慶、獲得了大歡喜。

眾生永遠都有苦惱，而且沒有智慧光明又沒有導師來作教導；所以不能夠認識苦滅盡的究竟道理，也不知要如何去尋求解脫；

在無明的漫漫長夜裡面不斷地增長了許多惡趣的眾生，因此而減損了諸天的天眾；總是從暗冥之中又再進入另一個暗冥之中，永遠都聽聞不到佛世尊的名號。

如今佛世尊獲得最高無上的、安隱的無漏道；我們這些人以及諸天天人在您座下，當然都會獲得最大的利益；由於這個緣故，所以我們大家一起來禮拜世尊、來歸命於無上尊。」

講義：大通智勝如來經過了十小劫之後才眼見佛性，成所作智現前，於是一切佛法才終於現前，成爲無上正等正覺。可是 大通智勝如來出家之前是太子，因此祂出家前總共生了十六個兒子。十六個兒子，教養也是蠻費事，不過好在因爲祂是太子，所以有幾個妃子，也有奶媽，當然每一位孩子也都有老師來教導他們。這十六個孩子第一位名字叫作智積——智慧的累積，這名字也很好。太子所生的兒子當然一定都有「種種珍異玩好之具」，除了玩具以外，太子的父親當然要好好栽培這一些孫子，除了教育之外，當然也有各種讓他們遊玩之具，讓他們有時可以散散心。如果以現代來講，大國王的兒子出家去了，他對孫子們會給什麼玩具？小孩年紀小，有年紀小的玩具；

但是如果說他的太子出家，那麼他的孫子大概年紀也都至少是少年了吧！譬如說，如果以現在最有錢的國王沙烏地阿拉伯，他最有錢，那他的大孩子玩具大概是什麼？可能是法拉利、藍寶堅尼，搞不好還有直昇機，那就是他們的「珍異玩好之具」。

在那個時劫，他們的「珍異玩好之具」，我們就不用猜測，因爲我們又看不見。總之就是「珍異玩好之具」，有很多種就對了，所以快活地過日子。但他們沒想到父親會成佛，後來聽到說父親眞的成佛了，那時當然是成佛比較重要，那些玩具也就無所謂了，所以就都放下，大家相約去見父親佛——去見大通智勝如來。在他們相約的過程中，當然他們的母親都知道。大通智勝如來出家前到底是有幾個妃子，這經文中沒講，當然不只一位，所以說「諸母涕泣而隨送之」。爲什麼涕泣呢？因爲孩子們去見老爸，但老爸是佛，你說這些孩子們怎麼可能不被度？一定會被度出家，出家就不再是自己的兒子了。諸位媽媽！妳們看兒子的時候，是不是就覺得那是心頭的一塊肉？對啊！如果你們還沒有學佛，明知道這孩子去見老爸佛陀，一定會跟著出家，那心情當然不單是五味雜陳而已，一定是心酸得不得了，所以「諸母」當然就是「涕泣而隨送之」。因為不管怎麼樣，跟著去，總是還看得見孩子；如果不跟著去，就是看到現在為止，所以當然要「隨送」，便跟隨著孩子一起送到　大通智勝如來面前去。

因為這個緣故，驚動了　大通智勝如來出家前的父親，祂的父親是轉輪聖王，就是說，這十六個兒子的祖父是轉輪聖王，知道以後當然也就一起去了；不但如此，他還攜帶著隨行的一百位大臣。一百位大臣，以現在來講就是副總統、行政院長、四院院長、各部的首長、各委員會的主席或委員長，全部都去了；而且還有一百大臣之下的其餘百千萬億人民跟隨著，因為轉輪聖王都要去了，人民怎麼還不肯去？於是大家都跟著去了。所以這時祖父與孫子，加上那一些媳婦們、大臣們及人民就圍繞著王家，就這樣一起出發，隨著這十六個兒子前往　大通智勝佛所坐的那個師子座前（那個師子座就稱為道場），大家同樣都想要親近　大通智勝如來。前去親近時，當然要有所供養，有的帶一朵華，有的也許帶著一兩黃金，或者帶著什麼，總之或者水果、或者什麼東西去供養，表示恭敬。

大家到達以後，就以恭敬的態度來尊重，並且加以讚歎；到了那個地方的時候要先頭面禮足；頭面禮足時不一定就是碰到 佛陀的腳；也就是說，佛陀的腳是接觸地面的，如果我們把額頭接觸地面，就等於接觸 佛陀的腳下，這個也可以叫作頭面禮足的大禮。如果是頭面捉足禮，就不一樣了！這個禮節有說到捉足，但捉足並不是眞的把 佛陀的腳捉住，而是把額頭輕輕靠在 佛陀的腳盤上面，然後兩手伸到 佛陀的腳後跟輕輕碰觸；不可以眞的捉住，那就很失禮。只能夠碰著，用你的四個手指頭碰著 如來的腳後跟，這樣就叫作捉足；這時額頭是碰在 佛陀的腳盤上面，這也可以叫頭面接足禮，或者叫頭面捉足禮。那麼，他這個是頭面禮足，因爲人那麼多，不可能每人都是如此接觸 如來的腳盤，而且 大通智勝佛的法座很高，所以這個頭面接足禮就是五體投地的意思。

頭面禮足以後，還要在 佛前右繞三匝；右繞時是順時鐘的方向，才叫作右繞。也就是說，要在 佛陀面前繞三圈。如果你只有一個人，小小的圈子走三圈，就叫作右繞三匝。人很多的時候，若是循著大圈子右繞，那右繞時間可就很長很久了。有沒有看見電視報導？他們穆斯林去麥加朝聖，在那個石碑也是右繞，可是他們不只是右繞三匝，一繞就是繞老半天，其實三匝就足夠表示誠意了。那麼右繞三匝，是以印度的古禮來實行。那右繞三匝，目的在幹什麼？你把前面給 佛陀看見了，惡意在心的人也許背後帶著一把刀，所以你要右繞三匝以示袒誠而無遮隱。因爲一次可能看不清楚，要繞三次，顯示自己是很誠心而完全沒有惡意的。右繞三匝在世俗法裡面，本來就是這樣的意思；這是世俗法中最恭敬的方式，就是禮拜以後右繞三匝。世俗法中最恭敬的方法就只有這樣，人間再也沒有更恭敬的表示方法，所以見了佛陀也只好這樣。

那麼這樣繞 佛完畢了，當然是一心合掌瞻仰 世尊。爲什麼是一心？因爲當時你不會散亂。當你面見 佛陀的時候，你心中不可能打妄想。佛陀的威德以及仁慈會使你很專心，不必你訓練定力，遇見了 佛陀自然就會很專心。你若沒有定力，遇見了也是會專心的，因爲那時候你連目光都不想移開，眼睛都捨不得眨。如果你遇見過 佛陀的召見，你會感受到這樣子。因爲實在太慈悲了，你很想親近，可是祂又太威嚴，使你不敢放肆。在心中就一直希望 佛陀會有什麼開示，你心中根本不會有妄想；所以只要是眞想學佛的人，不管原來心思多麼散亂，遇到 佛陀時就變得一心了。這意思就是說，大通智勝佛出現時，是在無量恆河沙數不可計算劫數之前的無量無邊百千萬億阿僧祇劫之前；但是 大通智勝佛這樣示現一坐十小劫，當然眾生很難相信有人真的可以如此，所以他們就讚頌說：「**世尊真的是大威德**，」爲什麼是大威德呢？因爲福慧兩足。

「**大威德世尊，爲度眾生故，於無量億劫，爾乃得成佛；諸願已具足，善哉吉無上。**」威德之所從來，就是福德與智慧兩種都圓滿，這才叫作大威德。你們看密宗畫的唐卡赫魯噶，他們叫作大威德金剛；他們認爲他有什麼大威德？是因爲他會噴火，可是那是什麼火？那叫慾火與瞋火。那既然是慾火與瞋火，當他們看見佛門中護持正法的清淨護法神的時候，會怎麼樣呢？會覺得羞愧。當他們覺得羞愧的時候，那火就只好消滅了；當他們的火不在了，還會有威德嗎？連小威德都沒有了，何況大威德？密宗那一些所謂的護法金剛，你們注意去瞧瞧，那些護法金剛們個個都是牛頭馬面，若不是牛頭馬面，那就是山精鬼魅的模樣，哪有什麼大威德？哪能叫作大威德金剛？大威德金剛不是他們講的那個，他們是完全不懂的；大威德金剛就是《阿含經》中講的密迹金剛，可是密迹金剛專門在滅雙身法，這種道理他們還不懂。

在諸天法界中，誰的智慧與福德比較高，誰的威德就比較大，就是這樣子。那麼在人間，同樣也有這個情形，誰的權力最大，誰最有錢，他的威德就是最大。所以你看，那大企業主不管去到哪裡，誰都恭敬；當他身邊好多人恭敬他的時候，一般人看了就不敢對他放肆，他就有威德。一樣的道理，在佛菩提道中也是如此，智慧越高，福德越高，他的威德就越重。可是智慧越高，福德越高，是表示什麼呢？是表示他利樂眾生已經很久、很久，利樂很多有情了，那他的慈悲也就最重。所以，慈悲重與不重，是跟福德、威德聯結在一起的；因爲只有慈悲心越重的人，才會利樂越多眾生；利樂越多眾生，福德就越多，威德就越強。所以在佛菩提道中跟世間法不一樣，在佛菩提道中，當他的慈悲越強的時候，就表示他的福德越大，因爲他已經利樂很多眾生了。大概沒想到這一點吧？慈悲竟然跟福德是有聯結的，但確實是密不可分。

「世尊甚希有，一坐十小劫，身體及手足，靜然安不動；」那麼，世尊當然是福德與智慧都已經圓滿了，才能被稱爲世尊，所以當然是大威德者。那麼，大通智勝如來爲了度眾生的緣故，經過無量億劫的修行與度眾生的過程了，最後才終於願意成佛；這是故意坐道場那麼久，是因為祂要攝受無量無數的眾生，因此當祂的願已經具足了，這時叫作「善哉」，而你對這件事情只能稱讚，沒有一絲一毫可以譏嫌。這是吉中之吉，沒有什麼吉事可以超越於成佛，所以是「吉無上」。而 大通智勝如來稀有到「一坐十小劫」，眞是沒有人能想得到。一般人，你叫他說：「你坐一個鐘頭，什麼都不要想。」他可就受不了了。剛開始他會說：「那還不簡單？你只要提供一萬塊錢當作報酬，我可以坐一個鐘頭不打妄想。」你說：「好！眞的呵！」好啊！坐坐看，坐不到五秒鐘，他就投降了：「不行啦！會打妄想，從頭來。」「好，重來。你想重來就讓你重來。」重來以後還是一樣，總是五秒、十秒，再一個五秒、十秒，反反覆覆，就是不能夠不打妄想，都沒辦法啦！只有證得深厚未到地定的人，才可以說他坐下來一個鐘頭都沒妄想；一般人是不可能的，那得要經過多久的修行啊！

可是 大通智勝如來整整十小劫都沒有妄想，住在大圓鏡智之中一心不亂，就這樣坐十個小劫，那你說，眾生佩服不佩服呢？佩服啊！所以「身體及手足，靜然安不動」，這個還是小事啊！最難的就是心不動，心不動才是眞正的大苦行。好多人修苦行，只是自苦其身，而且說晚上不睡覺，每夜都不上床，修不倒單，其實只是坐在那邊打呼；即使白天坐在那邊都會作白日夢，那樣只是坐著睡覺而已。既然只是坐著睡覺，何不躺下來睡覺？乾脆一點嘛！所以眞正要修定，或者想要心得決定制心一處而不動搖，不是用不倒單來修的。修定想要修得好，反而是要睡一覺，睡飽了再來修定，但是要有方法來修，不能盲修瞎練；然後一旦進了定境安住下來，等他出定以後，他睡不著覺，因爲精神變得很好，所以能夠制心一處十小劫，這才是大苦行。身苦行，不算什麼。

這時十六位王子接著讚歎說：「**其心常憺泊，未曾有散亂。**」因爲住於大圓鏡智智慧境界之中，完全在那個智慧境界裡面領受法樂，都不動轉，心是清明而空虛的，沒有任何的負擔，完全沒有任何妄想存在，這個才叫作：「**究竟永寂滅，安住無漏法。**」那麼，這樣子十小劫，也是沒有人能作得到，那你說，當 大通智勝佛出來度眾生時，誰不信服？莫說人們作不到，諸天也作不到。所以，能夠有這樣的 佛陀示現成佛，而可以現前親近，當然得到大「**善利**」，這時當然要互相稱慶：某甲轉過頭跟某乙說：「**我們眞的値得**

慶幸。」某乙轉過頭來想要跟某丙講，某丙卻已經在跟某丁講話：「我們眞的值得慶幸。」這叫作「稱慶」。大家都很歡喜，忍不住那個歡喜，想要對左鄰右舍講一講：「我們太幸運了，我們遇到大通智勝如來了。」這叫作「稱慶大歡喜」。

接著話鋒一轉就說：「眾生常苦惱，盲瞑無導師；」確實如此，佛陀出現在人間之前都是這樣，不論哪一尊佛出現之前都一樣；有佛出現於人間之前，都是「眾生常苦惱」。苦惱的時候卻又不知道自己正在苦惱，所以叫作「盲瞑」；就好像瞎了眼睛的人，又正好是在暗夜裡，怎麼可能看得見路？當然看不見。盲而加上瞑，當然看不見，那就必須要有人來指導。所以有人來指導時，這個能指導的人就稱爲「導師」。導就是引導，師就是教導的意思，能夠引導和教導的人才能被稱爲「導師」。如果人家說我要得解脫，那個來作引導教導的人，不但教導錯了，引導的方向也錯了，那就不能稱爲「導師」了。因此，所謂「導師」一定是說他所教導的知見、方法、理論全都正確，然後所引導要走的方向也是正確的，那才能稱爲「導師」。可是，佛陀出現在人間之前，沒有人能教導正確的知見、方法以及引導向正確的方向。

「不識苦盡道，不知求解脫；」因為眾生總是「不識苦盡道」，更是「不知求解脫」；苦盡之道，是要怎麼樣盡？那些方法都不曉得，只有 佛陀提出來講：什麼是苦，苦要怎麼樣滅盡，苦盡之道又是什麼法道，把這些方法都講清楚。然而眾生都不知道，說句不客氣底話，一般眾生根本就不曾想過要求解脫，眾生總是輪迴到很快樂；當至親的家人生離死別時，也是痛苦到很快樂。對啊！因為他們都不知道說那是痛苦，反而覺得說：「哎呀！好在我有跟老爸這樣相處一世，要不然我怎麼辦啦！」不知道自己正在痛苦，他還不知道，還慶幸說有老爸跟他相處一世，可是他生離死別的痛苦根由不是老爸嗎？因為有這個老爸，他才會生離死別的痛苦嘛！如果他生來就沒有老爸，他會有這個苦嗎？所以，眾生眞的叫作「不識苦盡道，不知求解脫」。他不知道那個有的本身便是苦，如果眾生都懂得苦，佛陀何必要講愛別離呢？就不須要為眾生演說愛別離的苦，所以眾生「不識苦盡道」，根本就不知苦，何況苦盡之道？所以都不知道求解脫。

「長夜增惡趣，減損諸天眾，」因此，眾生就這樣一直在無明長夜之中，為了追求世間法上的利益，不斷地造惡業，因此三惡道的眾生就增加了。有時候偶然作點善事，卻是完全沒有慈心，於是成爲阿修羅，這樣就減損了諸天天眾。所以，欲界天的天人很討厭一件事，就是看見人類在廣行善事時，卻都沒有慈悲心；因爲他已經看見這一些人將來都會成爲阿修羅，阿修羅會跟諸天爭鬥天主天人們的天位，所以會有戰爭。欲界天人一旦戰爭起來，有的胳膊斷了，有的腳斷了等等，也是很痛苦，所以他們最不希望看見的就是阿修羅眾增加；當阿修羅眾增加了，就表示他們天界的勢力是等比例損減。所以，如果看見世間人行善，這行善的人脾氣卻都很暴躁，他們就不喜歡了。如果世間人大家在行善，也都在講慈悲、忍辱，天人看了就很歡喜：「哎呀！**我們將來天眾會增加很多。**」因爲行善者之中能夠證道而不生天的人是極少數，但那一些沒有證道的人都會出生到欲界天來，天眾人數就增加了，表示阿修羅跟著減少了，那麼阿修羅眾就不會來跟他們打仗。所以「**長夜增惡趣**」的結果，就是「**減損諸天眾**」。

「**從冥入於冥，永不聞佛名。**」眾生都是「**從冥入於冥**」，且不說眾生，你們看大乘佛法地區百年以來，有好多人在修學佛法；號稱學佛的人眞的太多了，然而不都是「**從冥入於冥**」嗎？檯面上的人物，個個都說他們是大修行者，然而這些大修行者竟然也都沒有斷我見；往往又說他們都開悟了，又都自稱是聖僧，結果竟然也沒有斷我見，悖離了聲聞菩提；所謂的開悟竟又落到意識裡面去，不離識陰範疇；像這樣子想要脫離無明，結果又入於更深的暗冥之中；因爲他們是大妄語，所以要墮落惡道，那不是比人間的無明更黑暗嗎？人間的黑暗不過是半天，過去了便又有光明；再來個半天，黑暗過去又有光明；可是下了地獄，什麼時候能看見太陽？再也看不見了，只能看見那個滾沸的油鼎下面的火光，那可不是太陽，因此說那些人眞的是「從冥入於冥」。不幸的，這竟然已是末法時代人間佛教中的正常事情，因爲在六識論的人間佛教之中，自大的人永遠都會有很多。越到末法時代，自大的人越多，有幾個大師可以如實說法？你們看見有幾個是如實說法的？從檯面上你們找出來看。所以「從冥入於冥」的人太多了，「入於冥」之後就是住在三惡道中很久，什麼時候才有機會可以聽到諸佛的名號呢？「釋迦如來、彌陀世尊、琉璃光如來」，這些名號根本都聽不見。不但名號聽不見，連「佛」這個字都聽不見。

他們都瞭解這個情形，所以在 大通智勝佛前就讚歎說：「今佛得最上、安隱無漏道；我等及天人，爲得最大利；是故咸稽首、歸命無上尊。」意思是說：「如今佛陀得到最上的果位，安隱地住於無漏道中；我們可以親自值遇到佛陀，」可以親值 大通智勝如來，當然是得到最大利益的人，所以說：「我們是得到最大利益的人；由於這個緣故，我們所有人都來稽首、歸命於無上至尊的佛陀。」表明所有人都來歸命於 大通智勝佛。只要遇到 佛，你就能夠得到利益，沒有不得利的人。即使信根不具、善根不足，被人家拉了去說：「如今有佛出現在人間了，我們趕快去。」跟著別人去了以後，見到 佛陀時只是半信半疑點個頭，遠遠地坐下來聽法；只是那一點頭也有功德，所以沒有不得利的。

如果懂得帶一顆好水果來，面前禮拜完了上呈供養，佛陀如果接受了，那可是不得了，未來世一定可以開悟。如果那一世有努力修學，當世也就悟了。所以，只要遇見 佛陀都有大利，就怕遇不見，所以他們才說：「今佛得最上、安隱無漏道；我等及天人，爲得最大利。」他們十六個是 大通智勝如來的兒子，當然應該「得最大利」，還有誰能比他們「得最大利」？因爲能當 如來出家前的孩子，一定過去世跟祂有很深厚的因緣。凡是當最後身菩薩的兒子，那個往昔宿世的因緣都是很深厚的，當然會得到最大的利益。聽說父親成佛了，這時當然要趕快去禮拜歸命，這就是他們把自己的心境老實地說出來。那麼，接下來如何呢？世尊繼續開示說：

經文：【「爾時十六王子偈讚佛已，勸請世尊轉於法輪，咸作是言：『世尊說法，多所安隱、憐愍、饒益諸天人民。』重說偈言：

世雄無等倫，百福自莊嚴；得無上智慧，願為世間說。
度脫於我等，及諸眾生類；為分別顯示，令得是智慧；
若我等得佛，眾生亦復然。
世尊知眾生，深心之所念；亦知所行道，又知智慧力，
欲樂及修福，宿命所行業；世尊悉知已，當轉無上輪。」】

語譯：釋迦如來接著開示說：【「在那個時候，十六位王子以偈讚頌大通智勝佛以後，接著勸請大通智勝如來向大家轉法輪，他們全部都這樣說：『世尊為大眾說法，能夠對很多人有大利益，讓很多人可以安隱下來而不再浮動，因此得證解脫，並且也是憐愍和饒益諸天以及所有的人民。』這樣請求完了，重新以偈這樣說道：

如來是三界世間最大的雄猛聖者，沒有其他的有情可以相提並論，並且以非常多的福德來作自己的莊嚴；也已獲得無上的智慧，祈願世尊爲世間大眾來演說。

以說法來度脫我們這一些人，以及不同的眾生種類；來爲眾生分別說明無上的智慧並顯示無上智慧的境界，令眾生可以同樣獲得世尊的智慧；

如果我們隨從世尊的教導而修行以後，將來可以成佛，眾生也會跟我們一樣在未來成佛。

世尊完全了知眾生們，在深心之中對於解脫的所求；

也知道成佛之道所應當行走的正確道路，又同時知道眾生所能夠瞭解的成佛之道的智慧力量到底有多少，世尊也瞭解眾生心中所想要獲得的快樂，也知道眾生能夠如何修集福業，並且知悉眾生往世無量劫以來所造作的各種業行；

世尊既然已經完全了知眾生這一些事情之後，接著應當要爲眾生來運轉無上的法輪。」】

講義：這就是說，大通智勝如來的十六位王子，以前面所說的偈頌讚歎大通智勝如來以後，當然接著就要「**請轉法輪**」。見佛時是應當要恭敬尊重讚歎的，但是讚歎以後一定要請佛陀轉法輪，這才符合菩薩行。受菩薩戒之後，有一個戒是說：若家裡有喜事、有喪事，或有其他重大事項處理完了，一定要請法師說法；看誰能說法，就請那位善能說法的人來爲大眾說法；或者說自己能爲大眾說法，就自己爲眾生說法。由此看來，轉法輪顯然是很重要的事。

以前有道場爲人家舉辦佛化婚禮，有沒有？他們辦佛化婚禮時有沒有說法？如果有說法，所說的法對不對？有沒有謗佛謗法？所以，如果要實行佛化婚禮，要請人來說法時，還得要先看看那個人是誰？他能說什麼法？這樣才能修得福德。如果請來的人是個否定大乘法的，是個否定第八識如來藏的人，他主張說：「**釋迦如來已經灰飛煙滅，如來已經不存在了，剩下的只是佛弟子對祂的永恆懷念。**」那麼請他說了法以後，不但沒有增加福德，還損減了福德。假使他是有先受菩薩戒的，請了這樣的人來說法，就連他自己都已犯戒了，那眞叫作冤枉啊！所以，「**轉法輪**」是很重要的事，正受菩薩戒以後，家裡有喜事時得要說一點法，家裡有喪事時更要說法，這才是符合菩薩的戒行；如果遇到有最後身菩薩成佛了，當然要立即前來供養恭敬讚歎，接著一定要「**請轉法輪**」。所以，這十六位王子就請他們的父親佛陀 大通智勝如來為眾生說法。

那麼，他們當然已經知道「**世尊說法，多所安隱、憐愍、饒益諸天人民**」。安隱，為什麼不叫安穩？你看佛經裡面都說安隱，不說安穩；因為安穩是世俗法，表示說有個什麼在那裡，覺得很穩定而不會被人奪走、不會被人傾倒，才會叫作穩。「隱」則是有一種人家所不知道的意思存在，能安而且是隱，就表示說，你的所得、你的所證，是讓你可以安心，決定不疑，心不動搖，但是別人卻不知道你的所證是什麼，這才叫作「**安隱**」，「**隱**」就是人家看不見、不瞭解。凡是三乘菩提的所證都是「**安隱**」的，沒有說你證得三乘菩提以後，你的所證是世俗人大家都知道的。人家只知道說你證得初果，可是證初果的內容是什麼？不知道。最多的是只知道說你開悟了，但你開悟的內容是什麼？他們不知道。也許可以說是知道啊！就是證如來藏啊！但如來藏是什麼？依舊是不知道。所以那是幽隱難知的，而你證得以後，心整個就安下來，再也不會懷疑，而且很篤定說：「這個一定沒錯，我將來就是這樣走下去。」所以叫作「**安隱**」。

那麼，世尊說法為什麼又叫作「**憐愍**」？因為諸佛世尊對待一切佛弟子都像看待自己的孩子一樣；可是孩子們到如今還在三心二意，不肯精進學佛，就在心中生起憐愍；或者孩子們雖然很努力在修學，可是始終得不到個入處，所以心中很憐愍。心中很憐愍，而又說法能夠令眾生「**安隱**」，那一定會「**饒益諸天人民**」。諸佛是把一切眾生當作孩子一樣看待的，世間的至親無過於父母子女，所以這樣的心態能夠安隱眾生，當然就可以「**饒益諸天人民**」。

台北已經缺水很久，聽說石門水庫都快乾涸了，這回有颱風，算是送一些水來給我們，應該說是喜獲甘霖。然而人間並非事事美好，往往一則以喜一則以憂，所以當政者心中當然要緊張，擔心害怕會不會再來一次北部的八八風災而被淹水。但是我們大家只要在道業上努力，把邪法趕出佛教界，人天同慶，當然災難就會隨著減少，所以我們用不著去擔心，讓給該擔心的人去擔心就行了，我們只管接受甘霖。

上週講到七十七頁倒數第三行，是說：十六位王子以偈讚歎 大通智勝佛之後，勸請 世尊轉法輪，當他們讚歎 大通智勝世尊說：「世尊說法，多所安隱、憐愍、饒益諸天人民。」說完之後，是以頌再重新講一遍說：

「世尊乃是三界世間最雄猛的人，沒有人能夠和世尊相等，也無法與世尊同一品類，世尊有百種福德用來莊嚴自己；也得到了至高無上的智慧，祈願世尊爲世間眾生宣說世尊的所證。可以度脫於我們這一些人，以及其他的眾生各個種類；爲一切有情加以分別和顯示，令大眾都獲得世尊這樣的智慧；如果我們大眾將來可以得佛，眾生也就和我們一樣也可以得佛。

世尊善於了知眾生深心之中之所想念；也知道一切眾生所行的種種法道，也能夠知道一切眾生的智慧力，並且也知道一切眾生心中所喜愛，以及他們的趣向，並且了知他們在修什麼樣的福業，乃至了知一切眾生從過往無量劫以來，他們所修習的種種業行；世尊這樣觀察完全了知以後，應當要爲大眾來運轉無上的法輪。」

這就是說，大通智勝佛的十六位王子，以前面的偈頌讚歎 大通智勝如來之後，接著重新請 世尊來轉法輪。請諸佛轉法輪，一般是大梵天王的事。

但在 大通智勝佛的時候，因爲這十六位王子有他們深厚的善根與福德，所以大梵天王觀察時勢就沒有擅自出頭了，就由這十六位王子來讚歎 佛陀，並且請 佛轉法輪。第一句是說：「世雄無等倫，百福自莊嚴。」世尊，這兩個字，顧名思義就是世間之至尊。那麼，至尊是沒有人能超越的，所以稱爲至尊。而世間的至尊，這表示祂的福德與智慧是三界世間無人能超越的，所以稱爲世尊。

至尊或者世尊，這兩個名詞都不能隨意濫用，因爲「至尊」如果不加以界定說是人間的至尊，就意味著說他在宣示自己是三界中的至尊。如果是至尊，不管是他自己宣稱或被他的徒眾們宣稱爲至尊，那麼他是否該具有能夠被檢驗的本質？這是一定的。譬如有人生產一個產品，他宣稱說：「我們這個產品是非常好、非常好，如何好、如何好。」但他不宣稱爲第一，別人就沒有加以檢驗的很強烈必要。可是如果他宣稱是第一，比如說銷量第一或者性能第一，大家當然要檢驗他；因爲別人的產品也許比他好，或者明明別人比他好，人家當然要檢驗他而作個比對了。所以，凡是有人宣稱是至尊，當然就要有人檢驗他。

譬如說，假藏傳佛教的黃教宗喀巴，他的徒眾們都推崇他是至尊。那麼大家應該看看他是不是至尊？且不說佛的果證，不說菩薩、也不說阿羅漢的果證，單說聲聞初果的證德就好：聲聞初果斷三縛結，三縛結之一，或者說三縛結的首要，就是斷身見，又名我見；那麼，宗喀巴主張意識是三世輪迴的主體，主張意識是不斷滅的，所以他在《廣論》中公然宣稱意識是「結生相續識」。請問：他落在五陰中的哪一陰？落在識陰裡面。因為意識只是識陰中的一個心，含攝在識陰之中；由此可見他沒有斷我見，連聲聞初果都談不上。像他這樣的人，連當聲聞初果都沒資格了，竟然可以被推崇為佛法中的至尊？所以你們如果看見西藏密宗推出什麼樣的貨品，那些貨品不管電鍍得多麼光明燦爛，你們都不要絲毫相信，因為那些全都是電鍍的，不是眞金，連鎏金都不是。又譬如說，假使有人主張：「萬教歸一宗，都從我這裡出去的，所以我是至尊。」那麼他該不該被檢驗？應該嘛！因為他等於就是向所有的宗教宣稱：「我是最高的。」既然他說是最高，當然別的宗教就要檢驗他；但是檢驗的結果還是落在世間法裡面，連聲聞初果都談不上。

所以，「世尊」或者「至尊」這兩個名稱都不能隨便用，懂的人就知道一定要先檢查自己有沒有那個實質。那麼，世尊或者至尊，之所以會成為三界世間的至尊，當然有其原因，也就是智慧圓滿無上，再也沒有人能超越了；還要再加上福德圓滿無上，也是沒有其他人能超越的；那麼福智二德全部圓滿，這才能夠稱爲三界至尊。所以諸佛的本質都一樣，都是三界至尊。那麼，如果菩薩修行成佛之後，福德圓滿無上，智慧圓滿無上，這時就表示說祂已經成佛了。這時成佛的本質，就是三界世間沒有任何人能與祂互相敵對的。所以，世尊在這裡就被讚歎爲「世雄」，因爲智慧圓滿無上，福德圓滿無上，那麼三界世間沒有誰能夠與祂相匹敵，所以當然是三界世間之雄。這十六位王子，顯然那時已經發起了過去世的某一些種子，所以懂得這樣讚歎他們已經成佛的父親——大通智勝佛。

又說「無等倫」，無等倫就是說：成佛之後，沒有任何有情能與祂相等，也沒有任何有情能夠說是跟祂同一類。等，就是平等的意思；倫，就是同一個種類的意思，或者說同一個種族。平等，是說除了諸佛以外，沒有人能跟諸佛平等。倫，譬如說：人有人倫，天有天倫。那麼，畜生有沒有畜生倫？有啦！但是很不圓滿，所以畜生往往可以亂來；但是畜生的倫是怎麼說的？

是誰最有力氣，誰最兇猛，就由誰當老大，這就是畜生倫，主要就是這些。但是人倫就不一樣了，人倫的建立，是從親屬的關係而來，再由親屬的關係擴而大之，所以儒家最後變成要供奉：天、地、君、親、師，共有五倫。可是，「天、地」畢竟只是一個建立，還是從人倫來推定而了知的，而且是帶有封建思想的，所以現在的「君」就是指國家。

那麼人倫是從父母、子女、兄弟、姊妹爲基礎來建立的，成員全部是人類，所以稱爲人倫。然後由人倫再向外擴充，才會有其他的諸倫。所以都是由自己一人的立場推究出去，就是有父母；再往上推，當然得要推及自己的長輩等親人，往下則是推及下輩等親人，最後是推及全部的親人。然後再往外推溯出去，例如師長的教育是自己所應該感念的，所以往往離開小學幾十年以後的同學開個同學會，就把小學時候的老師也請了來。請來開同學會時，往往同學會的參與者，所有同班同學大家都七十幾歲了，他們的老師卻可能還不到八十歲，因爲他們的老師當年可能是剛從師範專科學校畢業就來教導他們，師長弟子之間就只差六、七歲；但有時候歲數可能就差很遠了。這就稱爲「師」，師也屬於人倫之一。

然後，封建時代就要推而及君，因爲君王對民眾有生殺予奪的大權，也是應該爲眾生謀福利者。可是君王統治國家若沒有個藉口是不行的，就推說他是天子——天的兒子。因爲他是天的兒子，所以他有權力來統治中國，自稱天子，這也是人倫之一。可是從我們來看，天子只是誇言籠罩、建立君權，爲什麼呢？因爲他若是真的當了天子，最多只是當忉利天主或天人的兒子，對不對？但也只是忉利天天主的兒子，他當不上化樂天或者他化自在天的天主兒子，對不對？對啊！可是，咱們很多世以來都可以到初禪天、二禪天去，比他的天主老爸還大，對不對？對啊！因爲你如果可以生在初禪天、二禪天的人，那麼他的老爸才不過是欲界天的天主而已，當然你比他大，因爲你的層次遠比他們高，所以那個天子其實也不值一提。但是，也就這樣子建立了人倫之一。這個人倫裡面分成很多個階層，父母是一個階層，師長是一個階層，親人是一個階層，每一個階層就稱爲倫，同一個階層的人們就叫作同倫。一個家庭裡面分爲幾倫呢？父母爲一倫，子女是一倫；如果有孫子，孫子再一倫，祖父母是另一倫；那麼子女等人互相之間就稱爲同倫，兄弟姊妹之間就是同倫。那這樣子，這個倫的意思，諸位就懂了。

再來看看十法界，十法界總共就是四聖六凡法界。六凡法界即是六道眾生的境界，諸位都知道，四聖法界就是聲聞、緣覺、菩薩與佛。這四聖法界裡面，除了諸佛以外，沒有人可以跟任何一佛同倫，所以三界世間沒有任何有情可以和諸佛是同倫的，不可能跟 大通智勝佛平等而同倫，所以叫作「無等倫」。這十六位王子讚歎得眞好：「世雄無等倫。」眞的沒有人可以與 大通智勝佛同倫，意思是沒有人可以與 大通智勝佛平等，這眞是世間之雄。所以你看中國寺院，台灣這邊的傳統寺院到現在都還是如此，特別是早期蓋的寺院，那供奉 世尊的大殿就叫作大雄寶殿。這就是世雄的意思，因爲世間再也沒有人的威德可以超越於 世尊。

那爲什麼可以成爲「世雄」而「無等倫」？這原因就是後面的二句：「百福自莊嚴；得無上智慧。」世尊的福德沒有人能夠瞭解，唯有諸佛才能夠具足了知。這就是說，成佛的過程之中不但要修學無量智慧，還要修無量無邊的福德，才能夠滿足三十二種大人相。這三十二種大人相，一一相有無量好，不是憑空可以得來的；更不是像密宗用觀想的方法說我這個臉相觀想成多麼莊嚴，就有多麼莊嚴。不可能！那叫作打妄想，因爲他們不管再怎麼觀想，下一輩子還是沒有辦法得到諸佛的莊嚴相。就好像畫餅充飢，拿了紙，在上面畫了一個大餅，不論他畫得再怎麼像，終究充不了肚飢。所以，福德的莊嚴是要從利樂眾生中去修集，不是靠觀想可以成功絲毫的。

三十二大人相的每一相莫不如此，即使是智慧象徵的不見頂相或者白毫相，都仍然是依靠度化眾生實證三乘菩提而獲得的福德來成就的，不是自己去謀求利益而能夠買得到，更不是靠自己去觀想而能夠獲得。那麼，三十二種大人相的每一相都是如此，就是說，三十二大人相之所以會成為成佛的必要條件，它的原因就是顯示福德的圓滿與否；所以每一相有八十種隨形好，每一好又有無量好，說一一相都有各種隨形好，你想要怎麼成就呢？不是用畫的、用想的，而是靠利益眾生福德的累積來成就，所以這就稱為「**百福自莊嚴**」。因此，佛陀成佛時不必掛瓔珞，不必戴天冠，不必掛寶釧或什麼玉珮等等，全都用不著；因為這三十二種大人相與無量相好，大家一看就知道說：「**哎呀！不得了！還有誰的福德能比得上佛陀呢？**」所以在福德遠不如佛陀的狀況下，諸天來到人間拜見時，只有自慚形穢，哪敢起慢心呢？這就是在福德上面成為「世雄」的原因。

然而諸佛又證得無上智慧，因此沒有哪一倫的有情敢來向諸佛挑戰說：「你的智慧不如我。」都沒有人敢挑戰。不論什麼人在 佛前說法，心裡面都有一個擔憂：「佛陀會不會指點我說：你這裡講錯，那裡又講錯了。」所以，除非是與 佛陀配合來度眾生，在 佛陀授意下，讓你上來說什麼法，他就可以放心說；因爲知道 佛陀絕對不會指點他，他可以放心地說法。這就是說，諸佛的智慧是無上的，沒有哪一倫的眾生，可以和 佛陀相提並論，正因爲「百福自莊嚴；得無上智慧」，所以稱之爲「世雄無等倫」。

這十六位王子藉著偈頌，把 佛陀的本質顯示出來。顯示出來的目的，就是希望：「老爸佛陀把法傳給我們，您成佛了，您不是吝嗇者，我們稟承您的宗門風格，我們當然也不會當吝嗇者，眾生緣只要熟了，該給的我們就給，所以說『願爲世間說』。」就這樣向 大通智勝佛提出請求，這個請求也都是合理的。可是明天你們見了我，可不許說：「老師！您既然這樣講，那您現在就幫我開悟。」那可不行啊！這必然是有一個前提的，就是悟緣已經成熟了。如果緣還沒有熟，提早開悟了就會有後遺症。這種後遺症，我們弘法前後二十年以來已經看多了，現在不想再害人。所以如果有人要害人，我們也會設法加以規勸。

這就是說，一定在緣熟的情況才適合證悟；就好比兩棵樹上的果實，這一棵樹枝的果實熟了，農夫把它摘下來。另外一棵樹枝上的果實還生長不到一半，它就開口說：「農夫啊！你趕快來把我摘下來。」農夫連聽都不想聽。為什麼呢？因為摘下來以後也只能丟掉，不能受用啊！這意思就是說，請求佛陀教化是天經地義的，但是教化歸教化，實證的內涵是必須依緣而說的。假使現在哪一天　佛陀召見，我提出要求說：「佛啊！我這麼努力弘法，您是不是現在就幫我成為八地菩薩，好不好？」佛陀一定開罵：「你現在連當四地、六地都還不夠格，要當什麼八地菩薩？」一定是這樣罵的嘛！這就是說，請　佛轉法輪教化眾生是天經地義的，但是實證的部分要看個人根器層次的不同，來決定他應該在何時可以實證，這才是正確的。

接著是請求　大通智勝佛：「度脫於我等，及諸眾生類；為分別顯示，令得是智慧。」這就是佛教跟其他宗教不一樣之處，其他宗教之中，不管是哪一個教，他們的教主是永遠高高在上，沒有任何一個宗教像佛教這樣子可以要求平等成為教主的。如果有人向耶和華、阿拉、老母娘要求說：「您為我說法，將來我要跟您一樣當教主。」行不行？不行！你只要敢這麼開口，保證把你打入第十九層地獄——他們自己發明的地獄，然後永不超生：「你好大膽子！竟然敢奪我教主的位子。」這就是其他宗教。所以，凡是說法教化的結果，不是要讓信徒將來跟教主完全一樣的宗教，都不叫作佛教，所說的法都不是佛法，大家要有這個認知。諸佛說法永遠都希望所有的徒弟們，將來會跟自己完全平等，都能自己成佛。教導所有弟子們，希望將來所有弟子們也都要一樣成佛，這才是眞正的佛法。如果有哪一個宗教，它的教主說：「將來你們努力修行，統統圓滿以後，還是在我之下。」那就不是佛法，不管它的教理名稱叫不叫作佛法，全都不是佛法，諸位先要有這個認知。

那麼，這十六位王子要求 大通智勝佛：「請佛陀度脱我們，我們不想繼續輪迴在生死中和無明中。不但度脱我們這十六個孩子，還得要度脱諸眾生類。那麼在度脱的過程裡面，請佛陀爲我們加以分別。」意思是說：我們剛學習，很多法都不懂，佛陀您得要一一爲我們分別出來，然後顯示那個法的本質與內涵。不但如此，「而且要讓我們可以實證，讓我們得到佛陀您所教導的那一些智慧。」意思就是說，您可以成佛，您教給我們的，也要讓我們未來同樣可以成佛才行，不是您來當佛陀，我們永遠當不了佛陀；所以說：

「若我等得佛，眾生亦復然。」

這如果是在外教，那眞的叫作大逆不道；但這就是佛教，佛法的本質就是如此。如果佛法不是這樣，那就不能夠談「人無我、法無我」。所有的外教有哪一個教主願意承諾說，將來信徒努力修行以後可以跟他一樣崇高呢？都沒有啊！所以，那些教主們不管他們有沒有講佛法，顯然他們都沒有證得「人無我」，更不要說到「法無我」了。那麼這意思就是說：「經由佛陀您的教化，我們大家都可以成佛；我們十六個孩子將來都可以成佛，我們可以為眾生們演說佛法，所以其他的眾生也一樣，應該和我們一樣可以成佛。」這才叫作佛教。如果有人說他證得圓滿的佛法，可是他說只有他自己能夠具足圓滿證得，別人都不行，顯然就不是眞正的佛教。

接著說：「世尊知眾生，深心之所念；」成佛以後不可以說，哪一個眾生深心之中在想什麼、有什麼企圖，而祂不知道。眾生「深心之所念」，諸佛無所不知；不管誰，他把自己的企圖藏在多麼深的深心裡面而不顯露出來，諸佛也都會知道。不管哪個末法時代的眾生，他所能瞞的只是現在，但

是　佛陀從這一個眾生往前追溯無量劫去看，所有的業行都在裡面，怎麼會不知道他現在心裡在想什麼。所以如果有人在　佛前發願或者發誓或者發露，結果多所隱瞞。那是在騙佛，絕對是騙不成功的。

以前有一位法師打禪三的時候跪在　佛前宣示。那宣示文，你們參加禪三時都讀過、宣示過了。因爲他已在　佛前宣示了，我的想法是說，佛法回歸僧寶也很好，本來我弘法初期的理念也是這樣的。然而他只是爲了自己，不是爲了正法，所以解三後才一下山時就出車禍，把人家撞得很嚴重，醫生已經開出病危通知單。大家努力幫忙迴向，但醫生已經先宣布這個人沒救了。我們有位師兄當場問他：「你宣示的時候，沒有如實宣示，是不是？」「對啊！我本來就不接受那個宣示文。」「那你在佛前宣示幹嘛？這不是在騙佛嗎？」但問題是，能騙得了　佛嗎？不但騙不了　佛，連護法神都騙不過了。因爲他起心動念的時候，那護法神們大家都看得清清楚楚。後來大家很努力幫忙迴向，才終於救回來，否則那個官司他就吃定了，過失殺人得要負很重的刑事責任，是不是準備穿著僧服去裡面打坐呢？

所以有的人很愚癡，在　佛前發露的時候只發露一半。在　佛前發願的時候明明知道自己沒有那個意願要去作，竟然特地在 佛前發願，騙誰呢？連自己都騙不了了，還能騙 佛？所以那個行爲叫作愚癡。因爲即使是現前這一念都瞞不了 佛，更何況 佛陀有宿住隨念智力，可以看見每一個人過往的無量劫和現前心中的想法，早就一清二楚了。所以我都想，我對 佛陀沒什麼好騙的，爲什麼呢？其實每一個人就像 佛陀的那個小兒子一樣，心中在想什麼，佛陀都知道。會不會幹壞事？佛陀也都知道；會不會努力去修行？會不會努力護持正法？會不會努力利樂眾生？佛陀全都知道。可是，有的人偏偏就不信，心裡想：「哎呀！佛陀哪會知道？」這就是愚癡，表示他對 佛陀的內涵是完全無所知的。那麼，世尊了知眾生「深心之所念」，這個事情諸位一定要記住，不要以爲自己心裡面在想什麼，佛陀不知道。沒有這回事。我們每一個人，且不說我們，連等覺菩薩所想也都一樣，在 佛陀面前其實就像一個透明的人一樣，祂完全把你看透，正因爲這個緣故，所以才能稱爲世雄。

「**亦知所行道，又知智慧力，欲樂及修福，宿命所行業；世尊悉知已，當轉無上輪。**」每一個眾生現在修什麼道，過去世無量劫以來的每一世修什麼道，成爲世尊之後沒有不知道的。那麼，到底每一個有情的智慧力有多少，他們的慧力從慧根發展出來以後成熟了多少？佛陀沒有不知的。如果不知道這一點而說他成佛了，那都是自欺欺人。然後眾生心裡面想要什麼，心中的意樂是什麼，以及眾生這一世和過去無量劫以來修了什麼福德，而過去無量劫以來到底都在作什麼，曾經發過什麼願，積極去作過什麼，無所不知。正因爲無所不知，才能夠施設對治之法；也因爲無所不知，所以能夠爲諸阿羅漢們、爲諸菩薩們授記。連未來無量阿僧祇劫以後的事都可以授記了，那麼過往無量劫前已經發生的事情，全都可以現見的舊事，又怎麼會不知道呢？諸位這樣子理解了以後，那麼對 佛陀的智慧，就有另一個不同層面的瞭解了。

瞭解了之後，還要不要繼續像以前那樣懷疑說：「我講這一句話沒有至誠，佛陀知不知道？」就不須要懷疑了，因爲九分的至誠中，只要有一分不至誠，自己會知道，難道 佛陀會不知道嗎？當然知道嘛！只要你自己知道了，佛陀就知道了，除非你自己完全不知道。什麼叫作自己不知道？就是迷迷糊糊昏昏沉沉，跟著人家行禮如儀，那才叫作自己不知道。如果自己發了願，而自己不知道，那還叫作發願嗎？那不能叫作發願，也就無所謂九分或者八分、一分了知的事情了。那根本不叫作發願，只是在混時間；把那一段時間混過去，趕快要回家休息了，他心中並沒有在發願。所以，只要你自己知道自己的至誠心有幾分，佛陀就知道。如果自己不知道，表示那一件業是在迷迷糊糊中去作的，那叫作無記。所以當他發了願，本來發願是善淨業，結果迷迷糊糊之中作了，那個願其實並沒有發成功；既沒有發成功，所以自己也不知道當時有沒有至誠心；因爲連發了什麼願，自己都記不得。若是連自己都不知道，當然 佛陀不須要知道，因爲那個根本就不叫發願。

所以，世尊之所以了知自己已經成佛，這也是一個自我檢驗的方式。也就是說，眾生這一些事相，世尊無有不知，這樣才能夠確定說自己是成佛了。這十六位王子這樣讚歎 大通智勝佛，表示他們對於成佛的本質已有深入了知，所以他們這樣述說了以後作了結論：當 世尊已經對這一些事情全部都知道了以後，一定是確定自己確實成佛了，接下來當然就是要爲大家運**「轉無上輪。」**也就是度化眾生的意思。那麼接下來，佛陀怎麼敘述 大通智勝佛時候的事呢？而很久以前的 大通智勝佛與 釋迦世尊有什麼因緣呢？最後則是大目犍連、摩訶迦旃延等大阿羅漢們又與 世尊有什麼宿世因緣呢？

請看 世尊的開示：

經文：【佛告諸比丘：「大通智勝佛，得阿耨多羅三藐三菩提時，十方各五百萬億諸佛世界六種震動，其國中間幽冥之處，日月威光所不能照，而皆大明。其中眾生各得相見，咸作是言：『此中云何忽生眾生，又其國界、諸天宮殿乃至梵宮，六種震動；大光普照，遍滿世界，勝諸天光。』爾時東方五百萬億諸國土中，梵天宮殿光明照曜，倍於常明。諸梵天王各作是念：『今者宮殿光明，昔所未有。以何因緣而現此相？』是時諸梵天王，即各相詣，共議此事。時彼眾中、有一大梵天王，名救一切，為諸梵眾而說偈言：

我等諸宮殿，光明昔未有；此是何因緣，宜各共求之。

為大德天生？為佛出世間？而此大光明、遍照於十方。」】

語譯：【釋迦牟尼佛接著又向諸比丘說：「以前大通智勝佛，證得無上正等正覺的時候，十方各五百萬億諸佛世界全都有六種的震動，這十方各五百萬億佛世界中的幽冥之處，是日月威光所不能照明的，但是這時都有大光明照曜到非常清楚。這十方各五百萬億世界裡的眾生都可以互相看見，於是大家都這樣子說：『我們這世界中爲什麼忽然間出生了這麼多眾生？我們這個國界、諸天的宮殿乃至初禪天的各種宮殿，也都有六種的震動；而這樣的大光明普遍的照明，遍滿於我們整個世界中，這個光明勝過諸天的光明。』這時東方五百萬億佛世界中，梵天的宮殿光明照曜，比以前更爲強烈，所有梵天的諸天王都這樣想：『如今宮殿的光明，不是以前所曾經有過的。究竟是什麼原因而顯現出這樣的光明相？』這時諸梵天王就互相拜訪，共同來商議這件事情。當時諸梵天王之中，有一位大梵天王，他的名稱叫作救一切，就爲諸梵天王以及梵天眾而說一首偈：

我們所有梵天王們的這一些宮殿，如今光明照曜的狀況，不是以前所曾有過的；這到底是什麼因緣呢？我們應該要共同來尋求瞭解。

到底是大威德的天王出生了？或者是有佛陀出現於世間？以至於使這樣的大光明、普遍地照曜於十方。」

講義：佛陀告訴諸比丘說：「久遠劫之前的大通智勝佛，證得無上正等正覺的時候，十方各五百萬億的諸佛世界都出現了六種震動，」十方，就是東、西、南、北、東南、東北、西南、西北以及上、下，十方的每一方各有五百萬億的諸佛世界產生六種震動。從古人的天文學所知，無法想像這麼多的佛世界，信根不夠的人就乾脆否定。可是現在的天文學，看來好像是漸漸向佛經裡所說的世界觀靠攏了。前些時候看到一個天文學的影片，說我們現在所知的天上所有的世界（現在天文學講的世界，已經不是一個太陽系，而是一個銀河系），一個一個無量無數的星雲漩系（或者叫作銀河系），就好比是在一張薄膜的二面存在而依附著。他們現在又有這種新的說法出來，這比以前的說法新；可是我們仍然要說他們眼光如豆，因為這只是蓮華藏世界海總共十九層中的一層而已，這其中的一層就好比一張薄膜一樣，有無數的銀河系世界依附而存在著。可是蓮華藏世界海中其他的好幾層呢？他們都不知道。更何況除了這個蓮華藏世界海以外，還有無量無數的世界海，他們更無法想像，因為他們的想法是要眼見為憑。目前的太空望遠鏡，就只能看到這麼多銀河系，但所看見的因為都依附在同一張薄膜上面；也就是說，蓮華藏世界海十九層的其中一層裡面的世界，他們就無法具足看見了，他們所說的內容，一大半還是用推論的，所以佛法中說的世界海，有很多是世俗人所無法

嘴巴掛到牆壁上。除此而外，無所能爲。這就是說，人類的所知非常有限，但不能因爲自己的所知所見很有限，就認定諸佛菩薩跟自己一樣也是所知有限。

所以現在我們把三乘菩提的法義宣示出來以後，那些所謂的天主天王等外教所謂的教主、救世主，下至佛門中極力主張大乘非佛說的大小法師們，別說他們能稍微看懂我的書中所說，其中的許多人甚至連文字表面的意思都無法瞭解，都還能夠讀到誤會。所以現在顯示一個情況：佛教界號稱成佛的人那麼多，結果竟然讀不懂我在書中說的三乘菩提正法，以至於還沒有一個人可以實證。爲什麼會這樣？都因爲自大，自以爲知。這才是他們最大的問題所在。他們以前是可以在佛教界隨意妄說佛法的，然而如果遇到適合弘法的機會，菩薩因此出現在人間，他們可就倒楣了。所以，對於經中的所說，除非我們有智慧去判斷它是僞經以外，不能隨意推翻或月旦。如果要判斷某一部經典是僞經，一定要有現量、聖教量及比量上的根據才能說出來；而那些根據還得要經得起三量的檢驗，因爲也有可能是僞經中所說的謬理，所以最好是老實一點、安分一點，只說自己所知道的部分，對於所不知道的，仰推給諸佛菩薩，就說：「這個不是我目前之所能知，但我願意繼續努力。」這樣才是修學佛法的聰明人，這樣的人就不會有慢。有慢的人在佛法上很難進步，必須要以一個大劫一個大劫，這樣來完成三大無量數劫。

話說回頭，大通智勝佛成爲無上正等正覺的時候，十方各五百萬億的諸佛世界都有六種震動。那麼這六種震動出現的時候，目的在作什麼？是要警覺大眾，要使所有人都不會忽略。譬如，假使有人講經時照本宣科依文解義，他自己也不懂眞正的義理，講經時當然不生動，座下聽法的人，大家就會聽到打瞌睡；所以他在講什麼，其實大家沒有眞的聽到。可是有一件事情，大家一定會注意到，就是突然地震；只要有較大的地震，昏沈的大眾一定會注意到，一定會警覺到。而且若是六種震動，不是只有一種，更會警覺到。我們大地震時大約是兩種，前後搖晃以及上下跳動，通常最多只有兩種。但是大通智勝佛成佛時的十方世界震動共有六種，大家當然會警覺到，這就是警覺大眾。

這時還有一個現象伴隨著出現：「其國中間幽冥之處，日月威光所不能照，而皆大明。」這就是說，人間跟忉利天是有日月光明所照；在欲界天的下二天中是日月光明之所遍照，而人間不一定照得到，因爲有時候在山陰就照不到了，或是溪谷深處可就照不到了。那麼，如果再往下，那餓鬼道、地獄道就更照不到了。如果是往上呢？到了忉利天還有日月光明，到夜摩天呢？日月光明已經距離很遠了，到兜率陀天呢？都沒有日月光明了，靠的是諸天天人自己的身光照耀。可是 大通智勝佛成佛的時候光明遍照，這一照下來，本來看不見的地方也都看見了。所以，以前同樣生活在幽冥界的有情所見都很有限，現在突然間被這大光明一照，很遠處的其他鬼道有情也都看得見了：「**沒想到我們這裡原來有這麼多眾生。**」大家很驚訝，所以才說「**這裡面怎麼突然間出生了這麼多眾生**」？其實不是，是以前他看不見而已，現在終於看見了，因爲大光明所照。

接著大家又看見國界之內以及諸天宮殿一直往上到初禪天，所有的宮殿都在震動，而且是六種的震動。如果只有一種搖晃的震動，而且不強烈時，有人說：「**這好像搖籃一樣，倒也不錯，繼續睡吧！不理它。**」可是如果上下跳動幾下，就想：「**不太對勁呵！**」這不過才兩種震動而已。如果前涌後低、後涌前低、左涌右下、右涌左下，那時能怎麼辦？立即警覺：「**喔！這個不得了。」當然會警覺。但是大家注意到有六種震動、有大光明照曜，也瞭解說：「這不是以前某一天的天人或者天主來到我們幽冥界探視我們。」或者說：「我們的境界中，連夜摩天、兜率天、化樂天、他化自在天等等日月光明之所不照，然而縱使是天主大梵天王來看我們，也沒有這麼亮過，而現在發覺竟然這麼亮，勝諸天光。」所以，這時他們當然會這樣想，也會這樣問：「為什麼會這樣？」

可是，如果你從欲界天再往上來到初禪天來看，那又不一樣：「梵天宮殿光明照曜，倍於常明。」為什麼「倍於常明」？因為本來是梵天王或者梵輔天、梵眾天，各人住於自己的宮殿中，就只是自己的身光所照，是平常的光明。但那些宮殿都是黃金所成，現在 大通智勝如來的強烈光明照耀過來，已經照耀到金碧輝煌時（真的叫作金碧輝煌，因為他們自己的身光都沒那麼強烈），現在真的是金碧輝煌，所以說「倍於常明」，那個光亮度是比以前平常的光明還要加倍。這時諸梵天王當然要「各作是念」，來想一想這個異常光明的原因；每一個佛世界都有十億梵天世間，也都有十億梵天王，這些梵天王們當然要互相來討論。大家一定會這麼想：「今天各自宮殿的光明是以前都沒看見過的，」因為 佛陀出現在人間不是常常有，雖然他們壽命很長，可不一定看見過 佛陀出現，所以這時候發覺說：「以前沒見過這麼強大的光明，到底是什麼因緣而顯現這樣的法相出來？」所以當然會互相尋找，共同討論這個奇怪的情況。這就像我們現在假使突然有奇怪的事情出現了，大家都會趕快打電話詢問，互通聲息：你那邊怎麼樣，我這邊怎麼樣。梵天王們不用打電話，他們一念之間就到了，所以互相找來找去，共議此事。

這時大眾之中有一個大梵天王，名字叫作「救一切」；他為什麼名為「救一切」梵天王？顯然他很愛管事，只要人家有事，他就想救助，所以稱為「救一切」梵天王；他就為那一些初禪天的大眾們說一首偈：

「我們大家各自都有宮殿，今天這種光明是過去所不曾有的；這到底是什麼因緣？大家應該共同來尋求，來證實它的原因。這個原因不外乎兩種：第一、就是有大威德的天王出生了，才會放出這麼強烈的光明來；第二、就是有佛陀出現於世間。」

大梵天王出生的時候都會大放光明，大梵天王是哪一天？是在初禪天中。初禪天有三種天，不是有三層的天，而是三個層次的天。有三個層次的天人，就是有三類的天人住在同一個初禪天裡面：一般的天人叫作梵眾天，另外一個最高位的天人叫作大梵天王，他來當初禪天的天王；可是他一個人管理不了那麼多人，就有很多人幫他來管這些梵眾天，那些人就叫作梵輔天，是輔助大梵天王來管理梵眾天。所以初禪三天是住在同一個地方，不是說初禪天分成三層天界。因此說，初禪天有三天，是講有三種天人：大梵天王、梵輔天以及梵眾天。大梵天王不是永遠當下去，不是像耶和華一樣；耶和華自己以爲說，他那個天王的位子可以由自己永遠當下去。其實他不知道，他的壽命從梵眾天來看，那也是太短了，梵眾天若是知道他的說法，心裡都會笑他說：「這個愚癡人，竟然說他自己是永生的。」我們佛弟子也會笑他。

如果哪一天耶和華眞的來了，我們也會笑他說：「你眞笨！永生的意思就是會永滅。因爲有生必滅，何曾有哪一個法是生而不滅的？既然有生必滅嘛！所以你永遠的生就永遠的滅，所以你這一世生了以後，未來你還是會死；死了以後會繼續生，生了再繼續死，就是永生永滅。」可是他一定聽不懂。你跟他詳說了，保證他還是不懂，因爲他會很固執地說：「從我出生到

現在，看著人們生了又死、死了又生，我到現在依舊還在。」他會以為他眞的永生。可是他不知道自己無法永遠當下去，不知道自己終究要退位，當他的福報用盡了，他就下墮了，他卻絲毫也不曉得。可是，梵眾天看到欲界諸天的天王常常在換人，他們都很清楚。所以，以此類推，說我們初禪天也是一樣。

所以，大梵天王自己也很清楚，自己無法永遠當下去，終究有一天自己會離開，換別人來當。既然自己如此，其他的初禪天當然也是如此。而且，自己往年剛剛當上大梵天王的時候光明照耀，讓其他的大梵天王都知道說他現在來就任了。當然他現在看見這種大放光明的情況，他也會想：「**是不是又有大梵天王出生了？**」那表示說，有人死掉了；一定有個大梵天王壽終而沒，然後新的大梵天王出生了。他會想，有可能是這樣子才會放光。如果不是這一種，那就只剩下另外一種了：「**就是佛陀出現於人間。**」他就告訴梵天大眾：「**只有這兩個原因，才會有這樣的大光明遍照於十方。**」接著五百萬億國土的梵天王，到底他們商量的結果是怎麼樣呢？再來看 佛陀如何說明：

經文：【「爾時五百萬億國土諸梵天王，與宮殿俱，各以衣裓盛諸天華，共詣西方推尋是相。見大通智勝如來，處于道場菩提樹下，坐師子座，諸天、龍王、乾闥婆、緊那羅、摩睺羅伽、人非人等，恭敬圍繞，及見十六王子請佛轉法輪。即時諸梵天王頭面禮佛，繞百千匝，即以天華而散佛上，其所散華如須彌山；并以供養佛菩提樹，其菩提樹高十由旬。華供養已，各以宮殿奉上彼佛，而作是言：『惟見哀愍，饒益我等。所獻宮殿，願垂納受。』時諸梵天王，即於佛前，一心同聲以偈頌曰：

世尊甚希有，難可得值遇；具無量功德，能救護一切。
天人之大師，哀愍於世間；十方諸眾生，普皆蒙饒益。
我等所從來，五百萬億國；捨深禪定樂，爲供養佛故。
我等先世福，宮殿甚嚴飾；今以奉世尊，惟願哀納受。」】

語譯：釋迦如來接著爲諸比丘們說明：

【「那時東方五百萬億國土的所有梵天王們，與自己的宮殿同時出發，各人以自己的衣服裝盛了很多天華，大家共同往西方去追尋，想要瞭解是大梵天王出世或是有佛出世，於是往西方推尋光明的來處；所以東方五百萬億國土的所有梵天王，往西方光線的來處去尋找，如是往西方經過一個佛土又一個佛土，一直繼續推尋：到底這光源是從何處來的。最後看見了大通智勝如來，安處於道場菩提樹下，坐在師子座上，諸天、龍王、乾闥婆、緊那羅、摩睺羅伽、人非人等，團團圍繞恭敬供養，又看見有十六位王子正在請佛轉法輪。這時東方五百萬億國土的諸梵天王，已知道光明是從這裡出來，確定是有菩薩成佛了，於是頭面禮佛、繞百千匝，以天華向大通智勝佛上方虛空散發，諸梵天王所散放出來的天華猶如須彌山那麼高；並且以這些天華來供養佛的菩提樹，而大通智勝佛的菩提樹高十由旬。當諸梵天王以天華供養完了以後，各自還以自己的宮殿奉上給大通智勝佛，而且這麼說：『我們大家一心所希望的，就是如來可以哀愍我們，可以饒益我們。我們大眾所獻的宮殿，希望如來垂哀納受。』這時候諸梵天王們，就在大通智勝如來面前，一心同聲以偈來讚頌大通智勝如來：

世尊眞是非常希有，眾生很難得有機會可以值遇；具足了無量的功德，而能夠救護一切的有情。

世尊是一切天、一切人之大師，哀愍有情而出現於世間；十方一切眾生，普遍都獲得世尊的饒益。

我們這些梵天王之所從來，是從東方的五百萬億佛國來的；捨離了深妙禪定境界中的快樂而來到這裡，是爲了供養佛陀的緣故。

我們由於過去世所修集的福德，擁有的宮殿非常莊嚴而有許多美妙的裝飾；如今就以這樣的宮殿奉上世尊，惟願世尊垂哀憐愍我們而接受這樣的供養。」

講義：這就是說，東方五百萬億國土的諸梵天王們，他們從東方來到　大通智勝佛的所在，他們的宮殿是一起同行的。在大乘經中，我記得《阿含經》也有這樣講過：「天人去到哪裡，宮殿就到那裡。」就好像現在有人以車爲家，車子開到哪裡，他就住在那裡，晚上就睡在車子裡面。那麼天人的宮殿既是住家也是交通工具，所以不論他們去到哪裡，宮殿就會隨行；他們就坐在宮殿裡面，想要去哪裡，宮殿就移到那裡去。因此他們從東方五百萬億佛土來的時候就是坐在宮殿中，此時這些宮殿就一起往西方來，然後各人都以他們的衣裓盛滿了各種各樣的天華，一起往西方來推尋。當然推尋到最後，一定會看見　大通智勝如來坐在「道場」中——明心後坐在成佛時菩提樹下的師子座上；大通智勝如來當時是被諸天眾人、非人、天龍八部等等所恭敬圍繞，而十六位王子正在請 佛轉法輪。他們這樣看見了，當然很清楚知道：不是「大威德天生」，而是有佛出現在世間。既然是 佛陀出現在世間，不是大威德梵天王出現在人間，當然就不只是噓寒問暖，所以要以「頭面禮佛」表示恭敬，並且還要右「繞百千匝」。

右「繞百千匝」，不單單是表示恭敬，因爲他們每一位梵天王都帶了很多天華，得要在虛空中右繞，才方便把天華散花供養，因此所散天華從空而下，積累下來如須彌山，實在是太多了。有人想：「那佛不被淹沒了？」不會啦！因爲他們身量高廣，不是像我們這種人間。諸梵天王不但如此，而且同時供養佛菩提樹，那佛菩提樹高有十由旬。前面講過 大通智勝佛的法座既高又廣，所以諸天散花供養時，自然也有他們的分寸。這樣子散花供養以後，接著就把宮殿奉上供養 大通智勝如來。他們這樣說：「我們唯一的希望是如來垂下哀愍之心，願意開示法要來饒益我們。至於所奉獻的宮殿，祈願世尊垂憐，願意納受。」

眾生供養諸佛世尊時，世尊不一定要接受；但若諸佛世尊接受供養以後，供養者的福德增長就非常廣大；那麼到底這個供養是自己得利？還是自己損失呢？這就很清楚了。世俗人的想法說：「佛爭一爐香，人爭一口氣。」那些不懂四聖法界的世俗人往往這麼講，然而諸天奉獻宮殿時諸佛都不看在眼裡，還需要去爭那小小的一爐香？可見他們完全不懂。那麼只要有佛陀願意接受供養，自己的福德增長可就無量無邊，爲什麼呢？因爲福田極殊勝。然後五百萬億國土來的諸梵天王，他們所擁有的宮殿可不是欲界天人擁有的宮殿，那是更勝妙的色界天宮殿，這樣供養如來，又叫作財勝。那麼供養之後，大通智勝如來即將宣說的法又是最殊勝的，而梵天王又是三界中很殊勝的有情。這就具有三勝：福田勝、供養物勝、施主勝。請問：這樣作了供養以後，未來世的福德大不大？這一想就通了。

田勝、施主勝、供物勝、法勝，這個布施的福德果報可眞不得了，就怕佛不願意接受；只要 大通智勝佛接受諸天這個供養，這些梵天王未來世的道業增長都會非常快速，所以他們請求說「願垂納受」。也就是說，用這麼勝妙的宮殿供養 大通智勝如來的時候，自己是以下心而作供養，希望 如來垂下哀憐之心來接受。如來不一定要接受，因爲接受了即是讓人家種福田。

如來當然知道眾生為什麼要供養祂，因為自己是大福田、勝福田、功德田，眾生供養之後未來世都會有大福德。如來無所不知，當然知道這一點；通常為了憐愍的緣故而會接受，接受以後當然不是自己一個人用；自己哪用得了那麼多？五百萬億的天宮，難道要這一分鐘住這裡，下一分鐘住另一個天宮嗎？不可能嘛！當然是為了垂憐的緣故，然後就把這一些天宮分配給所有的菩薩們使用，因此眞的叫作「願垂納受」。以前有人評論佛教說：「好話佛說盡。」說人間用來讚歎的最好言語都被佛弟子們拿來讚歎佛，都已經被讚歎佛陀的時候用光了。可是說句老實話，好話說盡還不足以讚歎諸佛的一分一毫，眞的不足以讚歎一分一毫啊！因為諸佛的功德難思議，人間的好話只能夠讚歎多少？

這時諸梵天王當然清楚這一點，心中就不打妄想，專心一意以偈來讚頌說：「世尊非常非常希有，很難得可以值遇；」想想也是：「大通智勝佛，十劫坐道場，佛法不現前，不得成佛道。」單單想那十劫就好，十小劫的時間有多長？開悟明心坐道場以後，經過十小劫才能成佛。如果在這之前，要等待多久才會有佛在世間成佛？在這以後又要多久才會有佛出現？單說要等大通智勝如來究竟成佛，明明祂已經出家在道場坐下來開悟明心了，偏偏大眾還要再等十小劫，那你說，如來容易值遇嗎？當然不容易啊！所以梵天王們一來就知道這個事情，知道諸佛眞的難可值遇。然而那是從梵天王那麼長的壽命來說。如果以我們人類的壽命來說，雖然說賢劫有一千尊佛，看來似乎很容易值遇如來。但我想要問問看：大家可以問問看自己值遇到了沒？先看看自己啊！這一世出生了，如來已在二千五百多年前過去了；未來世呢？還要等那麼久，才能等到 彌勒尊佛的成佛。回家以後說：「**到底什麼時候祂才會來人間？**」以前的人使用算盤，算了老半天，算不清楚；現在用計算機，還是得按上老半天。算一算，有人說十幾億年，有人說一億多年，那到底是多久？不要說久的，說比較短的一億多年好了。一億多年後，那時我們到哪裡去了？眞的很難想像，所以諸佛眞的很難值遇。

可是，難值遇是從表相上來說，其實只要你是努力在學佛，如理修學、如法受持，佛陀總是護念著。否則的話，爲什麼好多人去打禪三之前竟然夢見 佛陀，在夢中 佛陀還給他機鋒。證悟以前老是弄不懂：「**爲什麼佛陀對我這樣子？好奇怪！**」悟了以後才知道：「**原來佛陀是給我機鋒。**」那麼回頭想一想：「我王某某，我李某某，我是不是佛教界很重要的人物？」顯然不是啊！「我這個人名不見經傳，佛陀竟然肯來我夢中指點我。」請問，佛陀有沒有護念大眾？有啊！只看當事人開悟的因緣熟了沒有，值不值得 佛陀來指點一下。佛陀來指點的時候若還是悟不了，那沒關係；在我們幫助下悟了以後，當然知道原來 佛陀來指點的就是這個。這就是 如來的護念，這樣就使你悟後不會退轉；因為 佛陀來夢中跟你指點的就是這個，我幫你們實證的竟是同一個；既然是同一個，你對 如來有具足信心，悟了就不會退轉，這也是 如來的護念。可是悟緣沒到的時候，千萬不要怨天尤人，或是怨佛、怨菩薩說：「佛菩薩都不理我！」因為你的緣還沒有成熟，青澀的水果還不該被人家從樹上摘下來。

我想不會有人願意被事先摘下來，對不對？當農夫最忌諱的事，就是早計成熟。太早認定而錯誤判斷莊稼已經成熟了，於是就把稻子割下來，送進碾米廠一碾，不到三分之一，那就是早計成熟。所以聰明的農夫一定會先看看，那些稻穗飽了滿了終於垂下來了，他才會去收割。所以，早計成熟是不好的，我們寧可等候大家長得飽滿，最好是枝枒幾乎承受不住了，再收割下來，這樣才是最好的品質。就好像說，有的人處胎五、六個月就被生產下來，叫作早產兒；得要住進保溫箱很久，有沒有人願意當早產兒？自己想一想。如果你不願意當早產兒，就不要希望有人提前把你剖腹生下來；對不對？對！所以 如來的護念都只會在適當的時機出現，時機還沒有到的時候不會出現，只是默默地觀察著。

因此我們也不必抱怨說：「哎呀！我這一世生下來，看不見釋迦佛陀，佛陀已經過去了；未來那麼久以後，彌勒佛出現在人間的時候，我會不會還在這裡？我眞的沒有把握。」也不用這樣想，因爲你有承事的願在，到時候你自然就會生在 彌勒佛座下，別擔心！因爲 釋迦如來早就爲我們作過保證了，祂曾經向 彌勒菩薩說：「你將來成佛的時候，聲聞三會九十六億、九十四億、九十二億人成阿羅漢，都是我釋迦如來的弟子。」釋迦如來的聲聞弟子之中，凡是還沒有辦法證初果的人，到時候在 彌勒尊佛座下都會證得阿羅漢；那麼這樣當 釋迦如來的末法時世弟子，即使當凡夫弟子也值得嘛！有沒有想到這一點？以前沒想到，現在想到了吧？應該想到啊！

因爲要成爲阿羅漢眞的不容易，當年 佛陀在世的時候，阿羅漢才那麼多而已；一千二百五十位大阿羅漢，加上他們座下各自另有阿羅漢弟子們，雖然說是有很多，可是更多的卻是凡夫；那也沒有關係，將來 彌勒菩薩來人間成佛，龍華三會時連同現在還是凡夫的 釋迦世尊的弟子們，那時都會成爲阿羅漢，當然那時的菩薩可就不計其數了。而你們不是聲聞人，你們是菩薩，將來在 彌勒尊佛座下，不是只有龍華三會時先當阿羅漢而已，要瞭解這一點。釋迦如來已經有這樣的授記了，你們將來一定會生在 彌勒佛陀座下先成爲阿羅漢，然後成爲菩薩，這有什麼不好呢？這樣想起來，有沒有覺得很幸福？對嘛！所以不要一天到晚怨天尤人，或是怨佛、怨菩薩，都不必怨！很多人都只看眼前，可是如果從賢劫千佛來看的話，我們實在是太幸福了。實在很幸福，就在一劫之中可以值遇千尊佛，可以培植多麼大的福德，這是天大的幸福。

那麼，依 大通智勝如來那時候的情況來說，世間出現世尊確實甚希有，難可得値遇；因爲單單是坐道場的師子座下，這一坐經過十劫才成佛，想要等祂究竟成佛，眞的要有耐心。如果沒有耐心，那怎麼辦？心想：今天還沒有成佛，下個月也沒有成佛，明年也沒有成佛，下一劫也沒有成佛，是不是會覺得很不耐煩？爲什麼等這麼久？可是必定有原因，才要讓你等這麼久；因爲要這樣子，大眾才會覺得珍貴，不然諸佛是那麼好遇見的啊？眾生都是這樣子。如果大菩薩住在他家隔壁，他每天看菩薩吃早餐了，又吃午餐了；然後看見菩薩吃晚餐了，洗澡了，睡覺了，然後就說：「那菩薩還不跟我們一樣？」對不對？是啊！可是，他不知道菩薩有著與他大不一樣的地方，譬如說菩薩有大福德、有妙智慧；又如菩薩本就可以不必來人間，他住在色界天中，又何需吃飯與沐浴、睡覺？可是願意來人間與人類一樣受苦，這裡面可是有很多的不一樣，但眾生是不懂的，我們就得把各個層面都爲大家說明。

那麼，「世尊甚希有，難可得值遇」，上面說的只是很多希有中的一種，可是更希有的是「具無量功德，能救護一切」；乃至下了地獄以後，佛陀也能救度，只是要不要去干預因果而已。所以，提婆達多下地獄，佛陀派阿難尊者去看他，獄卒說：「我們地獄裡面有很多個提婆達多，你要找哪一個？」阿難說：「釋迦佛陀座下那個提婆達多。」「喔！有！在那裡。」然後去見了他，把佛陀的話帶給他，結果他竟然說：「我在地獄中不苦了。」因爲他知道佛陀護念著他，所以就很高興，結果竟說他自己是住在地獄中猶如三禪之樂，可是他必須要繼續完成他的任務，他是要來扮演反派的角色。提婆達多是以身教示現來教化眾生的，這是一場無生大戲，各人演各人的角色，而且要演得很像，不許有絲毫破綻。那麼佛陀一護念，他就馬上轉變，從破法者轉變成爲正面示現者，於是住在地獄中受苦時，竟然猶如三禪之樂而不再有苦，但是必須要示現繼續待在那裡。所以，佛陀眞的有無量功德，並且能救護一切眾生；因此，這些梵天王們這麼讚歎，沒有浮語、沒有誇語。

梵天王們又讚歎說：「天人之大師，哀愍於世間；十方諸眾生，普皆蒙饒益。」佛陀與諸佛都一樣，是一切天、一切人之大師。這顯示出來，有的宗教說：「我們天主如何、如何、如何偉大。」但天主將來還是要接受諸佛教化，才能證得聲聞初果乃至成爲菩薩，偉大在哪裡？且不說諸佛的教化，義理太深妙；單說菩薩在人間演說的妙法，天主們都聽不懂了，有什麼偉大？你如果有智慧，就會瞭解這一點，知道我這樣子講，不是在貶抑天主，只是說如實語，把眞實的景況說出來。所以，佛陀從來就可以不必來人間受苦的，卻又來人間爲大眾說法，成爲人與諸天的大師，就得同時領受因爲取人身而不得不接受的冷熱饑渴生老病死等苦，這純粹是因爲哀愍於世間的緣故。當

拜供養之後以偈讚佛；讚佛完了，所有梵天王每一個人都向大通智勝佛請求：『非常的祈望世尊能夠爲大眾轉法輪，把輪轉生死中的眾生們度脫，請求世尊爲眾生開演實證涅槃的方法。』當時諸梵天王各個這樣請求完了以後，又一心同聲以偈這麼說：

世尊是三界之雄，也是福慧兩足的至尊，惟願世尊爲大眾演說佛法；以大慈悲的威德力，來度脫苦惱的眾生們。

這樣一心同聲說完了這首偈，這時候大通智勝如來就默然應許了。】

講義：這是說，從東方這五百萬億佛土前來的所有梵天王們，這樣來請求大通智勝如來轉法輪。凡是有佛出現於世間，梵天王們所應該作的事情，就是請佛住世、請轉法輪。這當然也有他們自己的私心，因爲如果諸佛轉法輪，初禪天眾就會增加很多，這是他們最喜歡的。但是從另一方面來講，他們請佛轉法輪，只要佛應許了，他們就有大功德，他們一定會來請佛轉法輪；所以只要有佛陀出現於人間的跡象，他們一定不會放過。這是增加功德與福德的大好機會，他們當然不會放過，一定來請佛轉法輪。至於轉法輪的目的，當然是度脫苦難的眾生，而度脫苦難眾生的方法，就是要讓眾生遠離生死苦惱，當然得要開演出實證不生不死涅槃境界的法道；這個法門究竟應該怎麼修、內涵如何，當然應該要開演出來，讓眾生可以實際上去修證涅槃道。所以，這些梵天王們一心同聲說了偈來請求，大通智勝如來一定也會允許。

如來度眾生當然是大慈悲力，如果不是大慈悲力，如來不可能出現在三界中來度眾生。因爲從眾生一無所知的狀況，要度他們成爲阿羅漢，就已經夠困難了；何況度爲阿羅漢以後，還要讓他們迴心大乘，在這之前就已經要作很多弘化的工作，那是長期而且沒有企圖、沒有所得的辛苦事。這種辛苦的差事，在無數劫度眾生到緣熟的時候來示現成佛，讓眾生成爲阿羅漢以後，還沒有休止，接著還要繼續攝受這些阿羅漢們成爲菩薩，然後幫助這些菩薩們如何次第到達佛地。這都要不斷地攝受，不是輕鬆的工作，而且不是三五劫、一二百劫就可以完成的事，然而諸佛如來對這事情完全沒有任何的怯弱之心。

諸佛如來都可以在成佛之後就入滅（筆者註：入地菩薩世世都有能力入無餘涅槃），都可以不必再繼續不斷示現於人間度眾生，但是眾生不瞭解，往往毀謗說：「**如來是要來跟我們競爭供養，害我們沒有供養，如來是來貪供養的。**」

這眞的叫作愚癡眾生。如來的弟子阿羅漢都可以不貪供養了，都可以把自己捨了出三界，而阿羅漢只是諸佛如來弟子之中層次最淺的人，上面還有諸菩薩；諸地菩薩都是要從阿羅漢位繼續修習圓滿功成，才能成爲如來，那怎麼可能來跟這些外道們爭供養呢？所以，外道們不懂就說：「釋迦如來是要來跟我們爭供養。」但是，且不說如來，也不說阿羅漢，也不說菩薩們，單說能夠證得禪定的外道們，他們就不必來與一般外道們爭供養了；他們都已經可以生到色界天去了，何必來人間與外道們互爭供養？飲食對他們而言，反而是一種粗重。外道們不懂，所以毀謗說：「釋迦佛來跟我們爭供養。」那眞叫作愚癡之人。

到了末法時代的今天，也有一些弘法者跟人家諍論時，竟然脫口而出：「佛爭一爐香，所以我爭一口氣。」諸佛需要來跟人家爭那一爐香嗎？「阿彌陀佛！！！」只能感嘆地大呼一聲：「阿彌陀佛！」連佛法中的弘法者都還會這樣講，說佛陀還得要跟人家爭一爐香；我們只能說，這眞的叫作末法時期啦！連阿羅漢都不爭了，菩薩更不爭，諸佛還需要爭嗎？所以，這樣的說法是不懂什麼叫作「大慈悲力」，諸佛都是以「大慈悲力」，才可能降生在三界中。對諸佛而言，留在三界中可不是快樂的事；能夠看到眾生得度，才是快樂的事。諸佛菩薩根本不必來三界中受苦，可是爲什麼還要繼續不斷來三界中受苦呢？都是因爲大慈悲的力量驅動著，所以才願意持續不斷來三界中示現度脫苦惱眾生。

那麼，從東方五百萬億諸佛土來的無量無數梵天王，共同請求 大通智勝如來之後，「**爾時大通智勝如來，默然許之**」。如來應許的時候通常是以默然的方式，如來不會直接開口應許說：「好！待會兒吧！」就只是默許。所以，你們也看到《阿含經》裡面有很多記載：有人來求法，釋迦佛陀爲他說法，所謂「**施論、戒論、生天之論，欲爲不淨、上漏爲患、出要爲上**」。終於從最基礎的人天法聽到「**出要爲上**」，然後爲他轉四聖諦法輪，他聽完以後證得初果，心中好歡喜，然後就說：「**請佛明日受我供養。**」佛陀通常是默然許之。佛陀不會開口說：「**好啊！我明天一定去。**」絕對不會，就只是默然應許。

佛陀如果沒有說不去，那就是一定會去。那麼這位弟子自己在 佛前自誓三歸五戒以後，趕快回家連夜備辦，都是通宵達旦去準備的；因爲要供養人天至尊，當然是要最好的飲食，所以都是通宵達旦預備。所以往往半夜裡都還在忙著上妙飲食等供物，有時若是恰巧大富長者或者很有善根的大居士前來拜訪，就會覺得很奇怪：「這家主人是我的好友，爲何這麼晚了還在忙？他在忙什麼而不睡覺？」就走進廚房來瞧一瞧，結果發覺他在準備飲食，不但精美，而且準備了許多，因爲 佛陀的弟子他也一併邀請了。好奇之下就問說：「你到底在幹什麼呀？準備這麼多飲食，你是要請國王來宴席嗎？」他說：「不是！我不是請國王，我是請佛來受供。」如果那位大居士、大富長者，是很有善根的人，一聽到說「請佛受供」，單單聽到「佛」這個字，他就會毛髮悚然，頭髮就豎起來了。

你們有沒有豎起來？沒有呀？有啊！我現在都豎起來了，只是太短，你們看不見，就是頭皮生起了雞皮疙瘩的感覺。他才剛聽到「**佛**」**這個名稱**，就要問清楚：「爲什麼你要請佛？」然後這佛弟子就爲他敘說佛是什麼樣的人。敘說完了，保證這大居士、大富長者，連夜就趕去 佛陀的精舍等候天明，他想要趕快見到 佛陀。這就是說，佛陀因爲是福慧兩足尊，是人天至尊，三界一切有情沒有人能與 佛陀相提並論，連諸天天主都得要恭敬地前來供養禮拜了，何況是人們。所以，能夠請得 佛陀默然允許，他就趕快回家去準備，一定是上妙飲食。這時「大通智勝如來，默然許之」，可是「默然許之」以後，並沒有立刻就開始說法，因爲很多應該前來聽法的人還沒有來，所以「默然許之」以後，要暫時等一等。接著，不久以後還會有什麼人來呢？

經文：【「又諸比丘！東南方五百萬億國土諸大梵王，各自見宮殿光明照曜，昔所未有。歡喜踊躍，生希有心，即各相詣共議此事。時彼眾中有一大梵天王，名曰大悲，爲諸梵眾而說偈言：

是事何因緣，而現如此相？我等諸宮殿，光明昔未有。

爲大德天生？爲佛出世間？未曾見此相，當共一心求。

過千萬億土，尋光共推之；多是佛出世，度脫苦眾生。」】

語譯：接著 世尊又向諸比丘們開示說：

【「比丘們！在那時候東南方有五百萬億國土的所有大梵天王們，也同樣各自看見了宮殿光明照曜異於平常，是以前所未曾有的光明。因此歡喜踊躍，生起了希有心，於是互相求見而且共同商議說：這到底是什麼事情發生了？那時候諸梵天王之中，有一位大梵天王，他的名字叫作大悲，他知道這個事情的來由，就爲諸梵眾天們、大梵天王們說了這樣的偈：

宮殿大放光明的事情，究竟是什麼因緣而顯現出這樣的法相呢？我們大家各自的宮殿所見到的這種光明，是過去所不曾有過的。

這究竟是大德天出生了呢？或者是有佛陀出現於世間呢？既然過去不曾見過這樣的光明相，我們應當共同一心去探求到底是什麼原因。

由於這個緣故，我們應當往光明照曜過來的方向，經過千萬億佛土，去尋找這個光源而共同推求；我想，這大多是因爲佛陀出現於世間，來度脫苦難的眾生而有這樣的光明。」

講義：前面說東方五百萬億國土的大梵天王，來到 大通智勝佛的所在；接著是東南方，一樣是有五百萬億國土的所有大梵天王，同樣看見了特殊的光明照曜著他們的宮殿。這種光明是以前不曾有過的，所以他們歡喜踊躍得不得了。踊躍，是說興奮到沒有辦法好好地站著，才叫作踊躍。就像小朋友，如果說父母親出遠門，已經過了整整半年才終於回來，那小朋友看見的時候，一定不會站著說：「媽媽！妳回來了啊？」他一定興奮得又叫又跳，就叫作踊躍；一定是沒有辦法在一個地方定定地站住了，才叫作踊躍。由於這種光明從來不曾見過，所以大家生起了希有心，當然會互相尋覓來探求：這究竟是怎麼回事？

那麼這位大梵天王大悲，可能有聽聞過，所以就講了這些事情。當然要先爲大家說明，來解除大家的疑問：「是事何因緣，而現如此相？我等諸宮殿，光明昔未有。」那麼就提出可能的狀況說：「或者是大德天出生了，或者是佛陀出現於世間了。」提出這二種可能。「既然以前都不曾見過這樣的光明相，大家應該共同一心去探求，那當然就要往光明照曜過來的方向去尋找。不管多麼遠，乃至過千萬億佛土，也要尋找那個光明，要共同來探求。」當然，大悲梵天王可以預先爲大家說明的是：「大部分的可能是因爲有佛陀出世，大德天出現的機會是比較少的，所以應該是佛陀出現在世間，來度脫苦難的眾生。」世尊接著又說：

經文：【「爾時五百萬億諸梵天王與宮殿俱，各以衣裓盛諸天華，共詣西

北方推尋是相。見大通智勝如來，處于道場菩提樹下，坐師子座，諸天、龍王、乾闥婆、緊那羅、摩睺羅伽、人非人等恭敬圍繞，及見十六王子請佛轉法輪。時諸梵天王頭面禮佛，繞百千匝；即以天華而散佛上，所散之華如須彌山，并以供養佛菩提樹。華供養已，各以宮殿奉上彼佛，而作是言：『惟見哀愍，饒益我等。所獻宮殿，願垂納受。』爾時諸梵天王即於佛前，一心同聲以偈頌曰：

聖主天中王，迦陵頻伽聲；哀愍眾生者，我等今敬禮。
世尊甚希有，久遠乃一現；一百八十劫，空過無有佛。
三惡道充滿，諸天眾減少；今佛出於世，爲眾生作眼。
世間所歸趣，救護於一切；爲眾生之父，哀愍饒益者。
我等宿福慶，今得值世尊。」】

語譯：世尊繼續說明：【「那時五百萬億的東南方諸梵天王就乘坐著他們的宮殿，並且各自在衣裓之中盛滿了各種各樣的天華，共同往西北方前進，推尋這個光明到底是從哪裡來的。最後找到光明發出的處所時，他們看見大通智勝如來，住於道場菩提樹下，坐在師子座上，身旁有天龍八部以及許多人恭敬圍繞著，又看見了十六位王子正在請求大通智勝佛轉法輪。當時諸梵天王於是來到佛前，以頭面著地來敬禮大通智勝佛，並且右繞百千匝表示恭敬；然後就以天華在大通智勝如來上方的空中散放下來，所散放下來的天華猶如須彌山那麼多，並且就以這些天華來供養大通智勝如來身後的佛菩提樹。這樣以天華供養了以後，這些大梵天王們也各以宮殿奉上大通智勝佛，同樣也是這樣子說：『惟願佛陀垂憐，哀愍我們大眾而饒益我們。我們所共同奉獻的宮殿，祈願佛陀垂心悲愍能夠納受。』這時諸梵天王就在大通智勝佛前，一心同聲以偈來讚頌說：

大通智勝如來是聖主，也是一切天中之王，所說猶如迦陵頻伽的聲音那麼美妙；如來也是哀愍一切眾生的，我們這些大梵天王們，如今向如來敬禮。世尊出現在世間是非常希有的，都是經過非常久遠的時候才有一位世尊出現；在大通智勝世尊您出現之前，整整一百八十劫之中，都是空過而不曾看見有佛出現。

這一百八十劫之中，三惡道的眾生充滿了世間，而我們天眾一直在減少；如今大通智勝佛您出現於世間，為眾生作解脫的眼目。

這是一切世間之所歸仰和趣向的，是救護於一切世間有情的；世尊您是一切眾生之父，也是哀愍眾生饒益眾生的聖者。

我們這些大梵天王們，由於過去無量劫來累積的福德而產生的慶喜，今天才能夠值遇世尊。」

講義：這就是說，五百萬億的梵天王，他們乘坐著各自的宮殿來到 大通智勝如來面前，當然同樣都在衣裓之中盛滿了天華，然後共同向西北方來推尋這種勝妙光明的來處，他們循著光明來到道場菩提樹下，看見 大通智勝如來處於道場菩提樹下，這些景況當然是跟東方來的那五百萬億佛土的諸梵天王所見是一樣的。當然，他們來到的前後是沒有相差多久的；講經時，不是猶如十方環繞的電影，無法同時都放映出來；即使同時放映出來，當你不轉動頭部時，也只能看見前方大約九十度方向的影像，至於其他的也是看不見。可是，在經文中要詳細敘述出來，就要分段來說明，所以就像寫小說，鏡頭一轉，來到哪一邊又從那裡講起，其實有很多前後所講的事情發生的過程，是同時正在發生的事。但是一一解說時，一定會有個先後順序；所以先說東方五百萬億佛土的所有梵天王，東方講完了再講東南方。其實那個時間大約是一致的，因爲 大通智勝如來放光的時候，不是先照曜東方再照曜東南方，而是同時照曜的，所以十方諸佛世界的所有梵天王，都是同時被那個光明所照。當他們前來時當然是大約同時，可是敘述時當然要前後分段來敘述；所以不要說東方的大梵天王與諸梵天王來這麼久了，然後東南方的才來。

這時他們大約是同時來到，當然也同樣看見 大通智勝佛坐在師子座，諸天、龍王等等天龍八部以及人眾都恭敬圍繞，當然也同時看見十六王子正在請求 大通智勝佛轉法輪。可是，東方五百萬億佛土的諸梵天王剛剛請求過，他們當然也要緊接著請求，不能不請求；因爲這個隨喜功德很大，不能放捨；所以人家一請求完，換他們馬上跟著請求。所以，我們雖然講了好幾週，其實是同時發生的事情，要記住這個前提。那麼他們也同樣「**頭面禮佛，繞百千匝；即以天華而散佛上**」；當然同樣要請求 佛陀攝受開示，所以就說：「**惟見哀愍，饒益我等。所獻宮殿，願垂納受。**」這宮殿當然要獻上，就怕佛不收；只要 佛陀願意收，你就趕快奉上去，因爲這是很難遇到的機會。

也許有人說：「**你說這話，未免誑人吧？**」其實我從來不誑人，因爲我度眾的時候，就遇見過這樣一件事。就有一個人，他以前在佛世時還只是一隻鳥而已，但當時牠啣了一小片沉香供養了 釋迦牟尼佛，二千五百多年後，他不但可以當人，而且還可以開悟。就那麼一小片沉香。你想想，供佛的福德功德大不大？更何況以宮殿來供養，這福德果報可就不得了。爲什麼呢？因爲這時有三種勝：第一、福田最勝，佛陀是福慧兩足尊，這是最殊勝的福田，再也找不到了。第二、施者勝，因爲這供養者是大梵天王，他們本身也是很尊貴的，所有初禪天的天主都是很尊貴的；然後他們本身的恭敬心很殊勝，這是兩種殊勝。第三、供物殊勝，大梵天王的宮殿不是人間那種不清淨的宮殿。有這三種殊勝，那他們未來世的福報一定無量無邊；大梵天王們都很清楚果報怎麼來的，就怕 佛陀不受，只要 佛受了，就像世間人說的「賺飽了」。因爲這個比例無法說明，這是無量報，所以他們當然說：「所獻宮殿，願垂納受。」還怕人家不受。如果 佛陀不受，一定是他背後有什麼惡事存在。有惡因緣，佛陀才會不受。佛陀如果願意受，當然要趕快奉上，就怕不受，所以他們都很恭敬、很客氣地說：「願垂納受。」

他們以偈讚佛說，大通智勝如來是「聖主」。當然是聖主，因爲三界中沒有人能超越於祂，不論是福德與智慧方面都是如此。而且 大通智勝佛說法是「**迦陵頻伽聲**」，音聲可以傳非常遠，只要有緣，你就聽得到；而且佛的聲音讓你喜歡聽，不會覺得討厭，他們因此當然是要敬禮。可是這些梵天王讚佛時，有一個部分是前面東方五百萬億佛土的梵天王們沒有講到的，他們說到：「**世尊甚希有，久遠乃一現；一百八十劫，空過無有佛。**」說在 大通智勝如來出現之前，已經過去的一百八十劫之中，都沒有佛出現於世間；經過這麼久才有 佛出現，當然是很珍貴。眞的太珍貴了！所以他們當然要想辦法來供養，也要想辦法來聽取佛法上的利益，所以他們特地提出這樣的說明，表示 大通智勝如來出現了，是非常非常難得的；於是他們說出了一個事實、一個現象，就是在這無佛出現的一百八十劫中，「**三惡道充滿，諸天眾減少**」。

佛陀出來說法的時候諸天擁護，如果諸天出來說法，沒有辦法說到出世間法，只能說到世間善法，能夠度化的眾生就很有限了；所以那時三惡道眾生愈來愈多，欲界大部分是三惡道眾生，一直到 大通智勝佛出現之前都是如此。可是法界中的眾生數量是一定的，有情的總數是不增不減的；既然總數不增不減，而三惡道眾生愈來愈多，當然就是天道的眾生愈來愈少，所以他們當然要感嘆「諸天眾減少」。因爲天王天人都喜歡天眾很多，可以互相攀緣；如果勢孤力單，就覺得天界可能要毀壞了；猶如人少了，整個村落就會漸漸荒廢；一個國家如果都沒有人了，那國家就毀壞了。

同樣的道理，當人愈來愈少的時候，最多只剩三、五戶人家，這裡也去不得，那裡也去不得，因爲都已毀壞了，那他生存有什麼意義呢？當然希望人眾愈來愈多，這樣才會興盛。在天界也是同樣的道理，所以他們感嘆說：「三惡道充滿，諸天眾減少；」就像忉利天主釋提桓因一樣，假使有佛出現在世間，他就非常歡喜；因爲諸佛出現於世間的結果，就是眾生的瞋心減少，然後天眾就會開始增加，阿修羅眾跟著減少。阿修羅眾減少，是忉利天最喜歡的事，因爲阿修羅大眾增加了，忉利天就常常要被挑戰；阿修羅會來跟他們打仗，他們就常常會有傷損；所以不管如何，佛陀出現在世間的時候，天界都是歡喜的。

那麼 大通智勝如來在那一百八十劫後出現於世間，當然是「爲眾生作眼」，也就是爲眾生來當作求證解脫與智慧的眼目。「作眼」這個「眼」，代表智慧的意思。所以常常有人說：「證悟的禪師是人天眼目。」也就是說，當眾生不知道如何得解脫，當眾生無法證知實相，就表示說眾生暗無眼目，看不見解脫之道，也看不見佛菩提道。所以只要有禪師證悟後住持在世間的時候，人天都會很歡喜；天界的天人們就會下來擁護，就會讚歎說：「這位禪師是人天眼目。」因此，以前雲門文偃禪師，他的師父如敏禪師即將捨報的時候，因爲如敏禪師他有天眼通能見未來，那麼廣主南漢王領有兩廣；這廣主當時覺得皇帝幹得不好，私心想要起兵把皇帝推翻掉；但一時不敢冒然起兵，他想要確定起兵會不會成功，於是派一個將軍去請問靈樹如敏禪師。這靈樹禪師知道他的人明天會來，不想涉入政爭，於是當天晚上就入滅了。

靈樹如敏當晚走人，留下一個盒子，也就是信匣；裡面有一張紙條，只有八個字，交代要給劉廣主。那八個字說：「人天眼目，堂中首座。」就只有這八個字，說我法堂中的首座，也就是雲門禪師，說「我這個首座是人天眼目」。根本不回答他起兵好不好的事。因爲那事情太敏感，皇帝雖然只是個凡夫，卻可以大大地搗蛋，把你寺院給封了，你的佛法都別弘傳了。皇帝是可以搗蛋的，成事不足、敗事有餘，要敗你的事絕對行。所以，靈樹禪師也不方便講話，但他預先知道了，就留下這八個字給廣主。那位劉廣主很聰明，當然馬上知道不能起兵，他就是應該擁護佛法，其他的事別管，保身護法才是要事。所以他就把雲門禪師找了來認識，接著就把他推出弘法。

所以你看，一個證悟者可以成爲人天眼目，爲什麼呢？因爲他可以指導人類、指導天人如何修證解脫道去證得聲聞涅槃，涅槃是不生不死的境界；他也可以幫助人天證悟法界的實相，開啓了人天大眾的佛菩提道，所以這位證悟者便叫作人天眼目。然而不管哪個禪師，這個人天眼目都不是自己那麼行，都是要往上推，都得仰推釋迦如來，所以如來才是眞正的人天眼目。只要有諸佛如來出現於人間，如來當然就是「爲眾生作眼」，因爲天上天下無有人的智慧能上於佛。所以，因爲有佛把法說出來，然後人天才能開眼，才能看見解脫道、看見佛菩提道，所以說：「今佛出於世，爲眾生作眼。」既然是如此，當然是「世間所歸趣，救護於一切；」只要有緣，如來便給予救護；無緣，那當然另當別論，所以如來是「世間所歸趣」。

有很多外道不瞭解這個道理，他們在那裡夸夸其談：「你們佛教不算什麼啦！我們上帝最厲害啦！」上帝厲害在哪裡？厲害在瞋心重，降下天火燒死異教徒，放起洪水淹死異教徒，就這樣厲害而已；可是談到解脫，什麼也不懂，是個標準的欲界凡夫。且不說解脫，單單說如何往生色界天，他就不懂了，因爲他的境界不離欲界，而且瞋心又那麼重，他怎麼可能生到色界天去？他自己都被五蓋蓋住了，所以他只能當欲界天的天王而已。我這樣說還是太抬舉他了，因爲他很喜歡血食，所以他們的《聖經》中還說信徒們應該以肉食祭拜供養他，但他卻完全不知道忉利天人都已經厭棄血食而只吃甘露。

這就是說，他還不值得成爲一切世間之所歸趣；因爲假使哪一天忉利天主、夜摩天主或是大梵天王出現了，他還得要歸趣於大梵天王、忉利天主呢。只是大梵天王等人不想理他，爲什麼呢？因爲不可語之，沒辦法跟他講話；他的瞋心那麼重，貪心又那麼重，大梵天王若是要跟他講解說：「**離五蓋，可以生到我的初禪天來。**」他才聽不進去呢！眞的叫作不可與語，沒法跟他講話。如果他眞的要自稱他是「**世間所歸趣**」，他就是個最愚癡的人；因爲連大梵天王都不敢自稱是「**世間所歸趣**」，何況他只是一個欲界中的鬼神呢？

所以如來才是「**世間所歸趣**」，因爲如來能救護一切。譬如忉利天主釋提桓因，因爲天壽將盡，五衰相現，來見　佛請法，只是在　佛前三自歸之後他又重生了，就保住他的天主寶座。你看，釋提桓因都得要歸命 如來，可是釋提桓因有沒有實證阿羅漢果？還沒有啊！他還沒有實證，顯然他不如阿羅漢；但阿羅漢看見了菩薩們，就閉嘴不敢講話，因爲菩薩說的法，他都聽不懂，根本插不進嘴；而菩薩們對如來卻是那麼恭敬，那麼請問：連解脫道都不懂而仍舊愛樂血食的鬼神上帝，他如何能夠成爲「世間所歸趣」呢？可笑的是，這一些外道自稱天主的鬼神講話都很誇口：「**我是唯一的眞神，其他的神都是假的。**」問題是，比他層次更高的神，他根本看不到，正因爲他看不到才敢誇口這麼說。

其實說穿了，那根本不是上帝講的話，那是人類信徒們妄想寫出來的《聖經》，這樣說明諸位會比較容易瞭解。因爲欲界天中，不管哪一天的天主，都不會愚癡到講出那種話。所以眞正的「**世間所歸趣**」，就是只有如來，因爲一切世間都要歸趣於如來。一切世間就包括四聖六凡法界，六種凡夫的法界都應該歸趣於如來，而聲聞、緣覺、菩薩法界也是要歸趣於如來，所以如來當然是「**世間所歸趣**」，因爲如來能救護一切。如來不但救護一般苦難眾生，也能救護阿羅漢的法身慧命，所以幫助許多阿羅漢迴小向大，這就是救護阿羅漢；而阿羅漢是人天應供，所以那些欲界天的天主根本不值得一提，何況是仍然喜歡血食的鬼神教主？

當代佛教界好像沒有人像我這樣講，因爲他們都說：「要跟外教和睦共處，要互相交流。」而他們爲什麼可以和外道互相交流？因爲雙方都不懂佛法。如果他們外道，不管年紀多大，想要來跟我交流，究竟要怎麼交流？我跟他們談起說：「欲界不淨，應該離欲界，往色界去。」他們聽得懂嗎？他們聽不懂什麼欲界、色界的事情，全都聽不懂。那麼他們可能要請問：「請問欲界天是怎麼回事？」我就告訴他們欲界六天的狀況。「那色界天呢？」我就告訴他們色界天的狀況。他們只能請問天界的境界，三乘菩提是完全不懂的，要怎麼樣跟我交流？所以他們只能聽，不能開口，要怎麼與我交流？

所以在這前提下，雙方的交流一定會有一個範圍，例如世界和平、生活美滿、教育社會人類、提升生活水平，建設人間成爲清淨土，大家和睦相處、不要互相攻訐。這些人間俗事當然可以交流，其他三乘菩提的妙義，他們都不懂，要怎麼與我交流？莫說外教那些所謂的神父們，就算當代佛教的大法師們，也沒辦法跟我交流，他們完全不懂三乘菩提，那我要跟他們怎麼交流？

所以他們都說：「蕭平實沒辦法跟我們對話。」說得還眞對！因爲眞的沒辦法對話，我要怎麼跟他們對話？我講的，他們聽不懂；他們講的，我聽不下去，浪費我的生命。既然我聽不下去，倒不如坐上電腦前，多作一些工作還划得來一些，我陪他們費口舌幹什麼？不論他們名氣再怎麼大，不過是個世俗人嘛！我要怎麼跟他們交流？遇見他們，我也沒辦法開口；因爲我想到要爲他開口的時候，就很傷腦筋：「我應該要爲他們講什麼？」因爲講深了，他們聽不懂；講淺了，對他們沒有意義。而世俗法呢？免談，根本不需交流這些戲論。所以，眞正成爲眾生之所歸趣，這個道理他們是不懂的。

一定要從三乘菩提的實證層次差別，以及寬廣深淺的差別，還要再加上凡夫的三界境界來作比較，才有辦法顯示出：諸佛爲什麼是「世間所歸趣」。問題是，他們連欲界定都沒有，更別說色界定，就更別說斷我見、證初果，那麼咱們要如何跟他們交流？無從交流。所以，從弘法早期去杭州南路見過淨空法師以後，我對佛教界就失望了，再也不想再見任何人了；除非他們是爲求法而來，我才會接見。如果是要與我交流切磋，那都免了，我根本沒有意願，因爲沒辦法交流、沒辦法切磋。當你的產品是九九九九的黃金，他們的產品是用鉛鍍金做成的東西，色澤不同，成分也不同，只有一個相同的地方，就是柔軟度與金色差不多，但是其他完全不一樣，那你要與他們怎麼交流？格格不入啊！把他的鉛跟我的黃金放在一起，要怎麼交流黃金的內容？

所以，眞正的如來境界是沒有人知道的，但是如來的尊貴，到末法時代的今天，也已經沒有人知道。如果你不從人天善法開始說，接著來講解脫道，然後講佛菩提道，講到菩薩們三大阿僧祇劫的實證內涵，你就無法顯示諸佛如來的尊貴。放眼天下，有哪一個外道教主是曾經斷我見的？你找不到，一個也沒有。將來假使有，譬如外道扶乩說，某某人降，然後寫出來如何斷我見的道理。我保證，那一定是天才或者筆生，讀了我的《阿含正義》以後裝神弄鬼出來寫的，那他們應該奉我爲教主才對。對不對？在此之前不可能有哪一個外道的教主是斷我見的，那麼明心開悟就更甭提了。這是事實，沒有人能推翻這個事實。所以，世間之所歸趣的如來境界是很難理解的，所證愈深愈廣才會愈發理解，才能對如來愈發的恭敬尊重讚歎。

有如實而且深廣理解的時候，當如來說：「你下輩子生到哪裡去。」你就不會有第二句話，你聽了就答：「是！」直接答應往生過去就好了。對如來有所理解的時候，你不會有自己的想法說：「**如來！那邊眾生好難度，不要讓我去，我去另一個地方好吧？**」你不會討價還價。因為如來會讓你去，就是因為你有那個能力。如來會讓你去，即使你的能力還差那麼一點，如來自然會把你提升上來，讓你具足那個能力，你不必擔心嘛！所以，你們大家要有這個觀念：如來交代什麼，你就答「是」就對了。即使你現在能力不夠，都別擔心，佛陀到時候會讓你有那個能力，否則祂不會指定你去。所以，你們如果遇到 釋迦如來召見的時候，不管吩咐什麼，你就答「是」，心裡面都不要懷疑。答「是」的時候，心中不要懷疑說：「**我行嗎？**」你應該答「是」，要相信如來一定會使你有那個能力。你就勇敢的答：「**是！我一定去作。**」這樣就對了。這其實是很好的機會，是你快速提升的機會，為什麼要放棄呢？這種機會求之不得。所以，千萬不要妄自菲薄說：「**我好像沒有那個能力，如來竟然叫我去作。**」不要這樣想，如來叫你去作，就一定有讓你成功的方法，你就只管去作。

所以，你從三乘菩提以及人天善法在實際上深入理解以後，對於如來為什麼是「**世間所歸趣**」？自然會明白。因為如來能「**救護於一切**」，不管什麼人，如來都能救護。乃至等覺菩薩的道業，如來都能救護了，何況是凡夫眾生呢！這一點是大家一定要先瞭解的。如來既然是「世間所歸趣」，也能「救護於一切」，那麼請問：由如來來當你的父親，夠不夠格？夠啦！絕對夠啦！你們有沒有看見道教裡面的事？在道教裡面，他們供奉某一尊神的時候，稱呼都很恭敬，有沒有想起來？例如「王爺公」，王爺那個爺已經很大了，後面再加上個「公」。爺，就等於是爺爺的身分了，那是很高的輩分，在父親之上。但卻稱呼爲爺爺的阿公，那就表示非常恭敬，很尊崇。例如玄天上帝的信徒都會怎麼稱呼他？「帝爺公」，因爲他是忉利天中的上帝，既是上帝所以就稱之爲「帝」，然後覺得單單這樣稱呼顯得不夠恭敬，便加上個「爺」，稱爲「帝爺」。可是這樣還覺得不夠恭敬，又再加個「公」，成爲「帝爺公」。欲界天神就已被稱呼爲爺與公，「爺、公」是連著稱的。那麼這邊經文中說 佛陀爲眾生之父，豈不顯得很客氣呢？眞的太客氣了！因爲這些「王爺公」見了阿羅漢，還要稱呼阿羅漢們是爺公，眞的啊！確實是這樣。可是阿羅漢們見了菩薩，個個不敢開口；而菩薩見了如來，都是無比的恭敬；所以這裡說 大通智勝佛爲眾生之父，眞的是太客氣了，大家要有這樣的理解。那麼，說如來爲衆生之父，當然是有原因的，都因爲如來是「哀愍饒益者」。

諸佛如來出現於世間，不跟世間任何人爭任何事、任何物。如來從來無所爭，只有外道會跟如來爭，因爲外道是站在凡夫求名聞利養的心態上面，他們認爲：「佛陀出現在人間說了妙法，使我們供養減少、徒衆流失。」二千多年前的外道們就是這樣想，所以認爲 佛陀與他們爭，可是 佛陀說：「外道與我爭，我不與外道爭。」爲什麼呢？因爲如來根本不必貪著人間的事物，如來是可以出三界的；即使不出三界，有哪一天的天主敢不恭敬供養？求 佛光臨都求不到了，何況不恭敬供養？證明 佛陀不必來人間跟外道爭供養，所以絕對不是爲了爭供養而來。不但如此，如來說法時也不與外道爭，因爲說法如實，就不是爭；說法不如實，卻要爭執到底而主張自己所說才是正確的，那才叫作爭；說法如實，怎麼能叫作爭呢？

同樣的道理，各大山頭們都講：「這蕭平實出現了，就跟我們互相爭論。」他們這樣講眞的沒道理，因爲我從來沒有跟他們爭論，我只是把如實語鋪陳出來而已。而他們誤導了衆生，我還沒有登門興師問罪；只因爲沒時間，而且個子這麼小，也沒什麼氣力，所以就免了！如果讓我時間充裕得很，渾身也像卜派一樣有氣力，我就一個山頭又一個山頭去跟他們興師問罪：「你爲什麼要誤導眾生？」眞的要質問他們，但我氣力小，要留著講經和寫書。其實我不曾跟他們爭，爲什麼呢？因爲我不追求名聞、利養，我又從來不受供養，而他們紅包依舊繼續在收著，我何曾跟他們爭過什麼？我既沒有爭他們的紅包，他們的信徒也不會來供養我，他們的信徒看到我出書說他們的師父法義錯誤，氣都氣死了，還會來供養我？才怪！所以我不是跟他們爭供養，這是很顯然的道理。如果要說我在法義上跟他們相爭，我何曾爭？我所說的都是如實語、眞實法，我並沒有把他們扭曲了，然後再來說他們不對；所以我沒有與他們爭，我只是如實如理陳述出來而已。

連我們都可以如實了，更何況是 佛陀！由此就可以證明，佛陀從來不跟人家爭一爐香，或是爭供養；眞的不可能嘛！那一爐香爭得來，能幹什麼？什麼都作不了，何苦來哉！所以那樣說的人，眞的叫作佛門外道；佛門的弘法師穿著袈裟講這樣的話，眞的令人很痛心，因爲這表示他完全不懂如來。所以遇到有如來出現於世間時，千萬記得：若是在三更半夜聽到了，就要趕快準備明天一早就去見如來；一定要這樣子，因爲眞的難值遇。尤其大通智勝如來是在整整一百八十劫都沒有如來出現於世間時，才出現的第一尊佛，所以這一些東南方來的五百萬億佛土諸梵天王們，當然要覺得慶幸說：「我等宿福慶，今得值世尊。」這眞是如實語，一點點都沒有誇大。接著，佛陀又怎麼說呢？

經文：【「爾時諸梵天王偈讚佛已，各作是言：『唯願世尊哀愍一切，轉於法輪，度脫眾生。』時諸梵天王，一心同聲而說偈言：

大聖轉法輪，顯示諸法相；度苦惱眾生，令得大歡喜。

眾生聞此法，得道若生天；諸惡道減少，忍善者增益。

爾時大通智勝如來默然許之。」】

語譯：釋迦世尊繼續開示說：【「諸梵天王以偈讚歎大通智勝佛之後，每一個人也都這樣子說：『惟願世尊哀愍一切，運轉正法輪，度脫輪迴中的眾生。』這時候請求完了，梵天王們就一心同聲又以偈這麼說：

三界最大的聖者運轉法輪，來顯示世出世間一切法的法相；度脫了苦惱的眾生，令眾生獲得大歡喜。

眾生們聽聞如來所說的這一些勝妙法時，可以證得菩提之道，或者雖不能證也可以往生到天界去；

那麼三惡道和阿修羅道的眾生就減少了，能夠接受善法的人類或者天人就可以獲得增益了。

這時大通智勝如來聽聞之後便默然許之。」】

講義：「大聖」這個名詞，還眞的不能隨便用，自稱「大聖」最有名的是誰？（有人回答：孫悟空。）可是他這個「大聖」只能齊天，意思只是跟天一樣而已；也因爲他的層次就只是天道，最多就是到忉利天鬧一鬧，就只有這樣而已，所以他稱爲齊天的大聖。齊，就是整齊劃一，就是平等的意思，跟天平等。可是齊天大聖不知自己只能齊天而不能齊佛，不知好歹尊卑，遇見了 如來，他還要逞強，可見他當時眞的不懂 如來；等到後來懂了，他就願意吃苦耐勞，陪著唐三藏去西天取經。當然這是神話故事，是人家寫出來流通的，但是無妨拿來作個譬喻。

齊天大聖一個觔斗雲，一翻十萬八千里，他連翻五翻，心想：「如來怎麼能知道我到哪裡去？」沒想到，他翻了五翻，看見五峰山，想要作個證據；因爲如果沒留個證據，回來時，人家會說他沒有到；所以他在那裡撒了一泡尿，還寫上：「齊天大聖到此一遊。」他想，這樣子就「穩當當」（台語），於是就五個觔斗雲又翻回來，見了 如來就說：「我去到那麼遠的地方，你能到達嗎？」如來伸手給他一看：「你聞聞看吧！你的字也在這裡。」他還能翻出 如來的手掌心嗎？當然，作者是有隱喻的，就是說：你孫悟空意識不管怎麼翻，都翻不出自心如來第八識的範圍。這是一個隱喻，讀《西遊記》要這樣讀。書中那一些人事物，你用八識心王去讀才能讀得通。那裡面有隱喻，我們就不談它。這意思表示說，眞正的「大聖」只有 如來。因爲孫悟空他自稱大聖，其實也只是齊於欲界天的凡夫，既沒有斷我見，何聖之有？談不上聖字。要談個聖字，至少也要斷我見。

可是在聲聞菩提中，斷我見者還不叫作正式的聖人，所以才叫作預流，是預先把他算入聖者之流，表示他的本質不是眞正的聖者；一般最基本的聖者最少得要是二果人，表示他至少已經快要離開欲界了，在解脫道中是這樣。在解脫道中眞正的聖者其實是要有三果的實證，就是已經離開欲界而斷除五下分結了，才叫作眞的聖者。所以初果人只能叫作預流，因爲他不是眞的已入聖者之流，是事先把他算進來而已；因爲他只有見地，還沒有修道的功德。如果把範圍放寬、標準降低，說要成爲聖者，最少也要斷我見，至少要斷三縛結。世間那一些所謂的聖者，有一些外道，每隔個幾年就封他的某某信徒，說他叫作聖者。然而聖在何處？那些外道信徒被封爲聖者，無非就像證嚴法師一樣都沒斷我見，所以他可以比照外道封爲聖者，但不是佛教中的聖者，因爲都沒有斷除三縛結。但是聖者有那麼多，初果、二果、三果、四果，然後菩薩從七住位、十住位、十行位、十迴向位、十地、等覺、妙覺，也都叫作聖者，但這些聖者也都不足以稱之爲大，最大的聖者稱爲「大聖」，那就是 佛陀。除了 如來，沒有誰可以稱爲「大聖」。

這些東南方五百萬億佛土來的梵天王們，稱讚說「大聖轉法輪」，就是說如來轉法輪，來「顯示諸法相」。法相的顯示很重要，如果不是靠著法相的顯示，一切菩薩無法具足成就佛果，爲什麼呢？因爲要藉各種法相來顯示佛菩提道是否已經究竟。如果還沒有到達究竟地步，就無法具足顯示諸法相。而如來能夠具足「顯示諸法相」，這才能夠稱爲「大聖轉法輪」，否則只能夠說菩薩轉法輪、羅漢轉法輪，或者說世間人天善法的轉法輪，沒辨法稱爲「**大聖轉法輪**」。所以法相的建立，目的是爲了讓學法者知道，從凡夫地到達究竟佛地之間有哪一些法；藉這些法相來顯示所修證的層次差別以及深廣淺狹差別，才能夠使相應的大眾具足圓滿佛道，所以法相的建立很重要。

可是到了末法時代，有很多大師們都說那個叫作法相宗，他們不講「法相唯識宗」，好奇怪！這表示他們對唯識是不懂的，因爲一切諸法唯識所現，一切諸法唯識所生，這樣弘法的宗派才能叫作法相唯識宗；可是他們把唯識砍掉只講法相，直接稱爲法相宗，那就變成一半。可是砍了一半以後，留下來的另一半就會快速萎縮，然後萎縮到什麼法相都不懂，更不懂唯識之理，所以後來才會演變成六識論的邪見，他們才會說法相宗就是在講虛妄唯識。誰告訴他說法相唯識宗是講虛妄唯識的？法相唯識宗同時也講諸法相，同時也講眞實唯識門，不是單說七轉識的虛妄唯識門，更不是單單說諸法法相的虛妄。而且，他們講的虛妄唯識門還把意根砍掉，成爲不具足、不圓滿的虛妄唯識門，顯然他們對法相是完全不懂的。完全不懂法相，就把它判定爲方便法。當他們一判定爲方便法，他們對唯識學就沒有可能實證了。所以，能

聖轉法輪，顯示諸法相」時，藉所顯示的諸法相來度脫自己的苦惱。這就是說，諸佛出現於人間，可以利樂一切有情，唯除緣不具足。譬如說，有人對於人天善法的緣不具足，當　佛陀說人天善法時，他心裡面想著：「**佛陀無非就是要我供養。**」他就這樣想，這就是對人天善法的緣還不具足。如果緣具足，懂得供養人天福田，來世就可以得到利樂。所以，佛陀可以「**度苦惱眾生，令得大歡喜**」，這是如實語。

接著就是顯示前面這幾句所說的結果，就是「**眾生聞此法，得道若生天**」。眾生只要聽聞　佛陀所說的這些法，依之而行以後，或者可以得道，或者可以生天。在民間信仰中，他們說的得道就是生天。你們如果還有印象的話，在民間信仰或者在道家，他們所說的得道都是生天；生什麼天呢？就是欲界天。因爲他們從來沒有一個天神下來教導人們說，怎麼樣修證可以生色界天中，一向都沒有，都只是欲界天的境界。可是欲界天並不稀奇，咱們一世又一世捨報，都是可以生到色界天去的，早就不必來欲界天或人間，但我們還是繼續來人間。這就是說，得道與生天，在外道中是二者同一的：得道就是生欲界天，而且不能生色界、無色界天。

可是在佛法中，得道不是指生天，生天只是一個行善所得的往生現象，不代表得道。例如解脫道，聲聞初果人七次人天往返以後，回來人間成爲阿羅漢，然後入無餘涅槃；有時候我們開玩笑說：「**聲聞初果人就是喝七喜汽水 7Up——還要七次人天往返才能出三界。**」外道的得道，只是具足了往生欲界六天中某一天的功德，他們就稱爲得道，死後就往生欲界天去。可是生天，行十善業道也可以生天，只要持五戒不壞，加行十善業就能生天。如果想要往生更高層次的天，其實不必得什麼外道的道，只要你證得初禪以上，死後就可以往生色界天去。可是那個生天，在外道來說，便叫作得道，在佛法中卻不算是得道，只是生死輪迴中的事。

可是，在佛法中得道的人就一定可以生天，而那個生天只是一個現象，只是一個異熟果報而已。例如初果七返人天，他不斷地重複著往生欲界天然後再來人間的過程，在欲界天與人間不斷地來來回回，這表示他很遲鈍、很懶惰懈怠，這叫作鈍根的初果人。他生天的緣故不是由於在人間行善，而是得初果之道所以生天。生天是一個現象，只是一個異熟果而已。例如菩薩悟後只要不違戒，都可以往生欲界天中，都一定可以上生欲界天。可是其餘往生到欲界天的人不一定代表得道，但得道的人一定可以生欲界天。你們看，欲界六天有那麼多天人，其中有多少人得道？眞的不多。可是得道的人一定可以往生欲界天，那是一個現象，只是一個果報而已。所以得道與生天，在佛法中是要分開來看的。生天是因爲聽到 佛陀所說的人天善法以後，或者聽聞解脫道而願意遠離惡業，因此他開始行善，於是死後生到欲界天去；或者聽聞 佛陀說欲爲不淨，捨離了欲界法，所以他發起了初禪生到色界天去，那個生天也跟得道無關。

但是，得道是一定在三乘菩提上有所實證，才可以稱之爲得道。眾生聽聞 如來說法以後一定可以得道，或者一定可以生天；聽聞 如來說法以後最少的果報，就是生天。得道是隨順各人的因緣，當眾生聞法或者生天或者得道，想當然爾，必然會導致「**諸惡道減少**」。諸惡道的有情就會因此次第減少，因爲大家都離開惡業，往生欲界天的有情必然增多，往生惡道的眾生就減少了。從惡道往生來人間的有情，聽聞到 如來說法的時候，也開始修學善業，也不再回去三惡道中了，因此生到天界的有情就會愈來愈多。這表示說，如來出現於人間或者出現於三界中，惡道有情會愈來愈少。接著就是「**忍**

善者增益」，本來在人間就能夠忍於善法的人，也能夠獲得增益，因爲他所修的善法層次會不斷提升，愈來愈高。層次愈來愈高，所以愈來愈能忍於善法，當然就更加獲得增益了。這意思就是宣稱說：「大通智勝佛，您接受我們的請求，眾生可以得到這麼多的利益。」當他們這樣說的時候，大通智勝佛當然不能拒絕，因爲成佛的目的就是要利樂眾生，所以不可能拒絕；所以爾時　大通智勝如來默然許之，一樣是默然，就是沒有反對，那就表示說稍後就會爲眾生說法。接下來，世尊又怎麼樣敘述　大通智勝如來的事呢？

經文：【「又諸比丘！南方五百萬億國土諸大梵王，各自見宮殿光明照曜，昔所未有。歡喜踊躍，生希有心，即各相詣，共議此事：『以何因緣，我等宮殿有此光曜？』時彼眾中有一大梵天王，名曰妙法，爲諸梵眾而說偈言：

我等諸宮殿，光明甚威曜；此非無因緣，是相宜求之。

過於百千劫，未曾見是相；爲大德天生？爲佛出世間？」】

語譯：接著是南方。東方說過了就是東南方，東南方的隔壁則是南方。世尊告訴我們說：【「此外，諸比丘！南方有五百萬億國土的所有大梵天王們，他們各自看見宮殿的光明照曜，非常地清淨光明，是以前所不曾有的。於是心裡面產生了非常歡喜的心，因此深心踴躍而無法停下來，都在心中出生了希有心，於是同樣各個互相尋覓來討論這光明到底是什麼事情？討論的主題是說：『到底是什麼樣的因緣，我們這些大梵天王們的宮殿竟然有這樣的光明來照曜？』南方五百萬億國土的這一些大梵天王之中，有一位大梵天王名曰妙法，他爲所有梵天王大眾說了這樣的偈：

我們這一些宮殿，光明照曜非常的威嚴明亮；這不是沒有因緣的，對於這樣的光明法相，我們應該要去推求它的原因。

因爲在過往的百劫千劫之中，我們沒有看見過這樣的光明相；這到底是大德天出生了呢？或者是有佛陀出現於世間呢？」

講義：因爲諸佛放光明時通常不會獨獨照耀一方，除非是有一種特殊的因緣才會這樣；所以當時 大通智勝如來放光是向十方放光的，因此這時南方五百萬億國土的所有大梵天王們跟東方、東南方的那一些大梵天王們，當然也同樣要探尋這些光明的緣由。這些大梵天王之中有一位妙法大梵天王，他所說的跟東方、東南方那一些大梵天王們所說的道理還是一樣的。南方已經有百千劫沒有看見過這樣的光明相，所以妙法大梵天王當然會推論是有佛出現於世間，或者是有大德天出生了，因此才有這樣的說法。那麼他說完了之後，接著又是如何呢？

經文：【「爾時五百萬億諸梵天王與宮殿俱，各以衣祴盛諸天華，共詣北方推尋是相。見大通智勝如來，處于道場菩提樹下，坐師子座，諸天、龍王、乾闥婆、緊那羅、摩睺羅伽、人非人等，恭敬圍繞，及見十六王子請佛轉法輪。時諸梵天王頭面禮佛，繞百千匝；即以天華而散佛上，所散之華如須彌山，并以供養佛菩提樹。華供養已，各以宮殿奉上彼佛，而作是言：『唯見哀愍，饒益我等。所獻宮殿，願垂納受。』爾時諸梵天王，即於佛前，一心同聲以偈頌曰：

世尊甚難見，破諸煩惱者；過百三十劫，今乃得一見。
諸飢渴眾生，以法雨充滿；昔所未曾睹，無量智慧者；
如優曇鉢花，今日乃值遇。我等諸宮殿，蒙光故嚴飾，
世尊大慈愍，唯願垂納受。」】

語譯：釋迦世尊又接著開示：【「這時南方五百萬億國土的諸梵天王們，聽了妙法大梵天王的話，就各自都以衣襟盛滿了各種天華，一起向北方來推尋這種大光明的法相是出自何處。他們向北方推尋到最後，看見了大通智勝如來，處於道場菩提樹下坐在師子座，天龍八部以及大眾等恭敬圍繞，他們也看見了十六王子正在請佛陀轉法輪。這時諸梵天王們同樣以頭面禮佛，右繞百千匝表示恭敬；隨即以天華從虛空中散向大通智勝佛上方來恭敬供養，所散的天華猶如須彌山那麼廣大，也同時用來供養佛菩提樹。天華供養之後，各以宮殿奉上大通智勝佛，同樣都這麼說：『惟見哀愍，饒益我等。所獻宮殿，願垂納受。』這時諸梵天王就在佛前，一心同聲以偈頌來讚歎說：

世尊是很難遇見的，世尊是破壞一切煩惱的聖者；我們已經歷過一百三十劫，今天方才遇見了世尊。

一切的飢渴眾生，都可以在世尊的法雨中獲得充滿滋潤；以前所未曾睹見的如來是無量智慧的聖者；猶如優曇缽花一樣很難值遇，我們到了一百三十劫後的今天，才終於能夠值遇如來。

我們的這一些宮殿，承蒙如來的光明照曜，所以顯示出無比的莊嚴勝

妙，祈願世尊以大慈愍心，我們惟願世尊垂憫納受。」】

講義：這是跟東南方的五百萬億佛土來的大梵天王們一樣，他們來到的時候也是同樣看見 大通智勝佛成佛不久，坐於道場菩提樹下的師子座上，天龍八部圍繞，一切人等恭敬圍繞；也剛好看見十六位王子在請 大通智勝佛轉法輪，所以他們同樣是恭敬供養，也同樣請求 大通智勝佛為大眾轉法輪。

「**世尊甚難見，破諸煩惱者**」，這是從另一個層面來說，因為前面人家講過的偈，他們不方便重述，所以就從另一個層面來說很難遇見 世尊。這一句是大家都認可的，可是諸佛世尊為什麼很難遇見呢？因為是「**破諸煩惱者**」。既說「**破諸煩惱**」，當然這就有文章了。破煩惱，一般人說：「**我沒有什麼煩惱。**」可是他們所謂的沒什麼煩惱，只是因為孩子乖巧，家裡有錢，丈夫也安分守己，然後公婆也都健康，不需要她煩惱；只是這樣，所以她們說沒有煩惱。可是當你告訴她們「**佛法中說有很多煩惱**」，她們就不懂了，反而說：「**煩惱為什麼有那麼多？**」這叫作不懂煩惱者。一般人如此，末法時代的大師們也是如此，他們講煩惱時是怎麼講的？「**我有個徒弟，他是個在家人，最近他家裡發生了什麼事情，我就告訴他要放下，不要管它啦！那個是煩惱，要丟掉；他就聽話丟掉那些煩惱了，這表示說他已經開悟了。」把世間煩惱放下就叫作開悟？這樣也算是懂得煩惱啦？但那只是他自己所說的世間煩惱，竟說放下那一些煩惱就是開悟了。好怪喔！這表示說，他根本不懂二乘菩提所斷的煩惱內涵是什麼，更不懂大乘菩提所斷的煩惱是什麼。

更怪的是，有一位大法師，是佛學研究所的所長，而且那個研究所的名稱很響亮，叫作中華佛學研究所。大家想想，這應該是非常有智慧的人吧！因爲是佛學研究所的所長，而且看來似乎是台灣第一的佛學研究所，可是這樣的所長他怎麼解釋所知障？他說：「就是因爲你知道得太多了，所以學佛時被障礙了。」阿彌陀佛！竟有這樣的佛學研究所的所長。所以末法眾生眞的很可憐，佛學研究所的所長，連二乘菩提說的煩惱也不懂，大乘菩提說的煩惱更不懂，然後自稱是開悟者，而且公開印證了十二個徒弟明心見性；可是他自己都沒有斷我見，更別談明心，因爲他否定眞心如來藏，哪裡有明心？原來他開悟所明的心是意識心。如果明白意識心就是開悟的話，那凡夫眾生也都是開悟者了，每一個人都應該受供養了。

所以，煩惱的內涵應該要了知，世間人有世間人的煩惱，但那不是實證三乘菩提者所斷的煩惱，那只是附帶要斷的我所煩惱；但三乘菩提中初步要斷的煩惱，就是見惑與思惑；大乘菩薩除了斷見惑與思惑以外，還要打破無始無明，以及斷除無始無明的塵沙惑，這樣才叫作「破諸煩惱」。那麼，所知障指的是對於法界實相的無所知，因此成為他想要成佛時的障礙，這才叫作所知障，是對實相法界的所知愈不足而使所知障愈重，並不是所知太多所以被障了。具足了知時還會被障礙嗎？如果所知太多而會被障礙，那麼諸佛應該是所知障最嚴重的人，因為諸佛具足了知，那就是具足被障了！不是嗎？像這樣的佛學研究所長，我們聽了也只能夠說一句：阿彌陀佛！

所以，「破諸煩惱」是修學三乘菩提所應當要達到的目標以及智慧境界，然而要達到這個智慧境界，首先要瞭解煩惱的內涵是什麼；也就是說，二乘菩提中所應斷的煩惱是什麼，佛菩提中應斷的煩惱是什麼，都應當先知道。如果只以人天善法來度眾生的話，可以不必談這個煩惱，但至少也應該告訴學人說：往生無色界應該斷什麼煩惱，往生色界應該斷什麼煩惱；或者最粗淺的，想要往生欲界天該斷什麼煩惱，這是最粗淺的，這是一定要先跟前來學法的眾生說明的。如果以人天善法來度眾生，至少要說明三界境界；想要往生到三界某一種層次的時候，應該斷什麼煩惱，這是至少應該為眾生宣說的。結果他們竟然不是，講來講去都是人間家庭的煩惱、眷屬的煩惱、賺錢時的煩惱；一大堆的煩惱，都是在人間世俗法的這一些煩惱上用心。連人間的煩惱該怎麼斷，他都提不出具體的方法，因為他無法解說：人間的這一些煩惱的根源，是因為人間種種法的無常。連這個都講不出來。你說，這樣自稱為大師，真的把大師這兩個字辱沒了。所以，必須是「破諸煩惱者」才能夠是 世尊；連煩惱的內涵都不懂，就別說他能破。因此，「破諸煩惱者」要出現於世間是很不容易的，很久很久才能夠遇得見。所以說「過百三十劫，今乃得一見」，他們南方五百萬億佛土，那麼久以來都沒有遇見有佛出世，如今已經過一百三十劫，才終於得遇見 大通智勝如來出現在世間。

上週是講到八十一頁倒數第二行，今天要從倒數第一行開始說明：

「諸飢渴眾生，以法雨充滿；昔所未曾睹，無量智慧者；如優曇鉢花，今日乃值遇。」這是南方來的五百萬億諸梵天王，他們向 大通智勝如來讚歎說：「諸多求法的飢渴眾生，請求大通智勝佛以法雨來充滿大眾。」法雨，當然是說　如來所說諸法猶如大雨一般無量無邊而且普皆霑潤，才能稱爲法雨。既然得充滿，就表示這法雨不是有窮有盡、不是微量而稀少。「如來是眾生往昔所未曾睹，不但如此，而且如來」，在這裡特別是指　大通智勝如來，「是我們南方五百萬億諸佛土共同來到這裡的諸梵天王所不曾見過的，而且是無量的智慧者；」因爲　如來智慧無量無邊，難以令人理解，唯有諸佛如來才能夠了知；「而且如來出現在世間，是猶如優曇缽花一樣很難得值遇。」所以南方來的這五百萬億佛土的諸梵天王說：「因爲有大通智勝如來出現的緣故，看見了自己的宮殿光明照曜異於平常，是因爲這樣的光明照曜所以特別的嚴飾，」因此他們這樣讚歎之後說：「祈求世尊以大慈愍心，」表示說大家一心無二、誠懇地希望：「世尊垂下憐愍之心來納受我們所奉獻的宮殿。」那麼，接著又是怎麼樣的發展呢？

經文：【「爾時諸梵天王偈讚佛已，各作是言：『惟願世尊轉於法輪，令一切世間諸天、魔、梵、沙門、婆羅門，皆獲安隱而得度脫。』時諸梵天王，一心同聲以偈頌曰：

惟願天人尊，轉無上法輪；擊于大法鼓，而吹大法螺；

普雨大法雨，度無量眾生。我等咸歸請，當演深遠音。

爾時大通智勝如來默然許之。西南方乃至下方，亦復如是。

語譯：這一段經文是 釋迦世尊告訴我們說：【「在那麼久遠劫之前，南方來的這些梵天王們以偈頌讚歎大通智勝如來以後，各作是言：『惟願世尊爲眾生轉法輪，令一切世間的諸天、諸魔、諸梵、諸沙門、婆羅門等，普皆獲得安隱而可以度脫無量無邊的生死。』這時諸梵天王們，一心同聲就以偈來讚頌說：

惟願人天至尊，運轉無上的法輪；擊出大法鼓的音聲來，吹出大法螺來度化眾生；惟願大通智勝佛普降大法雨，來度脫無量的眾生。

我們這些梵天王們都這樣歸命與請求，世尊應當要宣演既深又遠的大法音。

這時大通智勝如來默然而應許之。不但這從南方來的五百萬億佛土所有大梵天王們，這樣子追尋到大通智勝如來的所在，而且西南方乃至下方的五

百萬億佛土所有梵天王們來到這裡，也是如此。」】

講義：這就是說，東方、東南方、南方的梵天王們如此，其餘的東北方、西方、西南方、西北方、北方、下方等諸佛世界的各五百萬億大梵天王們，也都是如此。十方來的所有大梵天王們以偈頌來讚歎 大通智勝如來之後，當然同樣都請求 大通智勝如來轉大法輪，來使一切世間所有的天、魔、梵、沙門、婆羅門皆得安隱，可以度脫無量劫以來的無量無邊生死。「皆獲安隱」是與外道法特別不同的地方，也是與聲聞法特別不同的地方。外道法是沒有安隱可說的，因爲外道法的所有境界，不外乎意識的境界，而意識的境界不可能安隱，因爲意識的境界既不隱也不安。之所以不隱，是說這些外道們，不論他們的教主天主或者任何人，他們所修行的內涵都是明顯而可知的，不外乎就是世間法，不外乎三界中的境界，總而言之就是意識的境界，所以他們不隱。

佛菩提爲什麼是隱？因爲深奧而難知。且不說佛菩提，單說二乘菩提已經很難知，以致末法時期大家都不懂；佛教界不論中外都如此，不論南傳、北傳也都如此。單單二乘菩提，打從公元五世紀以來，都還是像法時期便已經如此了，有多少人能夠知道二乘菩提的眞義？除了乘願再來的大乘菩薩以外，沒有人知道。連二乘菩提都如此了，何況更深妙百千萬倍的佛菩提呢？當然更是如此。所以說，如來所宣演之法眞的「安隱」難知，實證的人究竟是如何的心境？沒有人知道。

因爲不容易了知，所以稱之爲幽隱；爲什麼又說爲得安？而外道法爲什麼不能得安？即使二乘菩提也談不上安，爲什麼呢？因爲外道法都是意識境界，而意識境界一向是佛菩薩們之所鑑照而悉皆能知。意識境界不能得安，爲什麼意識境界不能得安？因爲意識境界是生滅法。意識的本身已經是生滅法，即使證得初禪、二禪，乃至非想非非想定能生非想非非想天，壽命八萬大劫，可是捨壽之後，仍然要下墮於三塗之中；除非他八萬大劫前，在人間沒有造過任何的惡業，才能夠繼續生而爲人。可是將來生而爲人的時候，他顯然也是不安，因爲人壽百歲之中的病死苦，他是逃不掉的；附帶外加的是求不得苦、愛別離苦、怨憎會苦，這都是無法逃避的。所以外道之法，最勝妙的就是非想非非想定，然而證得非非想定以後，能夠得安嗎？終究是不安，因爲同樣是意識的生滅境界。

那麼，勝於外道境界的二乘菩提，例如阿羅漢的證境，他們捨壽後是可以滅盡五陰十八界而入無餘涅槃的；然而滅盡五陰十八界以後，得安了嗎？是入於涅槃而灰身泯智，那時灰身泯智就不能夠說他得安了；因為不但身已滅盡，連名也滅盡了，就沒有人可以說是已經得安。所以，怎麼樣才是得安？是你五陰具足存在的當下，心中得安而又不是意識的生滅境界，這樣你才能夠說你是得安。而且這是諸天以及外道之所不知，這樣才是既安又隱，才能說是「安隱」。所以，這個安隱而得度脫，眞是難說，因為不是三言兩語之所能知。

單單說二乘菩提，咱們《阿含正義》寫了七輯那麼多，已經覺得不太容易具足講解了，那如果是佛菩提呢？你們看，除了《阿含正義》以外，我那些書全都在講佛菩提，但是講完了沒有？沒有！還是沒講完。而且我常常說，我寫出來的、我講出來的那些佛菩提妙法，只有我心中大概三分之一、四分之一，因為寫的速度永遠趕不上我心中所知道的內涵。所以，佛菩提眞的是「安隱」，因為幽隱難知，連阿羅漢們都不知道。但是親證了以後，心中得大安隱，是因為這個法不生不滅，從來離生老病死，無量劫以來始終如是；所以菩薩們跟著諸佛修學所證的這個法，就是這麼的「安隱」。這就是佛菩提的特色，非阿羅漢之所能知，更非外道天人天主之所能知，何況人間的外道們。那麼，這就是證佛菩提得「安隱」的眞實義。

接著說「時諸梵天王，一心同聲以偈頌曰」，這裡就有一些法應該要理解了。當然，我們講解《法華》眞義時，不能像古時那些大德或現代那些大德們只作科判演繹，科判演繹是無法眞實理解《法華經》宗旨與眞義的。諸位聽我說《法華經》這麼久了，我們如今講多久了？講一年出頭了，諸位聽到我講《法華》時跟別人講的一樣嗎？爲什麼不一樣呢？這就是說，《法華經》在宣講的時候，你要能夠知道 佛陀講《法華》的那個時空背景，才有辦法把《法華經》的眞正義涵宣講出來，所以《法華》不是容易講的。一般人讀《法華》的時候說：「哎呀！這些我都懂，又沒談到什麼法義。」但問題不是在法義，問題在於 佛陀爲什麼要講《法華》；而 佛陀講《法華》的當時，爲這些阿羅漢們所作的授記，背後的原因是什麼？佛陀不會當眾明講；但是你如果當時參與其事，自然就會知道。所以我們講《法華》時，得把它的時空背景也講了出來，才能顯示出當年 佛陀講《法華經》的眞實意旨；而這不是作學術研究所能瞭解的，更不是依文解義的人所能瞭解的。

那麼，這裡說的大梵天王們所講的這幾句話，可就有文章了：「**惟願天人尊，轉無上法輪；擊于大法鼓，而吹大法螺；普雨大法雨，度無量眾生。**」這幾句話有文章，怎麼說呢？「**天人尊**」，我就不用再解釋了，因爲諸位都知道沒有誰能夠與 如來相提並論。接著我們來談談看，什麼叫作「**轉無上法輪**」？轉法輪，大家聽了都懂，就是爲大眾說法嘛！那麼關於說法，到處都有人在說法，問題可就來了：說什麼法？究竟他們在說什麼法？也就是問「**他們轉什麼法輪？**」如果轉法輪的事，大家都會轉，那是不是大家的法輪全都一樣？很多寺院都有一個法輪的裝置，我們這講桌前面也有，但那只是一個代表，其實法輪不是那個模樣；因爲法輪無形無色，會有什麼模樣？但是問題來了，轉法輪到處都在轉，爲什麼有的人轉法輪能度脫眾生，乃至能令眾生證得法界宇宙萬有的實相，可是有的人轉法輪，轉了幾十年之後，沒有人能夠實證佛菩提；等而下之，尚且無法實證二乘菩提，原因何在？這就是說，法輪分爲有上與無上，有這個差別；而且即使是有上的法輪，時至末法時代的今天，也已經失傳了。

諸位看看，南傳佛法五百多年來，他們都不讀《尼柯耶》，也就是不讀南傳《阿含經》，爲什麼呢？因爲讀不懂。當然他們更無法讀北傳的阿含部經典，更不要提大乘佛菩提道的經典，因爲根本聞所未聞。他們南傳佛法五百年來都讀什麼來修行的呢？讀覺音論師的《清淨道論》。可是問題來了，覺音論師在公元五世紀寫的《清淨道論》，他們讀了也努力修行了，一千五百多年來，爲什麼竟然都無人能斷我見、證聲聞初果呢？因爲這個覺音論師他自己就沒有斷我見、沒有證聲聞初果了，所以他的《清淨道論》也是言不及義——不但不及大乘第一義，而且是不及二乘菩提義。

那你說，研究《清淨道論》努力奉行的人，能證聲聞初果嗎？根本不可能。所以，南傳佛法這五百多年來，你找不到一個眞正證果的人；現代南洋所謂證得阿羅漢果的阿姜查和他的眾弟子們，全都沒有斷我見。後來終於能夠找到證得聲聞初果的人，那是在二十一世紀初的現在，而且不是在南洋地區，得在台灣才有。爲什麼呢？因爲他們那個菩提已經不是無上菩提，而且是錯誤的二乘菩提，那就談不上「無上法輪」了。那麼，預期未來十年、二十年後，也許五十年後，有人翻譯了《阿含正義》爲泰文、緬文，南傳佛法終於有人懂得說：「這才是眞正的二乘菩提。」終於願意依教奉行去實證，那時的南洋修行者，想要證得聲聞初果或者成爲阿羅漢都有可能。

但問題是，就算他們證得阿羅漢果之後出來轉法輪了，仍然不是「無上法輪」，因爲他們的所證與所轉的法輪，菩薩皆知，無法說是無上。然而那時候，即使你遇上了南傳佛法中的阿羅漢，因爲他們依照《阿含正義》所說，依教奉行眞的斷了我執成阿羅漢；那時假使你們有因緣去跟他們討論佛菩提，只要一句話，阿羅漢們就口似扁擔、嘴掛壁上。你只要問他們：「請問尊者，你將來捨壽入了無餘涅槃，在無餘涅槃裡面是什麼？」他最多就是告訴你：「涅槃裡面就是本識如來藏獨存。」因爲他讀過《阿含正義》了。讀過了，當然知道啊！可是你問他說：「那如來藏自住的境界，你知道嗎？」他們就不敢答了，只能老老實實說：「我不知道。」因爲他們不知道，就不能瞎掰；若是他們硬要矇著講，就會被你戳破。

那時你就告訴他們：「無餘涅槃裡面不生不滅、不來不去、不增不減、不黑不白、不垢不淨、不善不惡。」你就講一大堆的不，一對、一對又一對的不，他們只好摸摸後腦勺說：「菩薩！你到底在講什麼？能不能爲我開示？」阿羅漢們得要請你開示，爲什麼呢？因爲你知道妙眞如心所住的中道境界，他們可都不知道。那你想，你有沒有資格「轉無上法輪」？有沒有？聲音這麼小！你既然能夠「轉無上法輪」，就應該有把握而大聲說；因爲你說出來的佛法，阿羅漢們只能聽，不能問；他們無從問起，不知道要怎麼問。這樣的轉法輪才能夠稱爲「轉無上法輪」。因此轉法輪時，只有轉佛菩提道這種法輪，才能夠稱爲「無上法輪」。

所以，這些梵天王們說：「令一切世間諸天、魔、梵、沙門、婆羅門，皆獲安隱而得度脫。」還是說得很客氣啊！爲什麼我說是客氣呢？因爲沒有把阿羅漢給函蓋進去。爲什麼他們明知道而沒有把阿羅漢函蓋進去呢？因爲這些阿羅漢們心中已經迴小向大而正在被授記了。準備要被授記或者將來會被授記，是說所有阿羅漢們被 佛陀度了以後終究要迴小向大；大梵天王們曾經奉事過諸佛，聽過《法華經》而知道這個道理，當然不能夠放肆，隨意把在場的大阿羅漢們講進去，所以說話也要懂得分寸。他們大梵天王以往也見過諸佛，當然也很清楚什麼叫作「無上法輪」。這時當然要讚歎 大通智勝世尊，請 世尊爲一切有情中的有緣者宣揚「無上法輪」。由這裡，諸位就能瞭解，佛菩提道非同小可。

就像達摩大師講的，如來所傳的這一種無上妙道，諸佛都是「曠劫精勤」努力修集才能完成的；達摩大師說，這樣的勝妙法是「諸佛無上妙道，曠劫精勤」，又說：「豈以小德小智、輕心慢心，欲冀真乘？徒勞勤苦。」是說小小的德行，小小的功德，小小的智慧，心中都還有輕心與慢心，就想要獲得佛菩提的見道功德，那是不可能的。諸位，你們如果去過禪三，被我印證過了，現在進了增上班，是不是應該捫心自問一下：「我已經親證無上菩提了，是不是繼續保持著小德小智來進修佛菩提呢？」有很多人搖頭，然而沒有搖頭的人是怎麼樣？是什麼意思？是說「我就繼續以小德小智來進修佛菩提」嗎？當然不行啊！所以就是要有大德大智的心量。當眾生被戕害法身慧命的時候，你們應該揭竿而起；當然不是叫你起義，而是說，你要努力去救護眾生。當眾生被誤導，被殘害而走上將來捨壽會下墮三塗的邪法中，你該不該發心去救護他們？如果這時候明明看見眾生被誤導而會下墮三塗，竟不肯發起大心來努力救護眾生，那還能算是菩薩嗎？如果你們不願救護眾生，而我幫你們證得無上法輪，我可就是瞎了眼。真的是瞎了眼，因為所度不是真實義的菩薩。所以大家當然應該要發心願意救護眾生。

你們已經清楚知道，自己所證的是無上菩提，還得要發願：「**這一世如果作不到，未來世我應該承擔轉法輪的義務。**」這才叫作荷擔如來家業。好多人在 佛前發願：「**我要荷擔如來家業。**」可是，等到該他出來作事的時候就害怕了，縮腳了。如來家業不是那麼好荷擔的，若是想要輕輕鬆鬆荷擔如來家業，你就用常見外道法去荷擔，誰都不會來評論你，因爲跟凡夫大師們同流合汙。可是你如果不想同流合汙，而是要把眞正的「**無上法輪**」拿出來利益眾生，那麼那些悟錯的人都會來攻擊你，而且是群起而攻，這時候你要有勇氣承擔起來。你們要捫心自問：「**我有沒有這個勇氣？**」應當說：「**雖千萬人，吾往矣！**」這樣你才夠格能當菩薩，要不然當上了菩薩，證悟了，躲在家裡不肯利樂眾生，不肯救護眾生，眼見眾生即將沉淪而不肯救護，那還算是什麼菩薩？這首偈中說「**轉無上法輪**」，也就是說，你要出來爲眾生說法，而說法時是說無上法，不是二乘菩提而已，更不能是外道的意識境界。

接著說「**擊于大法鼓**」，這個「**擊于大法鼓**」也有文章，而且不容易擊。什麼人能擊「**大法鼓**」？諸位思考看看，「**大法鼓**」的道理，在《大般涅槃經》裡面怎麼說？說想要戰爭時，用一面大鼓，上面塗了各種雜毒，上陣時大力擊打，敵人聽聞鼓聲時全部都死；敵人譬喻我見，雜毒譬喻正法之毒。又如《大法鼓經》中說，聲聞人有數百千，有一面大鼓，這一面鼓塗上無上大法之毒藥，把這個毒藥塗好以後就擊大法鼓，聞者皆死——聽到這一面塗了毒的鼓打出來的鼓聲以後，所有人聽到了，聲聞心性全都死掉。世間有沒有這種鼓？有啊？在哪裡？（有人回答：西藏）西藏啊？西藏有嗎？密宗四大派那麼多人聽他們擊鼓鳴鐘以後，都沒有死掉我性、凡夫性，結果全都繼續輪迴生死。

這就是說，應該怎麼死，是個文章。死，不是把人家的五陰害死；可是從佛法來講，擊了這個大法鼓，又眞的把人家五陰給害死。這話好像自相矛盾，是不是？但不矛盾，因爲以這個世間法譬喻所說的「聞者皆喪」，在佛法中是眞的把五陰十八界我見害死了，但是捨壽以後會繼續去投胎、繼續輪轉生死，卻能在生死得自在，名爲菩薩。可是，佛法這一面大法鼓所塗上去的毒，叫作法毒，這個法毒專門要讓眾生的五陰徹底死掉，但不是肉體中的覺知心等五陰，而是指執著五陰爲眞實我的這種邪見死掉。這個邪見死掉的時候，大家都不再認定色、受、想、行、識這五陰爲眞實我，知道這都是虛妄的假我，唯有涅槃是常住不變，是眞實、清涼的，因此願意死掉這個五陰我見，然後去尋求涅槃常住的實證，也就是要去親證宇宙萬有最後的眞實相，就是第八識如來藏。這樣子證得之後，認五陰爲我的這個邪見全部死掉，就說是眾生這個我眞的死了，這只有佛菩提道中才有這樣的功德。

以前，老趙州有一次跟一個大居士、大護法，他們在園子裡閒逛，突然間看見一隻兔子驚嚇得飛奔而跑，這位大護法就調侃趙州禪師：「**和尚您是大善知識，爲何兔子見驚？**」說你是大善知識，你都在度眾生，爲什麼兔子看了你，就驚嚇成那個樣子飛奔逃跑了？你知道趙州怎麼答嗎？「**只爲老僧好殺。**」意思是說：「**兔子看了我就怕，飛奔而去，沒什麼原因，就是因爲我老僧好殺。**」爲什麼呢？因爲趙州不許人家有我見，只要誰認取五陰爲我，一定要挨他罵，他一天到晚就是要殺掉眾生的我見。殺了我見，才有辦法證悟佛菩提，不殺掉我見，都無法證悟佛菩提的，所以他說得好：「**只爲老僧好殺。**」你看，他就這麼輕描淡寫交代過去。可是他還有言外之意，是那大護法所不知道的，這就是禪門的機鋒，這可就難會了。

所以眞悟的禪師，每一句話一定都有二用：一方面殺掉眾生我，一方面同時指示他的爲人處。所以禪師出手就是二把刀，不會單刀而出；看來似乎只是一把殺人刀，但殺人刀的背後就是活人劍。這樣才能夠轉無上法輪，這樣的人就有能力擊大法鼓。大法鼓不是等閒人能擊，諸位想想看，佛教三百年來，有什麼人擊了大法鼓讓眾生「聞者皆喪」？沒有啊！眼睜睜看著眾生聽聞佛法了，在他們轉無上法輪以後，結果個個都還活蹦亂跳，沒有一個人死過我見，你們可以從近代大德說法的文獻中看得出來。偏偏唯一能夠擊大法鼓，能讓人死掉我見的善知識，在西藏覺囊派卻被人家趕出去，覺囊派就滅亡了，覺囊派的法如今也失傳了。那眞正藏傳佛教覺囊派的法，沒想到卻已經來到台灣，就在正覺同修會。今天晚上拿到一本覺囊派的書，我把它的目錄看了一下，書名說的是覺囊派的要義；可是那書裡面都沒有覺囊派的要義，因爲覺囊派的要義就是他空見，就是如來藏見，可是那本書裡面都沒有談到，我不曉得他翻譯出來幹嘛？只是浪費一些紙張而已。現在講節能減碳，他反而浪費紙張電力，增加好多二氧化碳，無益於眾生，也無益於實修的佛子們。

那麼，能夠擊大法鼓，本身要具備什麼條件？首先要有能力幫眾生斷除我見，有能力把眾生如何斷我所執與我執、證聲聞果德，把出離三界生死的法講出來，把這個正法的法毒普遍地撒出去，讓眾生一接觸到，五陰我見就死光光；甚至於五陰的我執也能死盡，這樣算是擊二乘菩提的法鼓，還不能稱之爲大，因爲這個法只是二乘菩提，還不算大法。接著，還要有個法宣揚出來，能夠藉這個法幫眾生打破無始無明——打破所知障；還要進一步幫眾生把習氣種子以及無始無明所攝的塵沙惑，修到最後全部斷盡，這樣的法才能叫作大。而這樣的法毒塗在特大號的鼓上面，打了以後大家聽到了，從此開始三大無量數劫努力去斷盡所有的習氣種子以及塵沙惑，這就只有如來藏妙法才能作得到。

如果有能力這樣來「擊大法鼓」，這個人，我們就說他是菩薩。只有菩薩才有這樣的能力「擊大法鼓」，這不是二乘聖者——不是阿羅漢、辟支佛之所能爲，只有實證眞如的菩薩才能作。但是菩薩單憑自己的力量就能作嗎？不行！菩薩其實是追隨諸佛熏習修學，然後有了實證才能夠「擊大法鼓」。所以這一句「擊大法鼓」，追根究柢還是要仰推到世尊如來。那麼，這南方來的五百萬億佛土的大梵天王，就是要請求 大通智勝如來「擊大法鼓」，不要擊小法鼓。小法鼓能利樂的人們很有限，而且傳承不久就會中斷，因此他們請求 大通智勝如來「**擊大法鼓**」。

接著說「**吹大法螺**」，螺聲可以傳很遠；雖然它的聲音低沉，但它可以傳很遠。可是一般宗教吹的法螺沒什麼用，一般世俗的螺就更不用提了，因爲一般的海螺是被人家拿來作什麼用的呢？用來賣豬肉。以前台灣鄉下賣豬肉的人，把手推車推著，去到哪個地方的定點停下來，他就開始吹那個海螺，大家一聽，知道賣豬肉的來了。那對眾生的修道根本派不上什麼用場。可是法螺有大有小，如果能夠吹起人天善法的法螺，在末法時代的現在已經很難得了。例如能夠教導大家怎麼樣去修得未到地定，然後教導大家怎麼樣修除五蓋發起初禪，進而捨棄了初禪等持位，得一心等至，或得二禪；現在這樣的人天善法也已經聽不到了，還有誰能教？不論南傳、北傳，不論東半球、西半球的佛教界，全都一樣，你現在能看得到誰教人家證得初禪嗎？沒有。

六、七年前，台南有個法師宣稱說他有初禪，結果當然是假的。以前還有外道說：「**你們正覺教人家證初禪，那太淺了，我們是先得四禪再說，然**

後再向下慢慢來修三禪、初禪。」我就說那叫作禪定門外漢的外道，因爲他顯然不懂禪定。禪定的實修中，你沒有初禪便不能得二禪，沒有三禪即不能得四禪。原來他們是誤會了，跟誰一樣誤會？跟南老師一樣誤會。南懷瑾老師認爲什麼叫作無想定？他認爲說，腦袋裡面只要沒有語言文字妄想，就叫作無想定。誤會可眞大了！無想定又名無知定，就是沒有知覺的定境。爲什麼沒有知覺？因爲到了第四禪以後，把意識滅了，誤以爲那是無餘涅槃。由於意識滅了，所以無知無想，稱爲無想定。「**想亦是知**」，佛陀在《阿含經》這麼講過；所以，無想定又叫作無知定。意識滅了而住入四禪後的那個定中，那才叫作無想定。

但南老師連初禪都沒有，他哪來的無想定？他把離念靈知——欲界中的離念靈知——當作無想定，這個叫作不倫不類；因爲一個是人間的法，一個是超過四禪等至的法，怎麼可以相提並論呢？所以這樣推究下來，現代人間有誰證得初禪的？沒有。未到地定還有人能證，可是一天到晚在山上茅棚裡面這樣枯坐，等著初禪，始終等不到，那是有正知正見的人。沒有正知見的人就誇口說：「**我早就證得第四禪了。**」等到你問他說：「**你證第四禪了，那你知**

不知道第四禪的境界是什麼？」「知道啊！」他就講一大堆，你就告訴他：「錯了！第四禪裡面的境界是息脈俱斷，你的息脈斷了沒？」他一聽，不敢答腔了，才知道自己大錯特錯。可是，末法時代的這類假善知識比比皆是，太多了！請問：吹這種人天善法法螺的人都不存在了，何況二乘菩提的法螺？更別說大乘菩提的法螺了。

咱們二十年前一出來弘法就直接講大乘菩提（編案：這是二〇一〇年九月所說），怪不得人家要罵，這叫作犯眾怒，因為大家都說：「覺知心中離念了，一念不生就是開悟。」咱們說：「那不叫作開悟，你要證得第八識如來藏才叫作開悟。」那等於是一竹竿打翻一船人，你們說，我會不會被罵？不挨罵才怪！可是現在人家都不敢罵了——除了密宗外道們，為什麼？因為他們發覺這個法才是眞的佛法，他們現在才知道說：自己以前所以為的開悟等等，全部都是錯誤的。所以，現在正覺在台灣才能所向無敵，無人敢來挑戰；就是因為大家終於認清楚，原來他們自己都錯會了；可是仰望正覺所證悟的佛菩提，深不可測，正覺的同修們竟然是這麼一念相應便證悟了。他們全都作不到，作不到時會覺得怎麼樣呢？當然是無法想像。

所以，能夠吹一般的法螺已經是不容易的，但是眞正要「吹大法螺」，可不單單是吹出佛菩提，二乘菩提乃至世間人天善法的法螺也要能夠吹。你有這樣的能力，就可以說你能夠「吹大法螺」。但是，縱使菩薩出現於人間，能教人家修證人天善法，能夠證禪定生色界天、無色界天等等，也能教人修二乘菩提，實證聲聞初果、二果乃至阿羅漢果，還能教人家成爲眞實義菩薩，實證佛菩提，親見宇宙萬有的本源，親悟法界實相，這樣而說這一位菩薩能「吹大法螺」；可是深究之下，是他自己能夠吹的嗎？不行！菩薩們沒有那麼厲害，因爲菩薩們都是過往無量劫以來追隨諸佛，一世又一世、一劫又一劫，不斷修學才能夠今天當上大菩薩來「吹大法螺」。

因此，從來沒有一個菩薩見了 佛的時候，像當年的大目犍連那樣作師子步來見 佛，自認爲 佛不如自己；沒有菩薩敢這樣的，而且全都不敢自認證量與佛相同。目犍連尊者當時還不知道 佛陀的境界深不可測，才敢那樣作師子步；所以 佛陀由於他曾經能夠觀見八千個佛世界而生慢心，產生了未來的特殊因緣，就授記他說：「你將來還要先供養那八千佛，然後才能再供養其他的二百萬億諸佛，最後才能成佛。」這告訴我們什麼呢？告訴我們說，聲聞聖人有所不知。但是，菩薩跟隨諸佛無量劫進修以後，很清楚知道自己的定位是什麼；因此即使是等覺菩薩見了 佛陀，也是無比恭敬；因爲，他們對 佛陀瞭解到很清楚，絕對不是自己所能夠猜測臆想而知。所以，所有能夠「**吹大法螺**」的大菩薩們，沒有一個人敢居功，全都是仰推 如來。大菩薩們很深念 如來的恩德，當大菩薩們把一切都仰推 釋迦如來的時候，那些外道凡夫們卻各個都自稱「**我已經成佛了**」，結果卻都是凡夫一個。不是一個，是一群，末法時代到處都是凡夫自稱成佛。可是，深悟而證得很深妙法的菩薩，沒有人敢自稱成佛。

諸位有沒有想過，「**吹大法螺**」的人是這樣謙卑於諸佛，然而結集四阿含的四十位阿羅漢們，卻自認爲他們已經懂得成佛之道。你們有沒有想過這個問題？從來沒有人想過。阿含就是阿笈摩，阿笈摩的意思是什麼呢？意思就是「**成佛之道**」。問題來了，他們所結集的四大部阿含諸經總共二千多部，那裡面有談到成佛的內涵以及次第嗎？都沒有！既然都沒有，但他們敢說自己結集起來的那一些經典，就叫作成佛之道。請問諸位，那四十位阿羅漢們有沒有慢？（有人答：有。）而且是很嚴重。等到他們誦出的時候，菩薩們去聽聞後，無法接受，因爲阿含部那些經典根本無法使人成佛，所以菩薩們當場抗議說：「**吾等亦欲結集。**」半年後在七葉窟外結集出了般若諸經以及唯識方廣諸經，果然這一結集出來，大家一看：這些內容才眞的可以使人成佛，成佛的內涵與次第都具足了。

所以說，能夠「**吹大法螺**」的人不會有慢心，可是不能吹大法螺而只能吹小法螺的人，卻有慢心。什麼人是吹小法螺的？（有人答話：……）大聲一點！（有人答：二乘聖人。）對嘛，二乘聖者吹的法螺這麼小，那聽起來不是低沈大聲的「嗚——」，而是高音的「嗡——」，傳得不遠，而且聲音不夠宏大，因爲二乘菩提只不過是佛菩提中一個很小的局部而已。所以，能「**吹大法螺**」的人沒有絲毫慢心，吹小法螺的二乘聖人卻有一點慢心；如今連小法螺都不能吹的人，慢心竟比天還要大，他們都敢自稱成佛，這就是末法時代的怪象。今天諸位聽了已經瞭解了，以後再見到有人自稱成佛，你就見怪不怪了。不管誰說他成佛了，不論那佛是活的或死的，你就知道他一定是個凡夫，連聲聞初果都談不上，是表示他完全不懂佛法。

接下來「**普雨大法雨**」：雨，第一個雨字讀作遇，就是作動詞用。「**普雨**

大法雨」，普遍地降下了大法雨。什麼人能普遍地降下大法雨？當然只有十方如來。他們請求大通智勝佛「普雨大法雨」，這是如實說；因爲大法雨不是二乘人所能夠來普降的，唯有諸佛如來有這個能力；而菩薩們跟著如來修學，所以多分少分具備這個能力。大法雨，何以名之爲大？因爲這種法雨能夠普遍利益眾生。換句話說：求人乘者得利益，求天乘者得利益，求二乘者乃至求大乘者，都可以得到如來所降法雨的利益。這就是說，如來所降下的法雨，是函蓋人天乘、聲聞緣覺乘、菩薩乘的，這樣具足利樂一切人天，才能夠叫作「大法雨」。

因此，所說的法是不是「大法雨」的法，是有嚴格定義的。如果像某一位大法師說：「你們學佛就是要說好話、存好心、作好事，然後要家庭和樂、事業順利。」請問這樣能保住人身嗎？不一定，因爲這樣作的結果，還是有可能犯戒。爲什麼會犯戒？因爲他沒有受持五戒。存好心、說好話、作好事，應該不會犯戒吧？可是他沒有加上一樣：不喝酒。萬一喝了酒、亂了性，心也不好了、話也說絕了、事也作壞了，那怎麼辦？所以，那不是眞正的人天善法。人天善法必須要具足函蓋五戒，也得教人修行十善業道，才能稱之爲欲界範圍內的人天善法。但他沒有，既不鼓勵人家受五戒，也不告訴眾生說不能違犯五戒；那這樣子，能夠吹起人天善法的法螺嗎？顯然沒有那個能力。

如果又暗地裡在搞雙身法，那些比丘尼們都是他的後宮嬪妃，這樣夠不夠勁爆？可是沒有人會笑，爲什麼呢？因爲悲哀呀！眞是悲哀呀！佛教今天搞到這個地步，你說悲哀不悲哀？原來有大法師建了金碧輝煌的寺廟，是他的王國，他在裡面當國王，擁有不少嬪妃。佛教能搞到這個地步，眞的悲哀啊！我們能作什麼？我們所能作的就是告訴他們、告訴社會大眾說：那是錯誤的，死後會下墮三塗。像那一類的大師，連最小的人天法螺都吹不動了，何況是生欲界天、生色界天的小法螺？更不要說是二乘菩提的法螺了，因爲一天到晚在意識境界裡轉，根本斷不了我見，何況能教導座下弟子們斷我執呢？那麼，證二果、三果、四果就更甭提了。至於「大法螺」的無上菩提，他們根本就無法想像。這樣的人有沒有辦法「普雨大法雨」呢？答案當然是否定的。所以，「普雨大法雨」的人，一定要懂得人天五乘妙法；每一乘都能爲人宣揚，讓人家如實理解，而且可以一一付諸實行，然後可以實證。

假使有人說：「我早就證得初禪了。」可是，他卻無法教人家如何證初禪，講不出理論與實修法門和證境，那你說天下有這個理嗎？沒有這個理嘛！如果他說：「**我開悟了。**」可是他的徒弟們都悟錯了，但他的徒弟們心性卻是很好、福德很具足的。有這個理嗎？沒有這個理嘛！這就是說，凡是能夠「**普雨大法雨**」的人，一定具足函蓋五乘法；舉凡人乘、天乘、聲聞乘、緣覺乘、菩薩乘，五乘都具足函蓋，而且可以幫助他的隨學者一一實證，這樣才能夠說他是能夠「**普雨大法雨**」的人。但這種人難得，「難得」並不是說人間沒有，而是說他不一定會出世弘法；譬如局勢很亂，根本沒辦法弘法，他可能看起來就只是個普通人一般，這樣過一生，繼續等待時節因緣。

我告訴諸位，現在的台灣正好是推展了義正法的最好時機，因爲現在是多元社會，你怎麼樣百花齊放、百家爭鳴，都沒事，沒有人會對你怎麼樣，最多就是被人家用言語在網路上匿名寫文章圍剿，或是誣告一場還輸掉官司，但絕對不會賠上性命。然而眞金不怕火煉，不管你被人拿火來燒，或是被人拿試金石來劃一下也好，你都不怕。別人要來燒你、煉你的，被你反過來一燒，被你回頭一煉，狐狸尾巴就全部顯露出來了，那你就可以安隱，就可以繼續努力把「**大法雨**」普降：不但要降給那一些被大師們誤導的人聽，還要降給大師們聽，讓他們在即將捨壽的時候，懂得修補自己的過失，捨壽後才不會下墮三塗。所以「大法雨」的下降是普降的，不該作選擇，你不能夠說：「**我只要度他的徒弟們，讓他們不下墮惡道。至於大師，我不理他，讓他下墮。**」如果有這個心想，你還能叫作菩薩嗎？

所以，眞正能夠「**普雨大法雨**」的人，心中是沒有選擇性的，不論對誰，都一樣要度。對方願不願意被度，那是對方的事，不是菩薩的事；可是菩薩一定要同時度化，不捨任何一人。菩薩爲什麼能夠這樣？因爲有榜樣：過去無量劫以來追隨著諸佛都是這樣。你看，像提婆達多那樣的惡人，佛都授記說他將來會成佛，佛陀也一樣攝受他。何況那些大師們，又沒來殺你、害你、毒你，他們最多就是毀謗你而已，所以你當然還是要設法度他們。

如果他們不肯聽你說法、不肯讀你的書，你就設法使他們周遭的人都聽你說法、都讀你的書。所以你看，我們弘揚第八識如來藏以來十九年（編案：這是二〇一〇年九月說的），終於有大師願意出一篇文章（雖然不一定他寫的，但是即使是別人代筆的，終究是用他的名義發表），發表在他們的報紙上，承認有第八識如來藏，這就是個進步。所以，要怎麼樣「**普雨大法雨**」？當然要跟隨諸佛修學，只有如來具格能夠「普雨大法雨」；菩薩們都跟著諸佛如來修學，所以也有多分或少分能力「普雨大法雨」。這一些南方五百萬億佛土來的大梵天王們，就是這樣請求 大通智勝如來普遍地降下大法雨，來利樂一切的眾生，這就是這一些梵天王們的請求。

接著說「度無量眾生」，二乘聖者是無法度無量眾生的，因爲他們度眾生只有一世，捨壽就入無餘涅槃去了。也許有人說：「那麼三果人呢？」三果人在這裡捨報前，也會隨緣度眾生去證聲聞菩提，但是請問：他這一生能度多少人？有限。可是菩薩一世又一世繼續度下去，永不休止，那人數當然很多了，因爲三大無量數劫都在自度度他。也許有人講：「可是三果人捨報以後，到了色界天去，還可以度眾生啊！」問題是，色界天裡面的天人們，大部分喜歡定境，他們一天到晚在打坐修定，你能度誰？誰能給你度？如果到無色界去呢？連眾生都找不到，因爲大家都無色，那你能度誰啊？所以，三果人能度的眾生也一樣有限。這樣看來二果、初果人應該度比較多眾生吧！對啊！初果人可以度最多，他們要喝七喜汽水 7 Up，因爲他們得要七次人天往返才能解脫三界生死苦。

問題又來了，他縱使七次人天往返，能度的眾生因他所斷的煩惱，不過就是見惑；到最後那一世，他可以教人家斷思惑；但他終究只是七次人天往返，所度的眾生還是很有限。而且他這一世證初果而在人間捨報，生到欲界天去；等他在那裡捨壽再回來人間，那是多少年以後的事？不是幾百年、幾千年、幾萬年，因爲天壽很長，所以最後人間的聲聞菩提，也就跟著失傳了。正法、像法時期，那一些證得聲聞初果、二果、三果的人生到天界去以後，能有誰回來人間？沒有人回來。因爲他就算生到四王天好了，他回來人間，那是多少年以後的事？不是二萬年、三萬年而已（有人說：九百萬年）。

所以你看，聲聞菩提到最後也失傳了，大約在 世尊入涅槃後一千年就失傳了，那時連上座部都沒有人能實證二乘涅槃，才會有五世紀初葉的上座部長老覺音論師，寫出不能使人斷三縛結的《清淨道論》，被部派佛教一體接受而全體遵循修習。流傳到今天成爲南傳佛教遵循修學的唯一論典，都沒有看見誰證得聲聞菩提，最後還是要靠我們寫了《阿含正義》重新把它弘傳起來。因此他們聲聞人無法「度無量眾生」，只有菩薩，就是像諸位這樣，被度了以後想：「我找到如來藏了，我轉依如來藏了，我住於如來藏心的眞如法性中，原來我在生死中就已經沒有生死，那就無妨繼續世世有生死了。那就可以繼續世世生死，捨壽了，入母胎後，再重新出生了。忘了這一世的所證，那沒關係，一接觸到正法時又會再度開悟，悟後又繼續利樂人天。」這樣一世又一世都不中斷，直到三大無量數劫以後成佛；這樣一世又一世下來，能度多少眾生呢？我想，你自己也無法算。

因此，每一個菩薩成佛的過程之中，都是「度無量眾生」的，不只是成佛以後才開始「度無量眾生」。那麼請問，釋迦如來度了無量眾生，難道會只有人間這些眾生嗎？絕對不止，所以一切如來歷經三大阿僧祇劫的修行，這三大阿僧祇劫時間不可計算，所度的眾生當然是無量。因此，只有如來能「度無量眾生」，非阿羅漢、非辟支佛之所能度，這樣才叫作「度無量眾生」。可是以往善知識們作科判或者演述時，曾見過誰把這個道理告訴大家？看不見。這就是只有諸位有緣得聞，以前你要找誰聽聞這道理？你們曾看見過誰寫下這個道理？沒有。因爲以前大家連三乘菩提的分際都已經分不清楚了，更不要說是深入瞭解　佛陀演說《法華》時的時空背景。

言歸正傳，這南方五百萬億佛土來的諸梵天王們，這樣子請求完了，最後作一個總結式的總請：「我等咸歸請，當演深遠音。」是說：「我們這一些南方五百萬億佛土來的所有大梵天王們，全都一心一意歸命於大通智勝如來您，請求您不久就開始演述既深又遠的法音。」「深遠音」，只能用在佛菩提上面來說，因爲二乘菩提的宣說並不是「深遠音」，爲什麼呢？二乘菩提，精進而利根的人一世就證阿羅漢了，就是二乘菩提的極果了；若是有佛菩薩教導的話，可以同時成爲辟支佛，雖然仍然名爲阿羅漢，即是緣覺，一世就完成了。但是佛菩提，即使有 佛陀親自教導弘演，菩薩們追隨修學，仍然得要三大阿僧祇劫才能完成。那你說，這樣的法音是不是既深又遠？這絕對是不可思議的深妙法，而且所應該受持的時間是很久遠的。大通智勝如來如果弘演了佛菩提道，當然就是「演深遠音」。當他們這樣請求完了，大通智勝如來仍然是一樣默然許之。

接下來 世尊說西南方也是一樣有五百萬億佛土的梵天王們來到。現在已經有東方、東南方、南方，接著是西南、西方、西北、北方、東北方、下方，所以 世尊說：「西南方乃至下方，亦復如是。」因爲他們都同樣看見 大通智勝如來的光明照曜宮殿，這是同時看見的，所以他們也是前後不久就全部前來了；來了以後同樣也是各以宮殿供養 大通智勝如來，各以衣襟盛滿了天華散花供養，同樣請求 大通智勝如來轉法輪。所以，這個時間相差無幾，雖然敘述起來就像閩南話講的「絡絡長」，其實時間幾乎是同時的；所以才說：「**西南方乃至下方，亦復如是。**」講完這麼多方面了，現在還剩下上方，世尊對這個上方是怎麼說的呢？

（未完，詳續第八輯解說。）

佛教正覺同修會〈修學佛道次第表〉

第一階段

＊以憶佛及拜佛方式修習動中定力。
＊學第一義佛法及禪法知見。
＊無相拜佛功夫成就。
＊具備一念相續功夫—動靜中皆能看話頭。
＊努力培植福德資糧，勤修三福淨業。

第二階段

＊參話頭，參公案。
＊開悟明心，一片悟境。
＊鍛鍊功夫求見佛性。
＊眼見佛性〈餘五根亦如是〉親見世界如幻，成就如幻觀。
＊學習禪門差別智。
＊深入第一義經典。
＊修除性障及隨分修學禪定。
＊修證十行位陽焰觀。

第三階段

＊學一切種智真實正理—楞伽經、解深密經、成唯識論…。
＊參究末後句。
＊解悟末後句。
＊透牢關—親自體驗所悟末後句境界，親見實相，無得無失。
＊救護一切眾生迴向正道。護持了義正法，修證十迴向位如夢觀。
＊發十無盡願，修習百法明門，親證猶如鏡像現觀。
＊修除五蓋，發起禪定。持一切善法戒。親證猶如光影現觀。
＊進修四禪八定、四無量心、五神通。進修大乘種智，求證猶如谷響現觀。

佛菩提二主要道次第概要表——二道並修，以外無別佛法

佛菩提道——大菩提道

遠波羅蜜多

資糧位

十信位修集信心 —— 一劫乃至一萬劫

初住位修集布施功德（以財施爲主）。

二住位修集持戒功德。

三住位修集忍辱功德。

四住位修集精進功德。

五住位修集禪定功德。

六住位修集般若功德（熏習般若中觀及斷我見，加行位也）。

外門廣修六度萬行

見道位

七住位明心般若正觀現前，親證本來自性清淨涅槃。

八住位起於一切法現觀般若中道。漸除性障。

十住位眼見佛性，世界如幻觀成就。

一至十行位，於廣行六度萬行中，依般若中道慧，現觀陰處界猶如陽焰，至第十行滿心位，陽焰觀成就。

一至十迴向位熏習一切種智；修除性障，唯留最後一分思惑不斷。第十迴向滿心位成就菩薩道如夢觀。

內門廣修六度萬行

初地：第十迴向位滿心時，成就道種智一分（八識心王一一親證後，領受五法、三自性、七種第一義、七種性自性、二種無我法）復由勇發十無盡願，成通達位菩薩。復又永伏性障而不具斷，能證慧解脫而不取證，由大願故留惑潤生。此地主修法施波羅蜜多及百法明門。證「猶如鏡像」現觀，故滿初地心。

二地：初地功德滿足以後，再成就道種智一分而入二地；主修戒波羅蜜多及一切種智。滿心位成就「猶如光影」現觀，戒行自然清淨。

解脫道：二乘菩提

→ 斷三縛結，成初果解脫

→ 薄貪瞋癡，成二果解脫

→ 斷五下分結，成三果解脫

入地前的四加行令煩惱障現行悉斷，成四果解脫，留惑潤生。分段生死已斷，煩惱障習氣種子開始斷除，兼斷無始無明上煩惱。

近波羅蜜多　　大波羅蜜多　　圓滿波羅蜜多

修道位　　究竟位

三地：由二地再證道種智一分故入三地。此地主修忍波羅蜜多及四禪八定、四無量心、五神通。能成就俱解脫果而不取證，留惑潤生。滿心位成就「猶如谷響」現觀及無漏妙定意生身。

四地：由三地再證道種智一分故入四地。主修精進波羅蜜多，於此土及他方世界廣度有緣，無有疲倦。進修一切種智，滿心位成就「如水中月」現觀。

五地：由四地再證道種智一分故入五地。主修禪定波羅蜜多及一切種智，斷除下乘涅槃貪。滿心位成就「變化所成」現觀。

六地：由五地再證道種智一分故入六地。此地主修般若波羅蜜多——依道種智現觀十二因緣一一有支及意生身化身，皆自心眞如變化所現，「非有似有」，成就細相觀，不由加行而自然證得滅盡定，成俱解脫大乘無學。

七地：由六地「非有似有」現觀，再證道種智一分故入七地。此地主修一切種智及方便波羅蜜多，由重觀十二有支一一支中之流轉門及還滅門一切細相，成就方便善巧，念念隨入滅盡定。滿心位證得「如犍闥婆城」現觀。

八地：由七地極細相觀成就故再證道種智一分而入八地。此地主修一切種智及願波羅蜜多。至滿心位純無相觀任運恆起，故於相土自在，滿心位復證「如實覺知諸法相意生身」故。

九地：由八地再證道種智一分故入九地。主修力波羅蜜多及一切種智，成就四無礙，滿心位證得「種類俱生無行作意生身」。

十地：由九地再證道種智一分故入此地。此地主修一切種智——智波羅蜜多。滿心位起大法智雲，及現起大法智雲所含藏種種功德，成受職菩薩。

等覺：由十地道種智成就故入此地。此地應修一切種智，圓滿等覺地無生法忍；於百劫中修集極廣大福德，以之圓滿三十二大人相及無量隨形好。

妙覺：示現受生人間已斷盡煩惱障一切習氣種子，並斷盡所知障一切隨眠，永斷變易生死無明，成就大般涅槃，四智圓明。人間捨壽後，報身常住色究竟天利樂十方地上菩薩；以諸化身利樂有情，永無盡期，成就究竟佛道。

七地滿心斷除故意保留之最後一分思惑時，煩惱障所攝色、受、想三陰有漏習氣種子全部斷盡。 ←

煩惱障所攝行、識二陰無漏習氣種子任運漸斷，所知障所攝上煩惱任運漸斷。 ←

斷盡變易生死
成就大般涅槃

圓滿成就究竟佛果

佛子蕭平實　謹製
（二〇〇九、〇二　修訂）
（二〇一二、〇二　增補）

佛教正覺同修會 共修現況 及 招生公告 2016/1/16

一、共修現況：（請在共修時間來電，以免無人接聽。）

台北正覺講堂 103台北市承德路三段277號九樓 捷運淡水線圓山站旁
Tel..**總機** 02-25957295（晚上）（**分機：九樓**辦公室 10、11；知客櫃檯 12、13。 **十樓**知客櫃檯 15、16；書局櫃檯 14。 **五樓**辦公室 18；知客櫃檯 19。**二樓**辦公室 20；知客櫃檯 21。）
Fax..25954493

第一講堂 台北市承德路三段277號九樓

禪淨班：週一晚上班、週三晚上班、週四晚上班、週五晚上班、週六下午班、週六上午班（皆須報名建立學籍後始可參加共修，欲報名者詳見本公告末頁）

增上班：瑜伽師地論詳解：每月第一、三、五週之週末 17.50～20.50 平實導師講解（僅限已明心之會員參加）

禪門差別智：每月第一週日全天 平實導師主講（事冗暫停）。

佛藏經詳解 平實導師主講。已於2013/12/17 開講，歡迎已發成佛大願的菩薩種性學人，攜眷共同參與此殊勝法會聽講。詳解 釋迦世尊於《佛藏經》中所開示的眞實義理，更爲今時後世佛子四眾，闡述佛陀演說此經的本懷。眞實尋求佛菩提道的有緣佛子，親承聽聞如是勝妙開示，當能如實理解經中義理，亦能了知於大乘法中：如何是諸法實相？善知識、惡知識要如何簡擇？如何才是清淨持戒？如何才能清淨說法？於此末法之世，眾生五濁益重，不知佛、不解法、不識僧，唯見表相，不信眞實，貪著五欲，諸方大師不淨說法，各各將導大量徒眾趣入三塗，如是師徒俱堪憐憫。是故，平實導師以大慈悲心，用淺白易懂之語句，佐以實例、譬喻而爲演說，普令聞者易解佛意，皆得契入佛法正道，如實了知佛法大藏。

此經中，對於實相念佛多所著墨，亦指出念佛要點：以實相爲依，念佛者應依止淨戒、依止清淨僧寶，捨離違犯重戒之師僧，應受學清淨之法，遠離邪見。本經是現代佛門大法師所厭惡之經典：一者由於大法師們已全都落入意識境界而無法親證實相，故於此經中所說實相全無所知，都不樂有人聞此經名，以免讀後提出問疑時無法回答；二者現代大乘佛法地區，已經普被藏密喇嘛教滲透，許多有名之大法師們大多已曾或繼續在修練雙身法，都已失去聲聞戒體及菩薩戒體，成爲地獄種姓人，已非眞正出家之人，本質只是身著僧衣而住在寺院中的世俗人。這些人對於此經都是讀不懂的，也是極爲厭惡的；他們尚不樂見此經之印行，何況流通與講解？今爲救護廣大學佛人，兼欲護持佛教血脈永續常傳，特選此經宣講之。每逢週二 18.50~20.50 開示，不限制聽講資格。會外人士需憑身分證件換證入內聽講（此是大樓管理處之安全規定，敬請見諒）。桃園、台中、台南、高雄等地講堂，亦於每週二晚上播放平實導師所講本經之 DVD，不必出示身分證件即可入內聽講，歡迎各地善信同霑法益。

第二講堂　台北市承德路三段 267 號十樓。

禪淨班：週一晚上班、週六下午班。

進階班：週三晚上班、週四晚上班、週五晚上班（禪淨班結業後轉入共修）。

佛藏經詳解：平實導師講解。每週二 18.50~20.50（影像音聲即時傳輸）。本會學員憑上課證進入聽講，會外學人請以身分證件換證進入聽講（此為大樓管理處安全管理規定之要求，敬請諒解）。

第三講堂　台北市承德路三段 277 號五樓。

進階班：週一晚上班、週三晚上班、週四晚上班、週五晚上班。

佛藏經詳解：平實導師講解。每週二 18.50~20.50（影像音聲即時傳輸）。本會學員憑上課證進入聽講，會外學人請以身分證件換證進入聽講（此為大樓管理處安全管理規定之要求，敬請諒解）。

第四講堂　台北市承德路三段 267 號二樓。

進階班：週一晚上班、週三晚上班、週四晚上班、週五晚上班（禪淨班結業後轉入共修）。

佛藏經詳解：平實導師講解。每週二 18.50~20.50（影像音聲即時傳輸）。本會學員憑上課證進入聽講，會外學人請以身分證件換證進入聽講（此為大樓管理處安全管理規定之要求，敬請諒解）。

第五、第六講堂　為**開放式講堂**，不需以身分證件換證即可進入聽講，台北市承德路三段 267 號地下一樓、地下二樓。已規劃整修完成，每逢週二晚上講經時段開放給會外人士自由聽經，請由大樓側面梯階逕行進入聽講。**聽講者請尊重講者的著作權及肖像權，請勿錄音錄影，以免違法；若有錄音錄影被查獲者，將依法處理。**

正覺祖師堂　大溪鎮美華里信義路 650 巷坑底 5 之 6 號（台 3 號省道 34 公里處 妙法寺對面斜坡道進入）電話 03-3886110　傳眞 03-3881692 本堂供奉 克勤圓悟大師，專供會員每年四月、十月各二次精進禪三共修，兼作本會出家菩薩掛單常住之用。除禪三時間以外，每逢單月第一週之週日 9:00~17:00 開放會內、外人士參訪，當天並提供午齋結緣。教內共修團體或道場，得另申請其餘時間作團體參訪，務請事先與常住確定日期，以便安排常住菩薩接引導覽，亦免妨礙常住菩薩之日常作息及修行。

桃園正覺講堂（第一、第二講堂）：桃園市介壽路 286、288 號 10 樓（陽明運動公園對面）電話：03-3749363(請於共修時聯繫，或與台北聯繫)

禪淨班：週一晚上班、週三晚上班、週四晚上班、週五晚上班。

進階班：週六上午班、週五晚上班。

佛藏經詳解：平實導師講解。每週二晚上，以台北正覺講堂所錄 DVD 放映；歡迎會外學人共同聽講，不需出示身分證件。

新竹正覺講堂 新竹市東光路 55 號二樓之一　電話 03-5724297（晚上）

第一講堂：

禪淨班：週一晚上班、週五晚上班、週六上午班。

進階班：週三晚上班、週四晚上班（由禪淨班結業後轉入共修）。

佛藏經詳解：平實導師講解。每週二晚上，以台北正覺講堂所錄 DVD 放映。歡迎會外學人共同聽講，不需出示身分證件。

第二講堂：

禪淨班：週三晚上班、週四晚上班。

佛藏經詳解：每週二晚上與第一講堂同時播放佛藏經詳解 DVD。

台中正覺講堂 04-23816090（晚上）

第一講堂 台中市南屯區五權西路二段 666 號 13 樓之四（國泰世華銀行樓上。鄰近縣市經第一高速公路前來者，由五權西路交流道可以快速到達，大樓旁有停車場，對面有素食館）。

禪淨班：週三晚上班、週四晚上班。

進階班：週一晚上班、週六上午班（由禪淨班結業後轉入共修）。

增上班：單週週末以台北增上班課程錄成 DVD 放映之，限已明心之會員參加。

佛藏經詳解：平實導師講解。每週二晚上，以台北正覺講堂所錄 DVD 放映。歡迎會外學人共同聽講，不需出示身分證件。

第二講堂 台中市南屯區五權西路二段 666 號 4 樓

禪淨班：週一晚上班、週三晚上班、週六上午班。

進階班：週五晚上班（由禪淨班結業後轉入共修）。

佛藏經詳解：每週二晚上與第一講堂同時播放佛藏經詳解 DVD。

第三講堂、第四講堂：台中市南屯區五權西路二段 666 號 4 樓。

嘉義正覺講堂 嘉義市友愛路 288 號八樓之一　電話：05-2318228

第一講堂：

禪淨班：週一晚上班、週四晚上班、週五晚上班。

進階班：週三晚上班（由禪淨班結業後轉入共修）。

佛藏經詳解：平實導師講解。每週二晚上，以台北正覺講堂所錄 DVD 放映。歡迎會外學人共同聽講，不需出示身分證件。

第二講堂 嘉義市友愛路 288 號八樓之二。

台南正覺講堂

第一講堂 台南市西門路四段 15 號 4 樓。06-2820541（晚上）

禪淨班：週一晚上班、週三晚上班、週四晚上班、週五晚上班、週六下午班。

增上班：單週週末下午，以台北增上班課程錄成 DVD 放映之，限已明心之會員參加。

佛藏經詳解：平實導師講解。每週二晚上，以台北正覺講堂所錄 DVD 放映。歡迎會外學人共同聽講，不需出示身分證件。

第二講堂　台南市西門路四段 15 號 3 樓。

佛藏經詳解：每週二晚上與第一講堂同時播放佛藏經詳解 DVD。

第三講堂　台南市西門路四段 15 號 3 樓。

進階班：週三晚上班、週四晚上班、週六上午班（由禪淨班結業後轉入共修）。

佛藏經詳解：每週二晚上與第一講堂同時播放佛藏經詳解 DVD。

高雄正覺講堂　高雄市新興區中正三路 45 號五樓 07-2234248（晚上）

第一講堂（五樓）：

禪淨班：週一晚上班、週三晚上班、週四晚上班、週五晚上班、週六上午班。

增上班：單週週末下午，以台北增上班課程錄成 DVD 放映之，限已明心之會員參加。

佛藏經詳解：平實導師講解。每週二晚上，以台北正覺講堂所錄 DVD 放映。歡迎會外學人共同聽講，不需出示身分證件。

第二講堂（四樓）：

進階班：週三晚上班、週四晚上班、週六上午班（由禪淨班結業後轉入共修）。

佛藏經詳解：每週二晚上與第一講堂同時播放佛藏經詳解 DVD。

第三講堂（三樓）：

進階班：週四晚上班（由禪淨班結業後轉入共修）。

香港正覺講堂　☆已遷移新址☆

九龍觀塘，成業街 10 號，電訊一代廣場 27 樓 E 室。

（觀塘地鐵站 B1 出口，步行約 4 分鐘）。電話：(852) 23262231

英文地址：Unit E, 27th Floor, TG Place, 10 Shing Yip Street, Kwun Tong, Kowloon

禪淨班：雙週六下午班 14:30-17:30，已經額滿。
雙週日下午班 14:30-17:30，2016 年 4 月底前尚可報名。

進階班：雙週五晚上班（由禪淨班結業後轉入共修）。

增上班：單週週末上午，以台北增上班課程錄成 DVD 放映之，限已明心之會員參加。

妙法蓮華經詳解：平實導師講解。雙週六 19:00-21:00，以台北正覺講堂所錄 DVD 放映；歡迎會外學人共同聽講，不需出示身分證件。

美國洛杉磯正覺講堂　☆已遷移新址☆

825 S. Lemon Ave Diamond Bar, CA 91798 U.S.A.

Tel. (909) 595-5222（請於週六 9:00~18:00 之間聯繫）

Cell. (626) 454-0607

禪淨班：每逢週末 15：30~17：30 上課。

進階班：每逢週末上午 10：00~12：00 上課。

佛藏經詳解：平實導師講解。每週六下午 13：00~15：00，以台北正覺講堂所錄 DVD 放映。歡迎各界人士共享第一義諦無上法益，不需報名。

二、招生公告　**本會台北講堂及全省各講堂，每逢四月、十月下旬開新班，每週共修一次**（每次二小時。開課日起三個月內仍可插班）；**但美國洛杉磯共修處之禪淨班得隨時插班共修。各班共修期間皆爲二年半，欲參加者請向本會函索報名表**（各共修處皆於共修時間方有人執事，非共修時間請勿電詢或前來洽詢、請書），**或直接從本會官方網站**(http://www.enlighten.org.tw/newsflash/class)**或成佛之道網站下載報名表**。共修期滿時，若經報名禪三審核通過者，可參加四天三夜之禪三精進共修，有機會明心、取證如來藏，發起般若實相智慧，成爲實義菩薩，脫離凡夫菩薩位。

三、新春禮佛祈福　**農曆年假**期間停止共修：自農曆新年前七天起停止共修與弘法，正月 8 日起回復共修、弘法事務。新春期間正月初一～初七 9.00～17.00 開放台北講堂、正月初一~初三開放新竹講堂、台中講堂、台南講堂、高雄講堂，以及大溪禪三道場（正覺祖師堂），方便會員供佛、祈福及會外人士請書。美國洛杉磯共修處之休假時間，請逕詢該共修處。

密宗四大派修雙身法，是外道性力派的邪法；又以生滅的識陰作為常住法，是常見外道，是假的藏傳佛教。

西藏覺囊巴以他空見弘揚第八識如來藏勝法，才是真藏傳佛教

佛教正覺同修會　弘法行事表

2014/08/19

1、**禪淨班**　以無相念佛及拜佛方式修習動中定力，實證一心不亂功夫。傳授解脫道正理及第一義諦佛法，以及參禪知見。共修期間：二年六個月。每逢四月、十月開新班，詳見招生公告表。

2、**《佛藏經》詳解**　平實導師主講。已於 2013/12/17 開講，歡迎已發成佛大願的菩薩種性學人，攜眷共同參與此殊勝法會聽講。詳解釋迦世尊於《佛藏經》中所開示的眞實義理，更爲今時後世佛子四眾，闡述 佛陀演說此經的本懷。眞實尋求佛菩提道的有緣佛子，親承聽聞如是勝妙開示，當能如實理解經中義理，亦能了知於大乘法中：如何是諸法實相？善知識、惡知識要如何簡擇？如何才是清淨持戒？如何才能清淨說法？於此末法之世，眾生五濁益重，不知佛、不解法、不識僧，唯見表相，不信眞實，貪著五欲，諸方大師不淨說法，各各將導大量徒眾趣入三塗，如是師徒俱堪憐憫。是故，平實導師以大慈悲心，用淺白易懂之語句，佐以實例、譬喻而爲演說，普令聞者易解佛意，皆得契入佛法正道，如實了知佛法大藏。每逢週二 18.50~20.50 開示，不限制聽講資格。會外人士需憑身分證件換證入內聽講（此是大樓管理處之安全規定，敬請見諒）。桃園、新竹、台中、台南、高雄等地講堂，亦於每週二晚上播放平實導師講經之 DVD，不必出示身分證件即可入內聽講，歡迎各地善信同霑法益。

有某道場專弘淨土法門數十年，於教導信徒研讀《佛藏經》時，往往告誡信徒曰：「後半部不許閱讀。」由此緣故坐令信徒失去提升念佛層次之機緣，師徒只能低品位往生淨土，令人深覺愚癡無智。由有多人建議故，平實導師開始宣講《佛藏經》，藉以轉易如是邪見，並提升念佛人之知見與往生品位。此經中，對於實相念佛多所著墨，亦指出念佛要點：以實相爲依，念佛者應依止淨戒、依止清淨僧寶，捨離違犯重戒之師僧，應受學清淨之法，遠離邪見。本經是現代佛門大法師所厭惡之經典：一者由於大法師們已全都落入意識境界而無法親證實相，故於此經中所說實相全無所知，都不樂有人聞此經名，以免讀後提出問疑時無法回答；二者現代大乘佛法地區，已經普被藏密喇嘛教滲透，許多有名之大法師們大多已曾或繼續在修練雙身法，都已失去聲聞戒體及菩薩戒體，成爲地獄種姓人，已非眞正出家之人，本質上只是身著僧衣而住在寺院中的世俗人。這些人對於此經都是讀不懂的，也是極爲厭惡的；他們尚不樂見此經之印行，何況流通與講解？今爲救護廣大學佛人，兼欲護持佛教血脈永續常傳，特選此經宣講之，主講者平實導師。

3、**瑜伽師地論**詳解　詳解論中所言凡夫地至佛地等 17 師之修證境界與理論，從凡夫地、聲聞地……宣演到諸地所證一切種智之眞實正理。由平實導師開講，每逢一、三、五週之週末晚上開示，僅限已明心之會員參加。

4、**精進禪三**　主三和尚：平實導師。於四天三夜中，以克勤圓悟大師及大慧宗杲之禪風，施設機鋒與小參、公案密意之開示，幫助會員剋期取證，親證不生不滅之眞實心——人人本有之如來藏。每年四月、十月各舉辦二個梯次；平實導師主持。僅限本會會員參加禪淨班共修期滿，報名審核通過者，方可參加。並選擇會中定力、慧力、福德三條件皆已具足之已明心會員，給以指引，令得眼見自己無形無相之佛性遍佈山河大地，眞實而無障礙，得以肉眼現觀世界身心悉皆如幻，具足成就如幻觀，圓滿十住菩薩之證境。

5、**阿含經**詳解　選擇重要之阿含部經典，依無餘涅槃之實際而加以詳解，令大眾得以現觀諸法緣起性空，亦復不墮斷滅見中，顯示經中所隱說之涅槃實際—如來藏—確實已於四阿含中隱說；令大眾得以聞後觀行，確實斷除我見乃至我執，證得**見到**眞現觀，乃至**身證**……等眞現觀；已得大乘或二乘見道者，亦可由此聞熏及聞後之觀行，除斷我所之貪著，成就慧解脫果。由平實導師詳解。不限制聽講資格。

6、**大法鼓經**詳解　詳解末法時代大乘佛法修行之道。佛教正法消毒妙藥塗於大鼓而以擊之，凡有眾生聞之者，一切邪見鉅毒悉皆消殞；此經即是大法鼓之正義，凡聞之者，所有邪見之毒悉皆滅除，見道不難；亦能發起菩薩無量功德，是故諸大菩薩遠從諸方佛土來此娑婆聞修此經。由平實導師詳解。不限制聽講資格。

7、**解深密經**詳解　重講本經之目的，在於令諸已悟之人明解大乘法道之成佛次第，以及悟後進修一切種智之內涵，確實證知三種自性性，並得據此證解七眞如、十眞如等正理。每逢週二 18.50~20.50 開示，由平實導師詳解。將於《大法鼓經》講畢後開講。不限制聽講資格。

8、**成唯識論**詳解　詳解一切種智眞實正理，詳細剖析一切種智之微細深妙廣大正理；並加以舉例說明，使已悟之會員深入體驗所證如來藏之微密行相；及證驗見分相分與所生一切法，皆由如來藏—阿賴耶識—直接或展轉而生，因此證知一切法無我，證知無餘涅槃之本際。將於增上班《瑜伽師地論》講畢後，由平實導師重講。僅限已明心之會員參加。

9、**精選如來藏系經典**詳解　精選如來藏系經典一部，詳細解說，以此完全印證會員所悟如來藏之眞實，得入不退轉住。另行擇期詳細解說之，由平實導師講解。僅限已明心之會員參加。

10、**禪門差別智**　藉禪宗公案之微細淆訛難知難解之處，加以宣說及剖析，以增進明心、見性之功德，啓發差別智，建立擇法眼。每月第一週日全天，由平實導師開示，僅限破參明心後，復又眼見佛性者參加（事冗暫停）。

11、**枯木禪**　先講智者大師的《小止觀》，後說《釋禪波羅蜜》，詳解四禪八定之修證理論與實修方法，細述一般學人修定之邪見與岔路，及對禪定證境之誤會，消除枉用功夫、浪費生命之現象。已悟般若者，可以藉此而實修初禪，進入大乘通教及聲聞教的三果心解脫境界，配合應有的大福德及後得無分別智、十無盡願，即可進入初地心中。親教師：平實導師。未來緣熟時將於大溪正覺寺開講。不限制聽講資格。

註：本會例行年假，自 2004 年起，改爲每年農曆新年前七天開始停息弘法事務及共修課程，農曆正月 8 日回復所有共修及弘法事務。新春期間（每日 9.00~17.00）開放台北講堂，方便會員禮佛祈福及會外人士請書。大溪鎭的正覺祖師堂，開放參訪時間，詳見〈正覺電子報〉或成佛之道網站。本表得因時節因緣需要而隨時修改之，不另作通知。

佛教正覺同修會　贈閱書籍 目錄　　2015/09/29

1.**無相念佛**　平實導師著　回郵 10 元
2.**念佛三昧修學次第**　平實導師述著　回郵 25 元
3.**正法眼藏—護法集**　平實導師述著　回郵 35 元
4.**真假開悟簡易辨正法&佛子之省思**　平實導師著　回郵 3.5 元
5.**生命實相之辨正**　平實導師著　回郵 10 元
6.**如何契入念佛法門**（附：印順法師否定極樂世界）平實導師著　回郵 3.5 元
7.**平實書箋**—答元覽居士書　平實導師著　回郵 35 元
8.**三乘唯識**—如來藏系經律彙編　平實導師編　回郵 80 元
（精裝本　長 27 cm　寬 21 cm　高 7.5 cm　重 2.8 公斤）
9.**三時繫念全集**—修正本　回郵掛號 40 元（長 26.5 cm×寬 19 cm）
10.**明心與初地**　平實導師述　回郵 3.5 元
11.**邪見與佛法**　平實導師述著　回郵 20 元
12.**菩薩正道**—回應義雲高、釋性圓…等外道之邪見　正燦居士著 回郵 20 元
13.**甘露法雨**　平實導師述　回郵 20 元
14.**我與無我**　平實導師述　回郵 20 元
15.**學佛之心態**—修正錯誤之學佛心態始能與正法相應 孫正德老師著 回郵35元
附錄：平實導師著**《略說八、九識並存…等之過失》**
16.**大乘無我觀**—《悟前與悟後》別說　平實導師述著　回郵 20 元
17.**佛教之危機**—中國台灣地區現代佛教之真相（附錄：公案拈提六則）
平實導師著　回郵 25 元
18.**燈　影**—燈下黑（覆「求教後學」來函等）　平實導師著　回郵 35 元
19.**護法與毀法**—覆上平居士與徐恒志居士網站毀法二文
張正圜老師著　回郵 35 元
20.**淨土聖道**—兼評**選擇本願念佛**　正德老師著　**由正覺同修會購贈** 回郵 25 元
21.**辨唯識性相**—對「紫蓮心海《辯唯識性相》書中否定阿賴耶識」之回應
正覺同修會 台南共修處法義組 著　回郵 25 元
22.**假如來藏**—對法蓮法師《如來藏與阿賴耶識》書中否定阿賴耶識之回應
正覺同修會 台南共修處法義組 著　回郵 35 元
23.**入不二門**—公案拈提集錦 第一輯（於平實導師公案拈提諸書中選錄約二十則，
合輯為一冊流通之）平實導師著　回郵 20 元
24.**真假邪說**—西藏密宗索達吉喇嘛《破除邪說論》真是邪說
釋正安法師著　回郵 35 元
25.**真假開悟**—真如、如來藏、阿賴耶識間之關係　平實導師述著　回郵 35 元
26.**真假禪和**—辨正釋傳聖之謗法謬說　孫正德老師著　回郵 30 元

27.**眼見佛性**—駁慧廣法師眼見佛性的含義文中謬說

游正光老師著　回郵25元

28.**普門自在**—公案拈提集錦 第二輯（於平實導師公案拈提諸書中選錄約二十則，合輯爲一冊流通之）平實導師著　回郵25元

29.**印順法師的悲哀**—以現代禪的質疑為線索　恒毓博士著　回郵25元

30.**識蘊真義**—現觀識蘊內涵、取證初果、親斷三縛結之具體行門。

—依《成唯識論》及《惟識述記》正義，略顯安慧《大乘廣五蘊論》之邪謬

平實導師著　回郵35元

31.**正覺電子報** 各期紙版本　免附回郵　每次最多函索三期或三本。

（已無存書之較早各期，不另增印贈閱）

32.**現代人應有的宗教觀**　蔡正禮老師 著　回郵3.5元

33.**遠惑趣道**—正覺電子報般若信箱問答錄　第一輯　回郵20元

34.**遠惑趣道**—正覺電子報般若信箱問答錄　第二輯　回郵20元

35.**確保您的權益**—器官捐贈應注意自我保護　游正光老師 著　回郵10元

36.**正覺教團電視弘法三乘菩提 DVD 光碟（一）**

由正覺教團多位親教師共同講述錄製 DVD 8 片，MP3 一片，共 9 片。有二大講題：一爲「三乘菩提之意涵」，二爲「學佛的正知見」。內容精闢，深入淺出，精彩絕倫，幫助大眾快速建立三乘法道的正知見，免被外道邪見所誤導。有志修學三乘佛法之學人不可不看。(製作工本費 100 元，回郵 25 元)

37.**正覺教團電視弘法 DVD 專輯（二）**

總有二大講題：一爲「三乘菩提之念佛法門」，一爲「學佛正知見(第二篇)」，由正覺教團多位親教師輪番講述，內容詳細闡述如何修學念佛法門、實證念佛三昧，以及學佛應具有的正確知見，可以幫助發願往生西方極樂淨土之學人，得以把握往生，更可令學人快速建立三乘法道的正知見，免於被外道邪見所誤導。有志修學三乘佛法之學人不可不看。(一套 17 片，工本費 160 元。回郵 35 元)

38.**佛藏經** 燙金精裝本　每冊回郵 20 元。正修佛法之道場欲大量索取者，請正式發函並蓋用大印寄來索取（2008.04.30 起開始敬贈）

39.**喇嘛性世界**—揭開假藏傳佛教譚崔瑜伽的面紗　張善思 等人合著

由正覺同修會購贈　回郵20元

40.**假藏傳佛教的神話**—性、謊言、喇嘛教　張正玄教授編著　回郵20元

由正覺同修會購贈　回郵20元

41.**隨　緣**—理隨緣與事隨緣　平實導師述　回郵20元。

42.**學佛的覺醒**　正枝居士 著　回郵25元

43.**導師之真實義**　蔡正禮老師 著　回郵10元

44.**淺談達賴喇嘛之雙身法**—兼論解讀「密續」之達文西密碼

吳明芷居士 著　回郵10元

45.**魔界轉世**　張正玄居士 著　回郵10元

46.**一貫道與開悟**　蔡正禮老師 著　回郵10元

47.**博愛**—愛盡天下女人　正覺教育基金會 編印　回郵 10 元

48.**意識虛妄經教彙編**—實證解脫道的關鍵經文　正覺同修會編印　回郵25 元

49.**邪箭囈語**—破斥藏密外道多識仁波切《破魔金剛箭雨論》之邪說
陸正元老師著　上、下冊回郵各 30 元

50.**真假沙門**—依 佛聖教闡釋佛教僧寶之定義
蔡正禮老師著　俟正覺電子報連載後結集出版

51.**真假禪宗**—藉評論釋性廣《印順導師對變質禪法之批判
及對禪宗之肯定》以顯示真假禪宗
附論一：凡夫知見 無助於佛法之信解行證
附論二：世間與出世間一切法皆從如來藏實際而生而顯
余正偉老師著　俟正覺電子報連載後結集出版　回郵未定

52.**假鋒虛焰金剛乘**—揭示顯密正理，兼破索達吉師徒《般若鋒兮金剛焰》。
釋正安 法師著　俟正覺電子報連載後結集出版

★ 上列贈書之郵資，係台灣本島地區郵資，大陸、港、澳地區及外國地區，請另計酌增（大陸、港、澳、國外地區之郵票不許通用）。尚未出版之書，請勿先寄來郵資，以免增加作業煩擾。

★ 本目錄若有變動，唯於後印之書籍及「成佛之道」網站上修正公佈之，不另行個別通知。

函索書籍請寄：佛教正覺同修會　103 台北市承德路 3 段 277 號 9 樓
台灣地區函索書籍者請附寄郵票，無時間購買郵票者可以等值現金抵用，但不接受郵政劃撥、支票、匯票。大陸地區得以人民幣計算，國外地區請以美元計算（請勿寄來當地郵票，在台灣地區不能使用）。欲以掛號寄遞者，請另附掛號郵資。

親自索閱：正覺同修會各共修處。　★請於共修時間前往取書，餘時無人在道場，請勿前往索取；共修時間與地點，詳見書末正覺同修會共修現況表（以近期之共修現況表爲準）。

註：正智出版社發售之局版書，請向各大書局購閱。若書局之書架上已經售出而無陳列者，請向書局櫃台指定洽購；若書局不便代購者，請於正覺同修會共修時間前往各共修處請購，正智出版社已派人於共修時間送書前往各共修處流通。 郵政劃撥購書及 大陸地區 購書，請詳別頁正智出版社發售書籍目錄最後頁之說明。

成佛之道 網站：http://www.a202.idv.tw　正覺同修會已出版之結緣書籍，多已登載於 成佛之道 網站，若住外國、或住處遙遠，不便取得正覺同修會贈閱書籍者，可以從本網站閱讀及下載。　書局版之《宗通與說通》亦已上網，台灣讀者可向書局洽購，售價 300 元。《狂密與眞密》第一輯~第四輯，亦於 2003.5.1.全部於本網站登載完畢；台灣地區讀者請向書局洽購，每輯約 400 頁，售價 300 元（網站下載紙張費用較貴，容易散失，難以保存，亦較不精美）。

＊＊假藏傳佛教修雙身法，非佛教＊＊

正智出版社 籌募弘法基金發售書籍目錄 2016/11/11

1.**宗門正眼**—公案拈提 第一輯 重拈 平實導師著 500元
因重寫內容大幅度增加故，字體必須改小，並增為576頁 主文546頁。比初版更精彩、更有內容。初版《禪門摩尼寶聚》之讀者，可寄回本公司免費調換新版書。免附回郵，亦無截止期限。（2007年起，每冊附贈本公司精製公案拈提〈超意境〉CD一片。市售價格280元，多購多贈。）

2.**禪淨圓融** 平實導師著 200元（第一版舊書可換新版書。）

3.**真實如來藏** 平實導師著 400元

4.**禪—悟前與悟後** 平實導師著 上、下冊，每冊250元

5.**宗門法眼**—公案拈提 第二輯 平實導師著 500元
（2007年起，每冊附贈本公司精製公案拈提〈超意境〉CD一片）

6.**楞伽經詳解** 平實導師著 全套共10輯 每輯250元

7.**宗門道眼**—公案拈提 第三輯 平實導師著 500元
（2007年起，每冊附贈本公司精製公案拈提〈超意境〉CD一片）

8.**宗門血脈**—公案拈提 第四輯 平實導師著 500元
（2007年起，每冊附贈本公司精製公案拈提〈超意境〉CD一片）

9.**宗通與說通**—成佛之道 平實導師著 主文381頁 全書400頁售價300元

10.**宗門正道**—公案拈提 第五輯 平實導師著 500元
（2007年起，每冊附贈本公司精製公案拈提〈超意境〉CD一片）

11.**狂密與真密 一～四輯** 平實導師著 西藏密宗是人間最邪淫的宗教，本質不是佛教，只是披著佛教外衣的印度教性力派流毒的喇嘛教。此書中將西藏密宗密傳之男女雙身合修樂空雙運所有祕密與修法，毫無保留完全公開，並將全部喇嘛們所不知道的部分也一併公開。內容比大辣出版社喧騰一時的《西藏慾經》更詳細。並且函蓋藏密的所有祕密及其錯誤的中觀見、如來藏見……等，藏密的所有法義都在書中詳述、分析、辨正。每輯主文三百餘頁 每輯全書約400頁 售價每輯300元

12.**宗門正義**—公案拈提 第六輯 平實導師著 500元
（2007年起，每冊附贈本公司精製公案拈提〈超意境〉CD一片）

13.**心經密意**—心經與解脫道、佛菩提道、祖師公案之關係與密意 平實導師述 300元

14.**宗門密意**—公案拈提 第七輯 平實導師著 500元
（2007年起，每冊附贈本公司精製公案拈提〈超意境〉CD一片）

15.**淨土聖道**—兼評「選擇本願念佛」 正德老師著 200元

16.**起信論講記** 平實導師述著 共六輯 每輯三百餘頁 售價各250元

17.**優婆塞戒經講記** 平實導師述著 共八輯 每輯三百餘頁 售價各250元

18.**真假活佛**—略論附佛外道盧勝彥之邪說（對前岳靈犀網站主張「盧勝彥是證悟者」之修正） 正犀居士（岳靈犀）著 流通價140元

19.**阿含正義**—唯識學探源 平實導師著 共七輯 每輯300元

20.**超意境** CD 以平實導師公案拈提書中超越意境之頌詞，加上曲風優美的旋律，錄成令人嚮往的超意境歌曲，其中包括正覺發願文及平實導師親自譜成的黃梅調歌曲一首。詞曲雋永，殊堪翫味，可供學禪者吟詠，有助於見道。內附設計精美的彩色小冊，解說每一首詞的背景本事。每片 280 元。【每購買公案拈提書籍一冊，即贈送一片。】

21.**菩薩底憂鬱** CD 將菩薩情懷及禪宗公案寫成新詞，並製作成超越意境的優美歌曲。 1.主題曲〈菩薩底憂鬱〉，描述地後菩薩能離三界生死而迴向繼續生在人間，但因尚未斷盡習氣種子而有極深沈之憂鬱，非三賢位菩薩及二乘聖者所知，此憂鬱在七地滿心位方才斷盡；本曲之詞中所說義理極深，昔來所未曾見；此曲係以優美的情歌風格寫詞及作曲，聞者得以激發嚮往諸地菩薩境界之大心，詞、曲都非常優美，難得一見；其中勝妙義理之解說，已印在附贈之彩色小冊中。 2.以各輯公案拈提中直示禪門入處之頌文，作成各種不同曲風之超意境歌曲，值得玩味、參究；聆聽公案拈提之優美歌曲時，請同時閱讀內附之印刷精美說明小冊，可以領會超越三界的證悟境界；未悟者可以因此引發求悟之意向及疑情，眞發菩提心而邁向求悟之途，乃至因此眞實悟入般若，成眞菩薩。 3.正覺總持咒新曲，總持佛法大意；總持咒之義理，已加以解說並印在隨附之小冊中。本 CD 共有十首歌曲，長達 63 分鐘。每盒各附贈二張購書優惠券。每片 280 元。

22.**禪意無限** CD 平實導師以公案拈提書中偈頌寫成不同風格曲子，與他人所寫不同風格曲子共同錄製出版，幫助參禪人進入禪門超越意識之境界。盒中附贈彩色印製的精美解說小冊，以供聆聽時閱讀，令參禪人得以發起參禪之疑情，即有機會證悟本來面目而發起實相智慧，實證大乘菩提般若，能如實證知般若經中的眞實意。本 CD 共有十首歌曲，長達 69 分鐘，每盒各附贈二張購書優惠券。每片 280 元。

23.**我的菩提路**第一輯　釋悟圓、釋善藏等人合著　售價 300 元

24.**我的菩提路**第二輯　郭正益、張志成等人合著　售價 300 元

25.**鈍鳥與靈龜**—考證後代凡夫對大慧宗杲禪師的無根誹謗。
平實導師著 共 458 頁 售價 350 元

26.**維摩詰經講記** 平實導師述 共六輯 每輯三百餘頁 售價各 250 元

27.**真假外道**—破劉東亮、杜大威、釋證嚴常見外道見　正光老師著　200 元

28.**勝鬘經講記**—兼論印順《勝鬘經講記》對於《勝鬘經》之誤解。
平實導師述　共六輯　每輯三百餘頁　售價 250 元

29.**楞嚴經講記** 平實導師述 共 **15** 輯，每輯三百餘頁 售價 300 元

30.**明心與眼見佛性**—駁慧廣〈蕭氏「眼見佛性」與「明心」之非〉文中謬說
正光老師著　共 448 頁　售價 300 元

31.**見性與看話頭** 黃正倖老師 著，本書是禪宗參禪的方法論。
內文 375 頁，全書 416 頁，售價 300 元。

32.**達賴真面目**—玩盡天下女人 白正偉老師 等著 中英對照彩色精裝大本 800 元

33.**喇嘛性世界**—揭開假藏傳佛教譚崔瑜伽的面紗　張善思 等人著　200元
34.**假藏傳佛教的神話**—性、謊言、喇嘛教　正玄教授編著　200元
35.**金剛經宗通**　平實導師述　共九輯　每輯售價250元。
36.**空行母**—性別、身分定位，以及藏傳佛教。
珍妮·坎貝爾著 呂艾倫 中譯 售價250元
37.**末代達賴**—性交教主的悲歌　張善思、呂艾倫、辛燕編著 售價250元
38.**霧峰無霧**—給哥哥的信　辨正釋印順對佛法的無量誤解
游宗明 老師著　售價250元
39.**第七意識與第八意識？**—穿越時空「超意識」
平實導師述　每冊300元
40.**黯淡的達賴**—失去光彩的諾貝爾和平獎
正覺教育基金會編著　每冊250元
41.**童女迦葉考**—論呂凱文〈佛教輪迴思想的論述分析〉之謬。
平實導師 著 定價180元
42.**人間佛教**—實證者必定不悖三乘菩提
平實導師 述，定價400元
43.**實相經宗通**　平實導師述　共八輯　每輯250元
44.**真心告訴您(一)**—達賴喇嘛在幹什麼？
正覺教育基金會編著　售價250元
45.**中觀金鑑**—詳述應成派中觀的起源與其破法本質
孫正德老師著　分為上、中、下三冊，每冊250元
46.**佛法入門**—迅速進入三乘佛法大門，消除久學佛法漫無方向之窘境。
○○居士著　將於正覺電子報連載後出版。售價250元
47.**藏傳佛教要義**—《狂密與真密》之簡體字版　平實導師 著 上、下冊
僅在大陸流通　每冊300元
48.**法華經講義**　平實導師述　共二十五輯　每輯300元
已於2015/05/31起開始出版，每二個月出版一輯
49.**西藏「活佛轉世」制度**—附佛、造神、世俗法
許正豐、張正玄老師合著　定價150元
50.**廣論三部曲**　郭正益老師著　定價150元
51.**真心告訴您(二)**—達賴喇嘛是佛教僧侶嗎？
—補祝達賴喇嘛八十大壽
正覺教育基金會編著　售價300元
52.**廣論之平議**—宗喀巴《菩提道次第廣論》之平議　正雄居士著
約二或三輯　俟正覺電子報連載後結集出版　書價未定
53.**末法導護**—對印順法師中心思想之綜合判攝　正慶老師著　書價未定
54.**菩薩學處**—菩薩四攝六度之要義　陸正元老師著　出版日期未定。
55.**八識規矩頌**詳解　○○居士 註解　出版日期另訂　書價未定。
56.**印度佛教史**—法義與考證。依法義史實評論印順《印度佛教思想史、佛教史地考論》之謬說　正偉老師著　出版日期未定　書價未定

57.**中國佛教史**—依中國佛教正法史實而論。 ○○老師 著　書價未定。

58.**中論正義**—釋龍樹菩薩《中論》頌正理。

孫正德老師著　出版日期未定　書價未定

59.**中觀正義**—註解平實導師《中論正義頌》。

○○法師（居士）著　出版日期未定　書價未定

60.**佛藏經講記**　平實導師述　出版日期未定　書價未定

61.**阿含經講記**—將選錄四阿含中數部重要經典全經講解之，講後整理出版。

平實導師述　約二輯　每輯300元　出版日期未定

62.**寶積經講記**　平實導師述　每輯三百餘頁 優惠價300元 出版日期未定

63.**解深密經講記**　平實導師述 約四輯　將於重講後整理出版

64.**成唯識論略解**　平實導師著　五～六輯　每輯300元　出版日期未定

65.**修習止觀坐禪法要講記**　平實導師述　每輯三百餘頁

將於正覺寺建成後重講、以講記逐輯出版　出版日期未定

66.**無門關**—《無門關》公案拈提　平實導師著　出版日期未定

67.**中觀再論**—兼述印順《中觀今論》謬誤之平議。 正光老師著 出版日期未定

68.**輪迴與超度**—佛教超度法會之真義。

○○法師（居士）著　出版日期未定　書價未定

69.**《釋摩訶衍論》平議**—對偽稱龍樹所造《釋摩訶衍論》之平議

○○法師（居士）著　出版日期未定　書價未定

70.**正覺發願文**註解—以真實大願為因 得證菩提

正德老師著　出版日期未定　書價未定

71.**正覺總持咒**—佛法之總持　正圜老師著　出版日期未定　書價未定

72.**涅槃**—論四種涅槃　平實導師著　出版日期未定　書價未定

73.**三自性**—依四食、五蘊、十二因緣、十八界法，說三性三無性。

作者未定　出版日期未定

74.**道品**—從三自性說大小乘三十七道品　作者未定　出版日期未定

75.**大乘緣起觀**—依四聖諦七真如現觀十二緣起 作者未定　出版日期未定

76.**三德**—論解脫德、法身德、般若德。　作者未定　出版日期未定

77.**真假如來藏**—對印順《如來藏之研究》謬說之平議　作者未定 出版日期未定

78.**大乘道次第**　作者未定　出版日期未定　書價未定

79.**四緣**—依如來藏故有四緣。　作者未定　出版日期未定

80.**空之探究**—印順《空之探究》謬誤之平議　作者未定 出版日期未定

81.**十法義**—論阿含經中十法之正義　作者未定　出版日期未定

82.**外道見**—論述外道六十二見　作者未定　出版日期未定

禪淨圓融：言淨土諸祖所未曾言，示諸宗祖師所未曾示；禪淨圓融，另闢成佛捷徑，兼顧自力他力，闡釋淨土門之速行易行道，亦同時揭櫫聖教門之速行易行道；令廣大淨土行者得免緩行難證之苦，亦令聖道門行者得以藉著淨土速行道而加快成佛之時劫。乃前無古人之超勝見地，非一般弘揚禪淨法門典籍也，先讀為快。平實導師著　200元。

宗門正眼—公案拈提第一輯：繼承克勤圜悟大師碧巖錄宗旨之禪門鉅作。先則舉示當代大法師之邪說，消弭當代禪門大師鄉愿之心態，摧破當今禪門「世俗禪」之妄談；次則旁通教法，表顯宗門正理；繼以道之次第，消弭古今狂禪；後藉言語及文字機鋒，直示宗門入處。悲智雙運，禪味十足，數百年來難得一睹之禪門鉅著也。平實導師著　500元（原初版書《禪門摩尼寶聚》，改版後補充為五百餘頁新書，總計多達二十四萬字，內容更精彩，並改名為《宗門正眼》，讀者原購初版《禪門摩尼寶聚》皆可寄回本公司免費換新，免附回郵，亦無截止期限）（2007年起，凡購買公案拈提第一輯至第七輯，每購一輯皆贈送本公司精製公案拈提〈超意境〉CD一片，市售價格280元，多購多贈）。

禪—悟前與悟後：本書能建立學人悟道之信心與正確知見，圓滿具足而有次第地詳述禪悟之功夫與禪悟之內容，指陳參禪中細微淆訛之處，能使學人明自眞心、見自本性。若未能悟入，亦能以正確知見辨別古今中外一切大師究係眞悟？或屬錯悟？便有能力揀擇，捨名師而選明師，後時必有悟道之緣。一旦悟道，遲者七次人天往返，便出三界，速者一生取辦。學人欲求開悟者，不可不讀。　平實導師著。上、下冊共500元，單冊250元。

眞實如來藏：如來藏眞實存在，乃宇宙萬有之本體，並非印順法師、達賴喇嘛等人所說之「唯有名相、無此心體」。如來藏是涅槃之本際，是一切有智之人竭盡心智、不斷探索而不能得之生命實相；是古今中外許多大師自以爲悟而當面錯過之生命實相。如來藏即是阿賴耶識，乃是一切有情本自具足、不生不滅之眞實心。當代中外大師於此書出版之前所未能言者，作者於本書中盡情流露、詳細闡釋。眞悟者讀之，必能增益悟境、智慧增上；錯悟者讀之，必能檢討自己之錯誤，免犯大妄語業；未悟者讀之，能知參禪之理路，亦能以之檢查一切名師是否眞悟。此書是一切哲學家、宗教家、學佛者及欲昇華心智之人必讀之鉅著。　平實導師著　售價400元。

宗門法眼—公案拈提第二輯：列舉實例，闡釋土城廣欽老和尚之悟處；並直示這位不識字的老和尚妙智橫生之根由，繼而剖析禪宗歷代大德之開悟公案，解析當代密宗高僧卡盧仁波切之錯悟證據，並例舉當代顯宗高僧、大居士之錯悟證據（凡健在者，爲免影響其名聞利養，皆隱其名）。藉辨正當代名師之邪見，向廣大佛子指陳禪悟之正道，彰顯宗門法眼。悲勇兼出，強捋虎鬚；慈智雙運，巧探驪龍；摩尼寶珠在手，直示宗門入處，禪味十足；若非大悟徹底，不能爲之。禪門精奇人物，允宜人手一冊，供作參究及悟後印證之圭臬。本書於2008年4月改版，增寫爲大約500頁篇幅，以利學人研讀參究時更易悟入宗門正法，以前所購初版首刷及初版二刷舊書，皆可免費換取新書。平實導師著　500元（2007年起，凡購買公案拈提第一輯至第七輯，每購一輯皆贈送本公司精製公案拈提〈超意境〉CD一片，市售價格280元，多購多贈）。

宗門道眼—公案拈提第三輯：繼宗門法眼之後，再以金剛之作略、慈悲之胸懷、犀利之筆觸，舉示寒山、拾得、布袋三大士之悟處，消弭當代錯悟者對於寒山大士……等之誤會及誹謗。　亦舉出民初以來與虛雲和尚齊名之蜀郡鹽亭袁煥仙夫子——南懷瑾老師之師，其「悟處」何在？並蒐羅許多眞悟祖師之證悟公案，顯示禪宗歷代祖師之睿智，指陳部分祖師、奧修及當代顯密大師之謬悟，作爲殷鑑，幫助禪子建立及修正參禪之方向及知見。假使讀者閱此書已，一時尚未能悟，亦可一面加功用行，一面以此宗門道眼辨別眞假善知識，避開錯誤之印證及歧路，可免大妄語業之長劫慘痛果報。欲修禪宗之禪者，務請細讀。平實導師著　售價500元（2007年起，凡購買公案拈提第一輯至第七輯，每購一輯皆贈送本公司精製公案拈提〈超意境〉CD一片，市售價格280元，多購多贈）。

起修之依據經典；故達摩祖師於印證二祖慧可大師之後，將此經典連同佛缽祖衣一併交付二祖，令其依此經典佛示金言、進入修道位，修學一切種智。由此可知此經對於眞悟之人修學佛道，是非常重要之一部經典。此經能破外道邪說，亦破佛門中錯悟名師之謬說，亦破禪宗部分祖師之狂禪：不讀經典、一向主張「一悟即成究竟佛」之謬執。並開示愚夫所行禪、觀察義禪、攀緣如禪、如來禪等差別，令行者對於三乘禪法差異有所分辨；亦糾正禪宗祖師古來對於如來禪之誤解，嗣後可免以訛傳訛之弊。此經亦是法相唯識宗之根本經典，禪者悟後欲修一切種智而入初地者，必須詳讀。　平實導師著，全套共十輯，已全部出版完畢，每輯主文約320頁，每冊約352頁，定價250元。

宗門血脈—公案拈提第四輯：末法怪象—許多修行人自以爲悟，每將無念靈知認作眞實；崇尚二乘法諸師及其徒衆，則將外於如來藏之緣起性空—無因論之無常空、斷滅空、一切法空—錯認爲 佛所說之般若空性。這兩種現象已於當今海峽兩岸及美加地區顯密大師之中普遍存在；人人自以爲悟，心高氣壯，便敢寫書解釋祖師證悟之公案，大多出於意識思惟所得，言不及義，錯誤百出，因此誤導廣大佛子同陷大妄語之地獄業中而不能自知。彼等書中所說之悟處，其實處處違背第一義經典之聖言量。彼等諸人不論是否身披袈裟，都非佛法宗門血脈，或雖有禪宗法脈之傳承，亦只徒具形式；猶如螟蛉，非眞血脈，未悟得根本眞實故。禪子欲知 佛、祖之眞血脈者，請讀此書，便知分曉。平實導師著，主文452頁，全書464頁，定價500元（2007年起，凡購買公案拈提第一輯至第七輯，每購一輯皆贈送本公司精製公案拈提〈超意境〉CD一片，市售價格280元，多購多贈）。

宗通與說通：古今中外，錯誤之人如麻似粟，每以常見外道所說之靈知心，認作眞心；或妄想虛空之勝性能量爲眞如，或錯認物質四大元素藉冥性（靈知心本體）能成就吾人色身及知覺，或認初禪至四禪中之了知心爲不生不滅之涅槃心。此等皆非通宗者之見地。復有錯悟之人一向主張「宗門與教門不相干」，此即尚未通達宗門之人也。其實宗門與教門互通不二，宗門所證者乃是眞如與佛性，教門所說者乃說宗門證悟之眞如佛性，故教門與宗門不二。本書作者以宗教二門互通之見地，細說「宗通與說通」，從初見道至悟後起修之道、細說分明；並將諸宗諸派在整體佛教中之地位與次第，加以明確之教判，學人讀之即可了知佛法之梗概也。欲擇明師學法之前，允宜先讀。平實導師著，主文共381頁，全書392頁，只售成本價300元。

宗門正道—公案拈提第五輯：修學大乘佛法有二果須證—解脫果及大菩提果。二乘人不證大菩提果，唯證解脫果；此果之智慧，名爲聲聞菩提、緣覺菩提。大乘佛子所證二果之菩提果爲佛菩提，故名大菩提果，其慧名爲一切種智—函蓋二乘解脫果。然此大乘二果修證，須經由禪宗之宗門證悟方能相應。而宗門證悟極難，自古已然；其所以難者，咎在古今佛教界普遍存在三種邪見：1.以修定認作佛法，2.以無因論之緣起性空—否定涅槃本際如來藏以後之一切法空作爲佛法，3.以常見外道邪見（離語言妄念之靈知性）作爲佛法。如是邪見，或因自身正見未立所致，或因邪師之邪教導所致，或因無始劫來虛妄熏習所致。若不破除此三種邪見，永劫不悟宗門眞義、不入大乘正道，唯能外門廣修菩薩行。平實導師於此書中，有極爲詳細之說明，有志佛子欲摧邪見、入於內門修菩薩行者，當閱此書。主文共496頁，全書512頁。售價500元（2007年起，凡購買公案拈提第一輯至第七輯，每購一輯皆贈送本公司精製公案拈提〈超意境〉CD一片，市售價格280元，多購多贈）。

狂密與眞密：密教之修學，皆由有相之觀行法門而入，其最終目標仍不離顯教經典所說第一義諦之修證；若離顯教第一義經典、或違背顯教第一義經典，即非佛教。西藏密教之觀行法，如灌頂、觀想、遷識法、寶瓶氣、大聖歡喜雙身修法、喜金剛、無上瑜伽、大樂光明、樂空雙運等，皆是印度教兩性生生不息思想之轉化，自始至終皆以如何能運用交合淫樂之法達到全身受樂爲其中心思想，純屬欲界五欲的貪愛，不能令人超出欲界輪迴，更不能令人斷除我見；何況大乘之明心與見性，更無論矣！故密宗之法絕非佛法也。而其明光大手印、大圓滿法教，又皆同以常見外道所說離語言妄念之無念靈知心錯認爲佛地之眞如，不能直指不生不滅之眞如。西藏密宗所有法王與徒眾，都尚未開頂門眼，不能辨別眞僞，以依人不依法、依密續不依經典故，不肯將其上師喇嘛所說對照第一義經典，純依密續之藏密祖師所說爲準，因此而誇大其證德與證量，動輒謂彼祖師上師爲究竟佛、爲地上菩薩；如今台海兩岸亦有自謂其師證量高於 釋迦文佛者，然觀其師所述，猶未見道，仍在觀行即佛階段，尚未到禪宗相似即佛、分證即佛階位，竟敢標榜爲究竟佛及地上法王，誑惑初機學人。凡此怪象皆是狂密，不同於眞密之修行者。近年狂密盛行，密宗行者被誤導者極眾，動輒自謂已證佛地眞如，自視爲究竟佛，陷於大妄語業中而不知自省，反謗顯宗眞修實證者之證量粗淺；或如義雲高與釋性圓…等人，於報紙上公然誹謗眞實證道者爲「騙子、無道人、人妖、癩蛤蟆…」等，造下誹謗大乘勝義僧之大惡業；或以外道法中有爲有作之甘露、魔術……等法，誑騙初機學人，狂言彼外道法爲眞佛法。如是怪象，在西藏密宗及附藏密之外道中，不一而足，舉之不盡，學人宜應愼思明辨，以免上當後又犯毀破菩薩戒之重罪。密宗學人若欲遠離邪知邪見者，請閱此書，即能了知密宗之邪謬，從此遠離邪見與邪修，轉入眞正之佛道。平實導師著 共四輯 每輯約400頁（主文約340頁）每輯售價300元。

宗門正義—公案拈提第六輯：佛教有六大危機，乃是藏密化、世俗化、膚淺化、學術化、宗門密意失傳、悟後進修諸地之次第混淆；其中尤以宗門密意之失傳，爲當代佛教最大之危機。由宗門密意失傳故，易令 世尊本懷普被錯解，易令 世尊正法被轉易爲外道法，以及加以淺化、世俗化，是故宗門密意之廣泛弘傳與具緣佛弟子，極爲重要。然而欲令宗門密意之廣泛弘傳予具緣之佛弟子者，必須同時配合錯誤知見之解析、普令佛弟子知之，然後輔以公案解析之直示入處，方能令具緣之佛弟子悟入。而此二者，皆須以公案拈提之方式爲之，方易成其功、竟其業，是故平實導師續作宗門正義一書，以利學人。 全書500餘頁，售價500元（2007年起，凡購買公案拈提第一輯至第七輯，每購一輯皆贈送本公司精製公案拈提〈超意境〉CD一片，市售價格280元，多購多贈）。

心經密意—心經與解脫道、佛菩提道、祖師公案之關係與密意。 二乘菩提所證之解脫道，實依第八識心之斷除煩惱障現行而立解脫之名；大乘菩提所證之佛菩提道，實依親證第八識如來藏之涅槃性、清淨自性、及其中道性而立般若之名；禪宗祖師公案所證之眞心，即是此第八識如來藏；是故三乘佛法所修所證之三乘菩提，皆依此如來藏心而立名也。此第八識心，即是《心經》所說之心也。證得此如來藏已，即能漸入大乘佛菩提道，亦可因證知此心而了知二乘無學所不能知之無餘涅槃本際，是故《心經》之密意，與三乘佛菩提之關係極爲密切、不可分割，三乘佛法皆依此心而立名故。今者平實導師以其所證解脫道之無生智及佛菩提之般若種智，將《心經》與解脫道、佛菩提道、祖師公案之關係與密意，以演講之方式，用淺顯之語句和盤托出，發前人所未言，呈三乘菩提之眞義，令人藉此《心經密意》一舉而窺三乘菩提之堂奧，迴異諸方言不及義之說；欲求眞實佛智者、不可不讀！ 主文317頁，連同跋文及序文…等共384頁，售價300元。

宗門密意—公案拈提第七輯：佛教之世俗化，將導致學人以信仰作爲學佛，則將以感應及世間法之庇祐，作爲學佛之主要目標，不能了知學佛之主要目標爲親證三乘菩提。大乘菩提則以般若實相智慧爲主要修習目標，以二乘菩提解脫道爲附帶修習之標的；是故學習大乘法者，應以禪宗之證悟爲要務，能親入大乘菩提之實相般若智慧中故，般若實相智慧非二乘聖人所能知故。此書則以台灣世俗化佛教之三大法師，說法似是而非之實例，配合眞悟祖師之公案解析，提示證悟般若之關節，令學人易得悟入。平實導師著，全書五百餘頁，售價500元（2007年起，凡購買公案拈提第一輯至第七輯，每購一輯皆贈送本公司精製公案拈提〈超意境〉CD一片，市售價格280元，多購多贈）。

淨土聖道—兼評日本本願念佛：佛法甚深極廣，般若玄微，非諸二乘聖僧所能知之，一切凡夫更無論矣！所謂一切證量皆歸淨土是也！是故大乘法中「聖道之淨土、淨土之聖道」，其義甚深，難可了知；乃至眞悟之人，初心亦難知也。今有正德老師眞實證悟後，復能深探淨土與聖道之緊密關係，憐憫眾生之誤會淨土實義，亦欲利益廣大淨土行人同入聖道，同獲淨土中之聖道門要義，乃振奮心神、書以成文，今得刊行天下。主文279頁，連同序文等共301頁，總有十一萬六千餘字，正德老師著，成本價200元。

起信論講記：詳解大乘起信論心生滅門與心眞如門之眞實意旨，消除以往大師與學人對起信論所說心生滅門之誤解，由是而得了知眞心如來藏之非常非斷中道正理；亦因此一講解，令此論以往隱晦而被誤解之眞實義，得以如實顯示，令大乘佛菩提道之正理得以顯揚光大；初機學者亦可藉此正論所顯示之法義，對大乘法理生起正信，從此得以眞發菩提心，眞入大乘法中修學，世世常修菩薩正行。平實導師演述，共六輯，都已出版，每輯三百餘頁，售價各250元。

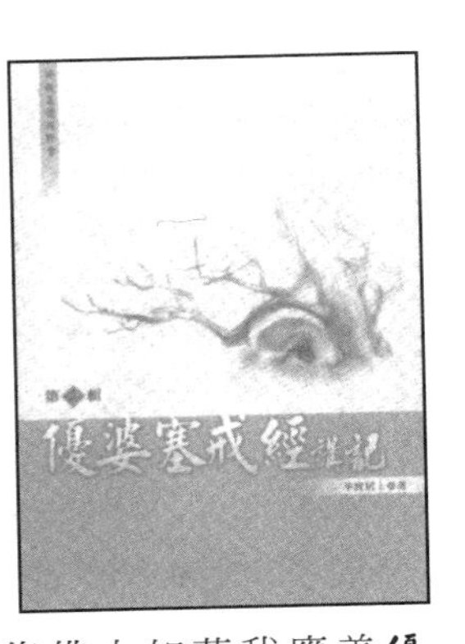

優婆塞戒經講記：本經詳述在家菩薩修學大乘佛法，應如何受持菩薩戒？對人間善行應如何看待？對三寶應如何護持？應如何正確地修集此世後世證法之福德？應如何修集後世「行菩薩道之資糧」？並詳述第一義諦之正義：五蘊非我非異我、自作自受、異作異受、不作不受……等深妙法義，乃是修學大乘佛法、行菩薩行之在家菩薩所應當了知者。出家菩薩今世或未來世登地已，捨報之後多數將如華嚴經中諸大菩薩，以在家菩薩身而修行菩薩行，故亦應以此經所述正理而修之，配合《楞伽經、解深密經、楞嚴經、華嚴經》等道次第正理，方得漸次成就佛道；故此經是一切大乘行者皆應證知之正法。平實導師講述，每輯三百餘頁，售價各250元；共八輯，已全部出版。

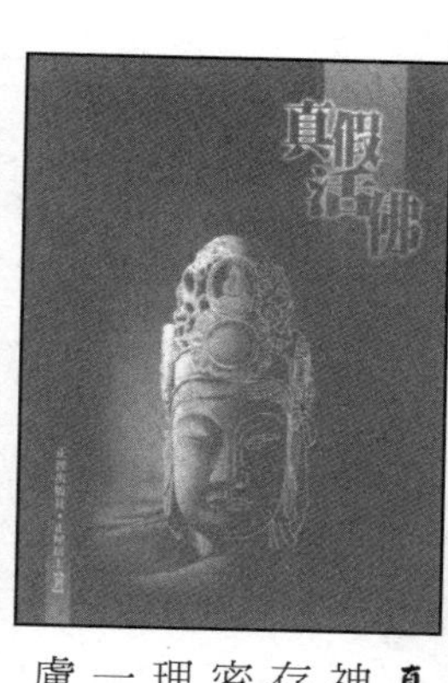

真假活佛—略論附佛外道盧勝彥之邪說：人人身中都有眞活佛，永生不滅而有大神用，但眾生都不了知，所以常被身外的西藏密宗假活佛籠罩欺瞞。本來就眞實存在的眞活佛，才是眞正的密宗無上密！諾那活佛因此而說禪宗是大密宗，但藏密的所有活佛都不知道、也不曾實證自身中的眞活佛。本書詳實宣示眞活佛的道理，舉證盧勝彥的「佛法」不是眞佛法，也顯示盧勝彥是假活佛，直接的闡釋第一義佛法見道的眞實正理。眞佛宗的所有上師與學人們，都應該詳細閱讀，包括盧勝彥個人在內。正犀居士著，優惠價140元。

阿含正義—唯識學探源：廣說四大部《阿含經》諸經中隱說之眞正義理，一一舉示佛陀本懷，令阿含時期初轉法輪根本經典之眞義，如實顯現於佛子眼前。並提示末法大師對於阿含眞義誤解之實例，一一比對之，證實唯識增上慧學確於原始佛法之阿含諸經中已隱覆密意而略說之，證實 世尊確於原始佛法中已曾密意而說第八識如來藏之總相；亦證實 世尊在四阿含中已說此藏識是名色十八界之因、之本—證明如來藏是能生萬法之根本心。佛子可據此修正以往受諸大師（譬如西藏密宗應成派中觀師：印順、昭慧、性廣、大願、達賴、宗喀巴、寂天、月稱、……等人）誤導之邪見，建立正見，轉入正道乃至親證初果而無困難；書中並詳說三果所證的心解脫，以及四果慧解脫的親證，都是如實可行的具體知見與行門。全書共七輯，已出版完畢。平實導師著，每輯三百餘頁，售價300元。

超意境CD：以平實導師公案拈提書中超越意境之頌詞，加上曲風優美的旋律，錄成令人嚮往的超意境歌曲，其中包括正覺發願文及平實導師親自譜成的黃梅調歌曲一首。詞曲雋永，殊堪翫味，可供學禪者吟詠，有助於見道。內附設計精美的彩色小冊，解說每一首詞的背景本事。每片280元。【每購買公案拈提書籍一冊，即贈送一片。】

我的菩提路第一輯：凡夫及二乘聖人不能實證的佛菩提證悟，末法時代的今天仍然有人能得實證，由正覺同修會釋悟圓、釋善藏法師等二十餘位實證如來藏者所寫的見道報告，已為當代學人見證宗門正法之絲縷不絕，證明大乘義學的法脈仍然存在，為末法時代求悟般若之學人照耀出光明的坦途。由二十餘位大乘見道者所繕，敘述各種不同的學法、見道因緣與過程，參禪求悟者必讀。全書三百餘頁，售價300元。

我的菩提路第二輯：由郭正益老師等人合著，書中詳述彼等諸人歷經各處道場學法，一一修學而加以檢擇之不同過程以後，因閱讀正覺同修會、正智出版社書籍而發起抉擇分，轉入正覺同修會中修學；乃至學法及見道之過程，都一一詳述之。其中張志成等人係由前現代禪轉進正覺同修會，張志成原為現代禪副宗長，以前未閱本會書籍時，曾被人藉其名義著文評論 平實導師（詳見《宗通與說通》辨正及《眼見佛性》書末附錄…等）；後因偶然接觸正覺同修會書籍，深覺以前聽人評論平實導師之語不實，於是投入極多時間閱讀本會書籍、深入思辨，詳細探索中觀與唯識之關聯與異同，認為正覺之法義方是正法，深覺相應；亦解開多年來對佛法的迷雲，確定應依八識論正理修學方是正法。乃不顧面子，毅然前往正覺同修會面見平實導師懺悔，並正式學法求悟。今已與其同修王美伶（亦為前現代禪傳法老師），同樣證悟如來藏而證得法界實相，生起實相般若真智。此書中尚有七年來本會第一位眼見佛性者之見性報告一篇，一同供養大乘佛弟子。全書四百頁，售價300元。

鈍鳥與靈龜：鈍鳥及靈龜二物，被宗門證悟者說為二種人：前者是精修禪定而無智慧者，也是以定為禪的愚癡禪人；後者是或有禪定、或無禪定的宗門證悟者，凡已證悟者皆是靈龜。但後來被人虛造事實，用以嘲笑大慧宗杲禪師，說他雖是靈龜，卻不免被天童禪師預記「患背」痛苦而亡：「鈍鳥離巢易，靈龜脫殼難。」藉以貶低大慧宗杲的證量。同時將天童禪師實證如來藏的證量，曲解為意識境界的離念靈知。自從大慧禪師入滅以後，錯悟凡夫對他的不實毀謗就一直存在著，不曾止息，並且捏造的假事實也隨著年月的增加而越來越多，終至編成「鈍鳥與靈龜」的假公案、假故事。本書是考證大慧與天童之間的不朽情誼，顯現這件假公案的虛妄不實；更見大慧宗杲面對惡勢力時的正直不阿，亦顯示大慧對天童禪師的至情深義，將使後人對大慧宗杲的誣謗至此而止，不再有人誤犯毀謗賢聖的惡業。書中亦舉證宗門的所悟確以第八識如來藏為標的，詳讀之後必可改正以前被錯悟大師誤導的參禪知見，日後必定有助於實證禪宗的開悟境界，得階大乘真見道位中，即是實證般若之賢聖。全書459頁，售價350元。

維摩詰經講記：本經係　世尊在世時，由等覺菩薩維摩詰居士藉疾病而演說之大乘菩提無上妙義，所說函蓋甚廣，然極簡略，是故今時諸方大師與學人讀之悉皆錯解，何況能知其中隱含之深妙正義，是故普遍無法為人解說；若強為人說，則成依文解義而有諸多過失。今由平實導師公開宣講之後，詳實解釋其中密意，令維摩詰菩薩所說大乘不可思議解脫之深妙正法得以正確宣流於人間，利益當代學人及與諸方大師。書中詳實演述大乘佛法深妙不共二乘之智慧境界，顯示諸法之中絕待之實相境界，建立大乘菩薩妙道於永遠不敗不壞之地，以此成就護法偉功，欲冀永利娑婆人天。已經宣講圓滿整理成書流通，以利諸方大師及諸學人。全書共六輯，每輯三百餘頁，售價各250元。

真假外道：本書具體舉證佛門中的常見外道知見實例，並加以教證及理證上的辨正，幫助讀者輕鬆而快速的了知常見外道的錯誤知見，進而遠離佛門內外的常見外道知見，因此即能改正修學方向而快速實證佛法。游正光老師著　。成本價200元。

勝鬘經講記：如來藏為三乘菩提之所依，若離如來藏心體及其含藏之一切種子，即無三界有情及一切世間法，亦無二乘菩提緣起性空之出世間法；本經詳說無始無明、一念無明皆依如來藏而有之正理，藉著詳解煩惱障與所知障間之關係，令學人深入了知二乘菩提與佛菩提相異之妙理；聞後即可了知佛菩提之特勝處及三乘修道之方向與原理，邁向攝受正法而速成佛道的境界中。平實導師講述，共六輯，每輯三百餘頁，售價各250元。

楞嚴經講記：楞嚴經係密教部之重要經典，亦是顯教中普受重視之經典；經中宣說明心與見性之內涵極爲詳細，將一切法都會歸如來藏及佛性—妙眞如性；亦闡釋佛菩提道修學過程中之種種魔境，以及外道誤會涅槃之狀況，旁及三界世間之起源。然因言句深澀難解，法義亦復深妙寬廣，學人讀之普難通達，是故讀者大多誤會，不能如實理解佛所說之明心與見性內涵，亦因是故多有悟錯之人引爲開悟之證言，成就大妄語罪。今由平實導師詳細講解之後，整理成文，以易讀易懂之語體文刊行天下，以利學人。全書十五輯，全部出版完畢。每輯三百餘頁，售價每輯300元。

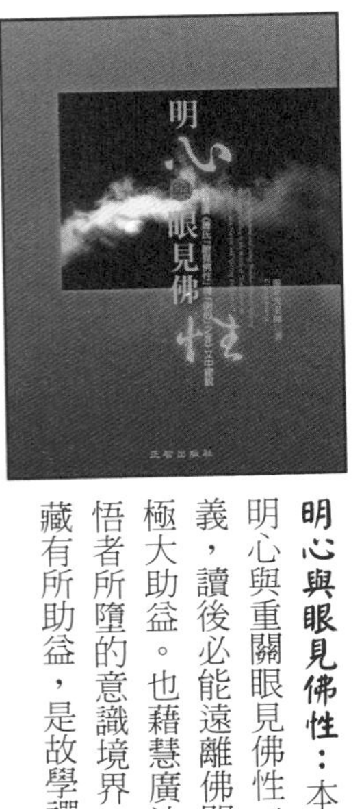

明心與眼見佛性：本書細述明心與眼見佛性之異同，同時顯示了中國禪宗破初參明心與重關眼見佛性二關之間的關聯；書中又藉法義辨正而旁述其他許多勝妙法義，讀後必能遠離佛門長久以來積非成是的錯誤知見，令讀者在佛法的實證上有極大助益。也藉慧廣法師的謬論來教導佛門學人回歸正知正見，遠離古今禪門錯悟者所墮的意識境界，非唯有助於斷我見，也對未來的開悟明心實證第八識如來藏有所助益，是故學禪者都應細讀之。游正光老師著　共448頁　售價300元。

菩薩底憂鬱CD：將菩薩情懷及禪宗公案寫成新詞，並製作成超越意境的優美歌曲。 1.主題曲〈菩薩底憂鬱〉，描述地後菩薩能離三界生死而迴向繼續生在人間，但因尚未斷盡習氣種子而有極深沈之憂鬱，非三賢位菩薩及二乘聖者所知，此憂鬱在七地滿心位方才斷盡；本曲之詞中所說義理極深，昔來所未曾見；此曲係以優美的情歌風格寫詞及作曲，聞者得以激發嚮往諸地菩薩境界之大心，詞、曲都非常優美，難得一見；其中勝妙義理之解說，已印在附贈之彩色小冊中。 2.以各輯公案拈提中直示禪門入處之頌文，作成各種不同曲風之超意境歌曲，值得玩味、參究；聆聽公案拈提之優美歌曲時，請同時閱讀內附之印刷精美說明小冊，可以領會超越三界的證悟境界；未悟者可以因此引發求悟之意向及疑情，眞發菩提心而邁向求悟之途，乃至因此眞實悟入般若，成眞菩薩。 3.正覺總持咒新曲，總持佛法大意；總持咒之義理，已加以解說並印在隨附之小冊中。本CD共有十首歌曲，長達63分鐘，附贈二張購書優惠券。每片280元。

禪意無限CD：平實導師以公案拈提書中偈頌寫成不同風格曲子，與他人所寫不同風格曲子共同錄製出版，幫助參禪人進入禪門超越意識之境界。盒中附贈彩色印製的精美解說小冊，以供聆聽時閱讀，令參禪人得以發起參禪之疑情，即有機會證悟本來面目，實證大乘菩提般若。本CD共有十首歌曲，長達69分鐘，每盒各附贈二張購書優惠券。每片280元。

金剛經宗通：三界唯心，萬法唯識，是成佛之修證內容，是諸地菩薩之所修；般若則是成佛之道（實證三界唯心、萬法唯識）的入門，若未證悟實相般若，即無成佛之可能，必將永在外門廣行菩薩六度，永在凡夫位中。然而實相般若的發起，全賴實證萬法的實相；若欲證知萬法的眞相，則必須探究萬法之所從來，則須實證自心如來—金剛心如來藏，然後現觀這個金剛心的金剛性、眞實性、如如性、清淨性、涅槃性、能生萬法的自性性、本住性，名爲證眞如；進而現觀三界六道唯是此金剛心所成，人間萬法須藉八識心王和合運作方能現起。如是實證《華嚴經》的「三界唯心、萬法唯識」以後，由此等現觀而發起實相般若智慧，繼續進修第十住位的如幻觀、第十行位的陽焰觀、第十迴向位的如夢觀，再生起增上意樂而勇發十無盡願，方能滿足三賢位的實證，轉入初地；自知成佛之道而無偏倚，從此按部就班、次第進修乃至成佛。第八識自心如來是般若智慧之所依，般若智慧的修證則要從實證金剛心自心如來開始；《金剛經》則是解說自心如來之經典，是一切三賢位菩薩所應進修之實相般若經典。這一套書，是將平實導師宣講的《金剛經宗通》內容，整理成文字而流通之；書中所說義理，迥異古今諸家依文解義之說，指出大乘見道方向與理路，有益於禪宗學人求開悟見道，及轉入內門廣修六度萬行。講述完畢後結集出版，總共9輯，每輯約三百餘頁，售價各250元。

空行母—性別、身分定位，以及藏傳佛教：本書作者爲蘇格蘭哲學家，因爲嚮往佛教深妙的哲學內涵，於是進入當年盛行於歐美的假藏傳佛教密宗，擔任卡盧仁波切的翻譯工作多年以後，被邀請成爲卡盧的空行母（又名佛母、明妃），開始了她在密宗裡的實修過程；後來發覺在密宗雙身法中的修行，其實無法使自己成佛，也發覺密宗對女性岐視而處處貶抑，並剝奪女性在雙身法中擔任一半角色時應有的身分定位。當她發覺自己只是雙身法中被喇嘛利用的工具，沒有獲得絲毫應有的尊重與基本定位時，發現了密宗的父權社會控制女性的本質；於是作者傷心地離開了卡盧仁波切與密宗，但是卻被恐嚇不許講出她在密宗裡的經歷，也不許她說出自己對密宗的教義與教制下對女性剝削的本質，否則將被咒殺死亡。後來她去加拿大定居，十餘年後方才擺脫這個恐嚇陰影，下定決心將親身經歷的實情及觀察到的事實寫下來並且出版，公諸於世。出版之後，她被流亡的達賴集團人士大力攻訐，誣指她爲精神狀態失常、說謊……等。但有智之士並未被達賴集團的政治操作及各國政府政治運作吹捧達賴的表相所欺，使她的書銷售無阻而又再版。正智出版社鑑於作者此書是親身經歷的事實，所說具有針對「藏傳佛教」而作學術研究的價值，也有使人認清假藏傳佛教剝削佛母、明妃的男性本位實質，因此洽請作者同意中譯而出版於華人地區。珍妮·坎貝爾女士著，呂艾倫 中譯，每冊250元。

霧峰無霧—給哥哥的信　本書作者藉兄弟之間信件往來論義，略述佛法大義；並以多篇短文辨義，舉出釋印順對佛法的無量誤解證據，並一一給予簡單而清晰的辨正，令人一讀即知。久讀、多讀之後即能認清楚釋印順的六識論見解，與眞實佛法之牴觸是多麼嚴重；於是在久讀、多讀之後，於不知不覺之間提升了對佛法的極深入理解，正知正見就在不知不覺間建立起來了。當三乘佛法的正知見建立起來之後，對於三乘菩提的見道條件便將隨之具足，於是聲聞解脫道的見道也就水到渠成；接著大乘見道的因緣也將次第成熟，未來自然也會有親見大乘菩提之道的因緣，悟入大乘實相般若也將自然成功，自能通達般若系列諸經而成實義菩薩。作者居住於南投縣霧峰鄉，自喻見道之後不復再見霧峰之霧，故鄉原野美景一一明見，於是立此書名爲《霧峰無霧》；讀者若欲撥霧見月，可以此書爲緣。游宗明 老師著　售價250元。

假藏傳佛教的神話—性、謊言、喇嘛教：本書編著者是由一首名叫「阿姐鼓」的歌曲爲緣起，展開了序幕，揭開假藏傳佛教—喇嘛教—的神秘面紗。其重點是蒐集、摘錄網路上質疑「喇嘛教」的帖子，以揭穿「假藏傳佛教的神話」爲主題，串聯成書，並附加彩色插圖以及說明，讓讀者們瞭解西藏密宗及相關人事如何被操作爲「神話」的過程，以及神話背後的眞相。作者：張正玄教授。售價200元。

達賴真面目—玩盡天下女人：假使您不想戴綠帽子，請記得詳細閱讀此書；假使您不想讓好朋友戴綠帽子，請您將此書介紹給您的好朋友。假使您想保護家中的女性，也想要保護好朋友的女眷，請記得將此書送給家中的女性和好友的女眷都來閱讀。本書爲印刷精美的大本彩色中英對照精裝本，爲您揭開達賴喇嘛的眞面目，內容精彩不容錯過，爲利益社會大眾，特別以優惠價格嘉惠所有讀者。編著者：白志偉等。大開版雪銅紙彩色精裝本。售價800元。

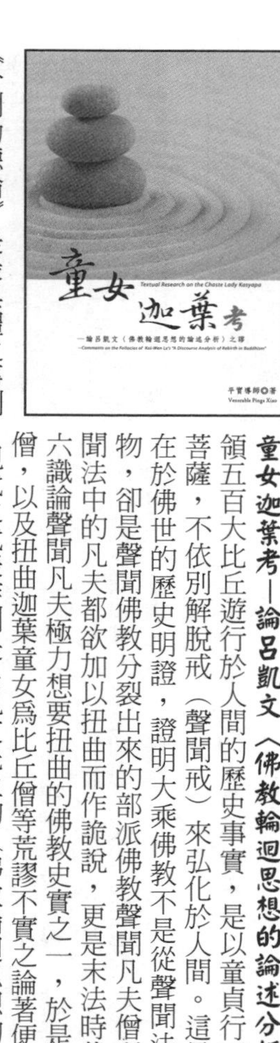

童女迦葉考—論呂凱文〈佛教輪迴思想的論述分析〉之謬：童女迦葉是佛世率領五百大比丘遊行於人間的歷史事實，是以童貞行而依止菩薩戒弘化於人間的大菩薩，不依別解脫戒（聲聞戒）來弘化於人間。這是大乘佛教與聲聞佛教同時存在於佛世的歷史明證，證明大乘佛教不是從聲聞法中分裂出來的部派佛教的產物，卻是聲聞佛教分裂出來的部派佛教聲聞凡夫僧所不樂見的史實；於是古今聲聞法中的凡夫都欲加以扭曲而作詭說，更是末法時代高聲大呼「大乘非佛說」的六識論聲聞凡夫極力想要扭曲的佛教史實之一，於是想方設法扭曲迦葉菩薩爲聲聞僧，以及扭曲迦葉童女爲比丘僧等荒謬不實之論著便陸續出現，古時聲聞僧寫作的《分別功德論》是最具體之事例，現代之代表作則是呂凱文先生的〈佛教輪迴思想的論述分析〉論文。鑑於如是假藉學術考證以籠罩大眾之不實謬論，未來仍將繼續造作及流竄於佛教界，繼續扼殺大乘佛教學人法身慧命，必須舉證辨正之，遂成此書。平實導師　著，每冊180元。

末代達賴—性交教主的悲歌：簡介從藏傳僞佛教（喇嘛教）的修行核心—性力派男女雙修，探討達賴喇嘛及藏傳僞佛教的修行內涵。書中引用外國知名學者著作、世界各地新聞報導，包含：歷代達賴喇嘛的祕史、達賴六世修雙身法的事蹟，以及《時輪續》中的性交灌頂儀式……等；達賴喇嘛書中開示的雙修法、達賴喇嘛的黑暗政治手段；達賴喇嘛所領導的寺院爆發喇嘛性侵兒童；新聞報導《西藏生死書》作者索甲仁波切性侵女信徒、澳洲喇嘛秋達公開道歉、美國最大假藏傳佛教組織領導人邱陽創巴仁波切的性氾濫，等等事件背後眞相的揭露。作者：張善思、呂艾倫、辛燕。售價250元。

黯淡的達賴—失去光彩的諾貝爾和平獎：本書舉出很多證據與論述，詳述達賴喇嘛不爲世人所知的一面，顯示達賴喇嘛並不是眞正的和平使者，而是假借諾貝爾和平獎的光環來欺騙世人；透過本書的說明與舉證，讀者可以更清楚的瞭解，達賴喇嘛是結合暴力、黑暗、淫欲於喇嘛教裡的集團首領，其政治行爲與宗教主張，早已讓諾貝爾和平獎的光環染污了。　本書由財團法人正覺教育基金會寫作、編輯，由正覺出版社印行，每冊250元。

第七意識與第八意識？—穿越時空「超意識」：「三界唯心，萬法唯識」是佛教中應該實證的聖教，也是《華嚴經》中明載而可以實證的法界實相。唯心者，三界一切境界、一切諸法唯是一心所成就，即是每一個有情的第八識如來藏，不是意識心。唯識者，即是人類各各都具足的八識心王——眼識、耳鼻舌身意識、意根、阿賴耶識，第八阿賴耶識又名如來藏，人類五陰相應的萬法，莫不由八識心王共同運作而成就，故說萬法唯識。依聖教量及現量、比量，都可以證明意識是二法因緣生，是由第八識藉意根與法塵二法爲因緣而出生，又是夜夜斷滅不存之生滅心，即無可能反過來出生第七識意根、第八識如來藏，當知不可能從生滅性的意識心中，細分出恆審思量的第七識意根，更無可能細分出恆而不審的第八識如來藏。本書是將演講內容整理成文字，細說如是內容，並已在《正覺電子報》連載完畢，今彙集成書以廣流通，欲幫助佛門有緣人斷除意識我見，跳脫於識陰之外而取證聲聞初果；嗣後修學禪宗時即得不墮外道神我之中，得以求證第八識金剛心而發起般若實智。平實導師 述，每冊300元。

中觀金鑑—詳述應成派中觀的起源與其破法本質：學佛人往往迷於中觀學派之不同學說，被應成派與自續派所迷惑；修學般若中觀二十年後自以爲實證般若中觀了，卻仍不曾入門，甫聞實證般若中觀者之所說，則茫無所知，迷惑不解；隨後信心盡失，不知如何實證佛法；凡此，皆因惑於這二派中觀學說所致。自續派中觀所說同於常見，以意識境界立爲第八識如來藏之境界，應成派所說則同於斷見，但又同立意識爲常住法，故亦具足斷常二見。今者孫正德老師有鑑於此，乃將起源於密宗的應成派中觀學說，追本溯源，詳考其來源之外，亦一一舉證其立論內容，詳加辨正，令密宗雙身法祖師以識陰境界而造之應成派中觀學說本質，詳細呈現於學人眼前，令其維護雙身法之目的無所遁形。若欲遠離密宗此二大派中觀謬說，欲於三乘菩提有所進道者，允宜具足閱讀並細加思惟，反覆讀之以後將可捨棄邪道返歸正道，則於般若之實證即有可能，證後自能現觀如來藏之中道境界而成就中觀。本書分上、中、下三冊，每冊250元，全部出版完畢。

人間佛教—實證者必定不悖三乘菩提：「大乘非佛說」的講法似乎流傳已久，卻只是日本人企圖擺脫中國正統佛教的影響，而在明治維新時期才開始提出來的說法；台灣佛教、大陸佛教的淺學無智之人，由於未曾實證佛法而迷信日本人錯誤的學術考證，錯認爲這些別有用心的日本佛學考證的講法爲天竺佛教的眞實歷史；甚至還有更激進的反對佛教者提出「釋迦牟尼佛並非眞實存在，只是後人捏造的假歷史人物」，竟然也有少數人願意跟著「學術」的假光環而信受不疑，於是開始有一些佛教界人士造作了反對中國佛教而推崇南洋小乘佛教的行爲，使佛教的信仰者難以檢擇，導致一般大陸人士開始轉入基督教的盲目迷信中。在這些佛教及外教人士之中，也就有一分人根據此邪說而大聲主張「大乘非佛說」的謬論，這些人以「人間佛教」的名義來抵制中國正統佛教，公然宣稱中國的大乘佛教是由聲聞部派佛教的凡夫僧所創造出來的。這樣的說法流傳於台灣及大陸佛教界凡夫僧之中已久，卻非眞正的佛教歷史中曾經發生過的事，只是繼承六識論的聲聞法中凡夫僧依自己的意識境界立場，純憑臆想而編造出來的妄想說法，卻已經影響許多無智之凡夫僧俗信受不移。本書則是從佛教的經藏法義實質及實證的現量內涵本質立論，證明大乘佛法本是佛說，是從《阿含正義》尚未說過的不同面向來討論「人間佛教」的議題，證明「大乘眞佛說」。閱讀本書可以斷除六識論邪見，迴入三乘菩提正道發起實證的因緣；也能斷除禪宗學人學禪時普遍存在之錯誤知見，對於建立參禪時的正知見有很深的著墨。　平實導師　述，內文488頁，全書528頁，定價400元。

喇嘛性世界—揭開假藏傳佛教譚崔瑜伽的面紗：這個世界中的喇嘛，號稱來自世外桃源的香格里拉，穿著或紅或黃的喇嘛長袍，散布於我們的身邊傳教灌頂，吸引了無數的人嚮往學習；這些喇嘛虔誠地爲大眾祈福，手中拿著寶杵（金剛）與寶鈴（蓮花），口中唸著咒語：「唵．嘛呢．叭咪．吽……」，咒語的意思是說：「我至誠歸命金剛杵上的寶珠伸向蓮花寶穴之中」！「喇嘛性世界」是什麼樣的「世界」呢？本書將爲您呈現喇嘛世界的面貌。當您發現眞相以後，您將會唸：「噢！喇嘛．性．世界，譚崔性交嘛！」作者：張善思、呂艾倫。售價200元。

見性與看話頭：黃正倖老師的《見性與看話頭》於《正覺電子報》連載完畢，今結集出版。書中詳說禪宗看話頭的詳細方法，並細說看話頭與眼見佛性的關係，以及眼見佛性者求見佛性前必須具備的條件。本書是禪宗實修者追求明心開悟時參禪的方法書，也是求見佛性者作功夫時必讀的方法書，內容兼顧眼見佛性的理論與實修之方法，是依實修之體驗配合理論而詳述，條理分明而且極爲詳實、周全、深入。本書內文375頁，全書416頁，售價300元。

實相經宗通：學佛之目的在於實證一切法界背後之實相，禪宗稱之爲本來面目或本地風光，佛菩提道中稱之爲實相法界；此實相法界即是金剛藏，又名佛法之祕密藏，即是能生有情五陰、十八界及宇宙萬有（山河大地、諸天、三惡道世間）的第八識如來藏，又名阿賴耶識心，即是禪宗祖師所說的眞如心，此心即是三界萬有背後的實相。證得此第八識心時，自能瞭解般若諸經中隱說的種種密意，即得發起實相般若——實相智慧。每見學佛人修學佛法二十年後仍對實相般若茫然無知，亦不知如何入門，茫無所趣；更因不知三乘菩提的互異互同，是故越是久學者對佛法越覺茫然，都肇因於尚未瞭解佛法的全貌，亦未瞭解佛法的修證內容即是第八識心所致。本書對於修學佛法者所應實證的實相境界提出明確解析，並提示趣入佛菩提道的入手處，有心親證實相般若的佛法實修者，宜詳讀之，於佛菩提道之實證即有下手處。平實導師述著，共八輯，已全部出版完畢，每輯成本價250元。

真心告訴您(一)——達賴喇嘛在幹什麼？這是一本報導篇章的選集，更是「破邪顯正」的暮鼓晨鐘。「破邪」是戳破假象，說明達賴喇嘛及其所率領的密宗四大派法王、喇嘛們，弘傳的佛法是仿冒的佛法；他們是假藏傳佛教，是坦特羅(譚崔性交)外道法和藏地崇奉鬼神的苯教混合成的「喇嘛教」，推廣的是以所謂「無上瑜伽」的男女雙身法冒充佛法的假佛教，詐財騙色誤導眾生，常常造成信徒家庭破碎、家中兒少失怙的嚴重後果。「顯正」是揭櫫眞相，指出眞正的藏傳佛教只有一個，就是覺囊巴，傳的是 釋迦牟尼佛演繹的第八識如來藏妙法，稱爲他空見大中觀。正覺教育基金會即以此古今輝映的如來藏正法正知見，在眞心新聞網中逐次報導出來，將箇中原委「眞心告訴您」，如今結集成書，與想要知道密宗眞相的您分享。售價250元。

法華經講義：此書爲平實導師始從2009/7/21演述至2014/1/14之講經錄音整理所成。世尊一代時教，總分五時三教，即是華嚴時、聲聞緣覺教、般若教、種智唯識教、法華時；依此五時三教區分爲藏、通、別、圓四教。本經是最後一時的圓教經典，圓滿收攝一切法教於本經中，是故最後的圓教聖訓中，特地指出無有三乘菩提，其實唯有一佛乘；皆因眾生愚迷故，方便區分爲三乘菩提以助眾生證道。世尊於此經中特地說明如來示現於人間的唯一大事因緣，便是爲有緣眾生「開、示、悟、入」諸佛的所知所見——第八識如來藏妙眞如心，並於諸品中隱說「妙法蓮花」如來藏心的密意。然因此經所說甚深難解，眞義隱晦，古來難得有人能窺堂奧；平實導師以知如是密意故，特爲末法佛門四眾演述《妙法蓮華經》中各品蘊含之密意，使古來未曾被古德註解出來的「此經」密意，如實顯示於當代學人眼前。乃至〈藥王菩薩本事品〉、〈妙音菩薩品〉、〈觀世音菩薩普門品〉、〈普賢菩薩勸發品〉中的微細密意，亦皆一併詳述之，開前人所未曾言之密意，示前人所未見之妙法。最後乃至以〈法華大意〉而總其成，全經妙旨貫通始終，而依佛旨圓攝於一心如來藏妙心，厥爲曠古未有之大說也。平實導師述　已於2015/5/31起開始出版，每二個月出版一輯，共25輯。每輯300元。

西藏「活佛轉世」制度—附佛、造神、世俗法：歷來關於喇嘛教活佛轉世的研究，多針對歷史及文化兩部分，於其所以成立的理論基礎，較少系統化的探討。尤其是此制度是否依據「佛法」而施設？是否合乎佛法眞實義？現有的文獻大多含糊其詞，或人云亦云，不曾有明確的闡釋與如實的見解。因此本文先從活佛轉世的由來，探索此制度的起源、背景與功能，並進而從活佛的尋訪與認證之過程，發掘活佛轉世的特徵，以確認「活佛轉世」在佛法中應具足何種果德。定價150元。

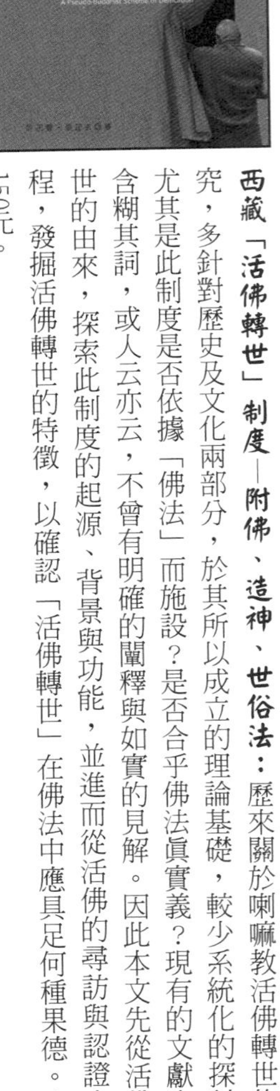

真心告訴您（二）—達賴喇嘛是佛教僧侶嗎？補祝達賴喇嘛八十大壽：這是一本針對當今達賴喇嘛所領導的喇嘛教，冒用佛教名相、於師徒間或師兄姊間，實修男女邪淫，而從佛法三乘菩提的現量與聖教量，揭發其謊言與邪術，證明達賴及其喇嘛教是仿冒佛教的外道，是「假藏傳佛教」。藏密四大派教義雖有「八識論」與「六識論」之法的表面差異，然其實修之內容，皆共許「無上瑜伽」四部灌頂爲究竟「成佛」之法門，也就是共以男女雙修之邪淫法爲「即身成佛」之密要，雖美其名曰「欲貪爲道」之「金剛乘」，並誇稱其成就超越於（應身佛）釋迦牟尼佛所傳之顯教般若乘之上；然詳考其理論，則或以意識離念時之粗細心爲第八識如來藏，或以中脈裡的明點爲第八識如來藏，或如宗喀巴與達賴堅決主張第六意識爲常恆不變之眞心者，分別墮於外道之常見與斷見中；全然違背　佛說能生五蘊之如來藏的實質。售價300元。

佛法入門：學佛人往往修學二十年後仍不知如何入門，茫無所入漫無方向，不知如何實證佛法；更因不知三乘菩提的互異互同之處，導致越是久學者越覺茫然，都是肇因於尚未瞭解佛法的全貌所致。本書對於佛法的全貌提出明確的輪廓，並說明三乘菩提的異同處，讀後即可輕易瞭解佛法全貌，數日內即可明瞭三乘菩提入門方向與下手處。○○菩薩著　出版日期未定。

修習止觀坐禪法要講記：修學四禪八定之人，往往錯會禪定之修學知見，欲以無止盡之坐禪而證禪定境界，卻不知修除性障之行門才是修證四禪八定不可或缺之要素，故智者大師云「性障初禪」；性障不除，初禪永不現前，云何修證二禪等？又：行者學定，若唯知數息，而不解六妙門之方便善巧者，欲求一心入定，未到地定極難可得，智者大師名之爲「事障未來」：障礙未到地定之修證。又禪定之修證，不可違背二乘菩提及第一義法，否則縱使具足四禪八定，亦不能實證涅槃而出三界。此諸知見，智者大師於《修習止觀坐禪法要》中皆有闡釋。作者平實導師以其第一義之見地及禪定之實證證量，曾加以詳細解析。將俟正覺寺竣工啓用後重講，不限制聽講者資格；講後將以語體文整理出版。欲修習世間定及增上定之學者，宜細讀之。平實導師述著。

解深密經講記：本經係　世尊晚年第三轉法輪，宣說地上菩薩所應熏修之唯識正義經典，經中所說義理乃是大乘一切種智增上慧學，以阿陀那識—如來藏—阿賴耶識爲主體。禪宗之證悟者，若欲修證初地無生法忍乃至八地無生法忍者，必須修學《楞伽經、解深密經》所說之八識心王一切種智；此二經所說正法，方是眞正成佛之道；印順法師否定第八識如來藏之後所說萬法緣起性空之法，是以誤會後之二乘解脫道取代大乘眞正成佛之道，尚且不符二乘解脫道正理，亦已墮於斷滅見中，不可謂爲成佛之道也。平實導師曾於本會郭故理事長往生時，於喪宅中從首七開始宣講，於每一七各宣講三小時，至第十七而快速略講圓滿，作爲郭老之往生佛事功德，迴向郭老早證八地、速返娑婆住持正法。茲爲今時後世學人故，將擇期重講《解深密經》，以淺顯之語句講畢後，將會整理成文，用供證悟者進道；亦令諸方未悟者，據此經中佛語正義，修正邪見，依之速能入道。平實導師述著，全書輯數未定，每輯三百餘頁，將於未來重講完畢後逐輯出版。

阿含經講記—小乘解脫道之修證：數百年來，南傳佛法所說證果之不實，所說解脫道之虛妄，所弘解脫道法義之世俗化，皆已少人知之；從南洋傳入台灣與大陸之後，所說法義虛謬之事，亦復少人知之；今時台灣全島印順系統之法師居士，多不知南傳佛法數百年來所說解脫道之義理已然偏斜、已然世俗化、已非眞正之二乘解脫正道，猶極力推崇與弘揚。彼等南傳佛法近代所謂之證果者多非眞實證果者，譬如阿迦曼、葛印卡、帕奧禪師、一行禪師……等人，悉皆未斷我見故。近年更有台灣南部大願法師，高抬南傳佛法之二乘修證行門爲「捷徑究竟解脫之道」者，然而南傳佛法縱使眞修實證，得成阿羅漢，至高唯是二乘菩提解脫之道，絕非究竟解脫，無餘涅槃中之實際尚未得證故，法界之實相尚未了知故，習氣種子待除故，一切種智未實證故，焉得謂爲「究竟解脫」？即使南傳佛法近代眞有實證之阿羅漢，尚且不及三賢位中之七住明心菩薩本來自性清淨涅槃智慧境界，則不能知此賢位菩薩所證之無餘涅槃實際，仍非大乘佛法中之見道者，何況普未實證聲聞果乃至未斷我見之人？謬充證果已屬逾越，更何況是誤會二乘菩提之後，以未斷我見之凡夫知見所說之二乘菩提解脫偏斜法道，焉可高抬爲「究竟解脫」？而且自稱「捷徑之道」？又妄言解脫之道即是成佛之道，完全否定般若實智、否定三乘菩提所依之如來藏心體，此理大大不通也！平實導師爲令修學二乘菩提欲證解脫果者，普得迴入二乘菩提正見、正道中，是故選錄四阿含諸經中，對於二乘解脫道法義有具足圓滿說明之經典，預定未來十年內將會加以詳細講解，令學佛人得以了知二乘解脫道之修證理路與行門，庶免被人誤導之後，未證言證，干犯道禁，成大妄語，欲升反墮。本書首重斷除我見，以助行者斷除我見而實證初果爲著眼之目標，若能根據此書內容，配合平實導師所著《識蘊眞義》《阿含正義》內涵而作實地觀行，實證初果非爲難事，行者可以藉此三書自行確認聲聞初果爲實際可得現觀成就之事。此書中除依二乘經典所說加以宣示外，亦依斷除我見等之證量，及大乘法中道種智之證量，對於意識心之體性加以細述，令諸二乘學人必定得斷我見、常見，免除三縛結之繫縛。次則宣示斷除我執之理，欲令升進而得薄貪瞋痴，乃至斷五下分結…等。平實導師述，共二冊，每冊三百餘頁。每輯300元。

總經銷： 飛鴻 國際行銷股份有限公司

231 新北市新店市中正路 501 之 9 號 2 樓

Tel.02－82186688（五線代表號） Fax.02-82186458、82186459

零售：1.**全台連鎖經銷書局：**

三民書局、誠品書局、何嘉仁書店

敦煌書店、紀伊國屋、金石堂書局、建宏書局

2.**台北市：**佛化人生 羅斯福路 3 段 325 號 6 樓之 4 台電大樓對面

3.**新北市：**春大地書店 **蘆洲**中正路 117 號

4.**桃園市縣：**誠品書局 **桃園市**中正路 20 號遠東百貨地下室一樓

金石堂 **桃園市**大同路 24 號 金石堂 **桃園**八德市介壽路 1 段 987 號

諾貝爾圖書城 **桃園市**中正路 56 號地下室 御書堂 **龍潭**中正路 123 號

墊腳石文化書店 **中壢市**中正路 89 號

5.**新竹市縣：**大學書局 **新竹**建功路 10 號 誠品書局 **新竹**東區信義街 68 號

誠品書局 新竹東區中央路 229 號 5 樓 誠品書局 **新竹**東區力行二路 3 號

墊腳石文化書店 **新竹**中正路 38 號

6.**台中市：** **瑞成**書局、各大連鎖書店。

詠春書局 **台中市**永春東路 884 號 文春書局 **霧峰**中正路 1087 號

7.**彰化市縣：**心泉佛教流通處 **彰化市**南瑤路 286 號

員林鎮：墊腳石圖書文化廣場 中山路 2 段 49 號（04-8338485）

8.**台南市：**博大書局 **新營**三民路 128 號

藝美書局 **善化**中山路 436 號 宏欣書局 **佳里**光復路 214 號

9.**高雄市：**各大連鎖書店、**瑞成**書局

政大書城 **三民區**明仁路 161 號 政大書城 **苓雅區**光華路 148-83 號

明儀書局 **三民區**明福街 2 號 明儀書局 三多四路 63 號

青年書局 青年一路 141 號

10.**宜蘭縣市：**金隆書局 宜蘭市中山路 3 段 43 號

宋太太梅鋪 羅東鎮中正北路 101 號（039-534909）

11.**台東市：**東普佛教文物流通處 台東市博愛路 282 號

12.**其餘鄉鎮市經銷書局：**請電詢總經銷**飛鴻**公司。

13.**大陸地區請洽：**

香港：樂文書店

旺角店 :香港九龍旺角西洋菜街 62 號 3 樓

電話 :(852) 2390 3723 email: luckwinbooks@gmail.com

銅鑼灣店 :香港銅鑼灣駱克道 506 號 2 樓

電話 :(852) 2881 1150 email: luckwinbs@gmail.com

廈門：廈門外圖臺灣書店有限公司

地址:廈門市思明區湖濱南路809 號 廈門外圖書城3 樓 郵編:361004

電話：0592-5061658（臺灣地區請撥打 86-592-5061658）

E-mail：JKB118＠188.COM

14.**美國：世界日報圖書部**：紐約圖書部　電話 7187468889#6262
洛杉磯圖書部　電話 3232616972#202

15.**國內外地區網路購書**：

正智出版社 書香園地　http://books.enlighten.org.tw/
（書籍簡介、直接聯結下列網路書局購書）

三民 網路書局　http://www.Sanmin.com.tw

誠品 網路書局　http://www.eslitebooks.com

博客來 網路書局　http://www.books.com.tw

金石堂 網路書局　http://www.kingstone.com.tw

飛鴻 網路書局　http://fh6688.com.tw

附註：1.請儘量向各經銷書局購買：郵政劃撥需要十天才能寄到（本公司在您劃撥後第四天才能接到劃撥單，次日寄出後第四天您才能收到書籍，此八天中一定會遇到週休二日，是故共需十天才能收到書籍）若想要早日收到書籍者，請劃撥完畢後，將劃撥收據貼在紙上，旁邊寫上您的姓名、住址、郵區、電話、買書詳細內容，直接傳眞到本公司 02-28344822，並來電 02-28316727、28327495 確認是否已收到您的傳眞，即可提前收到書籍。 2.因台灣每月皆有五十餘種宗教類書籍上架，書局書架空間有限，故唯有新書方有機會上架，通常每次只能有一本新書上架；本公司出版新書，大多上架不久便已售出，若書局未再叫貨補充者，書架上即無新書陳列，則請直接向書局櫃台訂購。 3.若書局不便代購時，可於晚上共修時間向正覺同修會各共修處請購（共修時間及地點，詳閱**共修現況表**。每年例行年假期間請勿前往請書，年假期間請見共修現況表）。 4.郵購：郵政劃撥帳號 19068241。 5.正覺同修會會員購書都以八折計價（戶籍台北市者爲一般會員，外縣市爲護持會員）都可獲得優待，欲一次購買全部書籍者，可以考慮入會，節省書費。入會費一千元（第一年初加入時才需要繳），年費二千元。**6.尚未出版之書籍，請勿預先郵寄書款與本公司，謝謝您！** 7.若欲一次購齊本公司書籍，或同時取得正覺同修會贈閱之全部書籍者，請於正覺同修會共修時間，親到各共修處請購及索取；**台北市讀者**請洽：103 台北市承德路三段 267 號 10 樓（捷運淡水線 圓山站旁）請書時間：週一至週五爲 18.00~21.00，第一、三、五週週六爲 10.00~21.00，雙週之週六爲 10.00~18.00 請購處專線電話：25957295-分機 14（於請書時間方有人接聽）。

敬告大陸讀者：

大陸讀者購書、索書捷徑（尚未在大陸出版的書籍，以下二個途徑都可以購得，電子書另包括結緣書籍）：

1.廈門外國圖書公司：廈門市思明區湖濱南路 809 號 廈門外圖書城 3F
郵編：361004　電話：0592-5061658　網址：JKB118@188.COM

2.電子書：正智出版社有限公司及正覺同修會在台灣印行的各種局版書、結緣書，已有『**正覺電子書**』陸續上線中，提供讀者於手機、平板電腦上購書、下載、閱讀正智出版社、正覺同修會及正覺教育基金會所出版之電子書，詳細訊息敬請參閱『正覺電子書』專頁：http://books.enlighten.org.tw/ebook

關於平實導師的書訊，請上網查閱：

成佛之道　http://www.a202.idv.tw

正智出版社 書香園地　http://books.enlighten.org.tw/

中國網採訪佛教正覺同修會、正覺教育基金會訊息：

http://big5.china.com.cn/gate/big5/fangtan.china.com.cn/2014-06/19/content_32714638.htm

http://pinpai.china.com.cn/

★ 正智出版社有限公司售書之稅後盈餘，全部捐助財團法人正覺寺籌備處、佛教正覺同修會、正覺教育基金會，供作弘法及購建道場之用；懇請諸方大德支持，功德無量。

★ 聲　明 ★

本社於 2015/01/01 開始調整本目錄中部分書籍之售價，以因應各項成本的持續增加。

＊ 喇嘛教修外道雙身法、墮識陰境界，非佛教 ＊

＊ 弘揚如來藏他空見的覺囊派才是真正藏傳佛教 ＊

售後服務—換書啓事（免附回郵）　2012/09/24

《楞嚴經講記》第 14 輯初版首刷本免費調換新書啓事：本講記第 14 輯出版前因 平實導師諸事繁忙，未將之重新閱讀而只改正校對時發現的錯別字，故未能發覺十年前所說法義有部分錯誤，於第 15 輯付印前重閱時才發覺第 14 輯中有部分錯誤尚未改正。今已重新審閱修改並已重印完成，煩請所有讀者將以前所購第 14 輯初版首刷本，寄回本社免費換新（初版二刷本無錯誤），本社將於寄回新書時同時附上您寄書回來換新時所付的郵資，並在此向所有讀者致上最誠懇的歉意。

《心經密意》初版書免費調換二版新書啓事：本書係演講錄音整理成書，講時因時間所限，省略部分段落未講。後於再版時補寫增加 13 頁，維持原價流通之。茲爲顧及初版讀者權益，自 2003/9/30 開始免費調換新書，原有初版一刷、二刷書籍，皆可寄來本來公司換書。

《宗門法眼》已經增寫改版爲 464 頁新書，2008 年 6 月中旬出版。讀者原有初版之第一刷、第二刷書本，都可以寄回本社免費調換改版新書。改版後之公案及錯悟事例維持不變，但將內容加以增說，較改版前更具有廣度與深度，將更能助益讀者參究實相。

換書者**免附回郵**，亦無截止期限；舊書請寄：111 台北郵政 73-151 號信箱 或 103 台北市承德路三段 267 號 10 樓 正智出版社有限公司。舊書若有塗鴨、殘缺、破損者，仍可換取新書；但缺頁之舊書至少應仍有五分之三頁數，方可換書。所有讀者不必顧念本公司是否有盈餘之問題，都請踴躍寄來換書；本公司成立之目的不是營利，只要能眞實利益學人，即已達到成立及運作之目的。若以郵寄方式換書者，免附回郵；並於寄回新書時，由本社附上您寄來書籍時耗用的郵資。造成您不便之處，再次致上萬分的歉意。

正智出版社有限公司 啓

國家圖書館出版品預行編目(CIP)資料

法華經講義 / 平實導師述. -- 初版. -
- 臺北市 : 正智, 2015.05　　面 ;　公分
ISBN 978-986-5655-30-3（第一輯：平裝）
ISBN 978-986-5655-46-4（第二輯：平裝）
ISBN 978-986-5655-56-3（第三輯：平裝）
ISBN 978-986-5655-61-7（第四輯：平裝）
ISBN 978-986-5655-69-3（第五輯：平裝）
ISBN 978-986-5655-79-2（第六輯：平裝）
ISBN 978-986-5655-82-2（第七輯：平裝）
ISBN 978-986-5655-89-1（第八輯：平裝）
ISBN 978-986-5655-98-3（第九輯：平裝）
ISBN 978-986-9372-52-7（第十輯：平裝）
1. 法華部
221.5　　104004638

法華經講義——第七輯

著述者：平實導師
音文轉換：章乃鈞 高惠齡 劉惠莉 蔡正利 黃昇金
校　對：章乃鈞 陳介源 孫淑貞 傅素嫻 王美伶
出版者：正智出版社有限公司
電話：〇二 28327495　28316727（白天）
傳眞：〇二 28344822
111 台北郵政 73-151 號信箱
郵政劃撥帳號：一九〇六八二四一
正覺講堂：總機〇二 25957295（夜間）
總經銷：飛鴻國際行銷股份有限公司
231 新北市新店區中正路 501-9 號 2 樓
電話：〇二 82186688（五線代表號）
傳眞：〇二 82186458　82186459
初版首刷：二〇一六年五月三十一日　二千冊
初版四刷：二〇一六年十一月　二千冊
定　價：三〇〇元